2018年度国家社科基金重点项目

“反贫困语境下农村地区的信息贫困与信息援助研究”

（项目编号：18AXW004）

信息贫困、信息减贫与数字乡村建设

郑素侠◎著

INFORMATION POVERTY,
INFORMATION FOR POVERTY REDUCTION AND
CONSTRUCTION OF DIGITAL VILLAGES

中国社会科学出版社

图书在版编目(CIP)数据

信息贫困、信息减贫与数字乡村建设 / 郑素侠著 . —北京：中国社会科学出版社，2023.8

ISBN 978-7-5227-2103-3

Ⅰ.①信… Ⅱ.①郑… Ⅲ.①农村—社会主义建设—数字技术—应用—研究—中国 Ⅳ.①F320.3-39

中国国家版本馆 CIP 数据核字(2023)第 112728 号

出 版 人　赵剑英
责任编辑　慈明亮
责任校对　闫　萃
责任印制　戴　宽

出　　版　中国社会科学出版社
社　　址　北京鼓楼西大街甲 158 号
邮　　编　100720
网　　址　http：//www.csspw.cn
发 行 部　010-84083685
门 市 部　010-84029450
经　　销　新华书店及其他书店

印　　刷　北京明恒达印务有限公司
装　　订　廊坊市广阳区广增装订厂
版　　次　2023 年 8 月第 1 版
印　　次　2023 年 8 月第 1 次印刷

开　　本　710×1000　1/16
印　　张　16
插　　页　2
字　　数　272 千字
定　　价　89.00 元

脱贫攻坚的“学术记忆”

——《信息贫困、信息减贫与数字乡村建设》序

2020年底，我国脱贫攻坚取得全面胜利，9899万农村贫困人口、832个贫困县、12.8万个贫困村全部脱贫，区域性整体贫困得到解决，绝对贫困成为历史，全面建成小康社会的第一个百年奋斗目标已经实现，同时也提前10年实现了《联合国2030年可持续发展议程》的减贫目标。脱贫攻坚作为共产党人不忘“为中国人民谋幸福”这一“初心”在新时代的伟大实践，成为建党百年历史上的国家记忆、时代记忆，同时也是近一亿脱贫群众、300多万名“第一书记”和驻村扶贫干部的集体记忆。

集体记忆的生成，与大众传媒和学术界有密切关系。大众传媒策划的脱贫攻坚报道、学术界对脱贫攻坚开展的相关研究，分别形成了关于脱贫攻坚的“媒介记忆”与“学术记忆”。自2014年精准扶贫方略实施以来，学术界以脱贫攻坚、精准扶贫为研究主题，产生了诸多成果，包括全国哲学社会科学工作办公室以专家评审的方式，立项资助国家社科基金重大招标项目、年度项目300余项，科研工作者公开发表学术论文接近20000篇，出版学术著作、编写调研报告/扶贫案例近1000本。学者们以敏锐的学术触角去探寻发生在广袤乡村大地上的扶贫故事，以冷静和学理化的思考为贫困治理提供良策良方，贡献学术智慧。这些承载和赓续脱贫记忆的成果，是学者见证脱贫攻坚历史、参与脱贫攻坚事业的“学术记忆”。

摆在读者面前的这本著作《信息贫困、信息减贫与数字乡村建设》，就是在上述背景下产生的学术成果。该著作是在国家社科基金重点项目“反贫困语境下农村地区的信息贫困与信息援助研究”研究报告的基础上，修订完善而成。作者立足信息传播技术（ICTs）向乡村社会渗透和扩散的现实，聚焦贫困治理中的信息贫困与信息减贫议题，深入剖析了信息贫困对减贫绩效的影响。作者构建了信息贫困的测度指标与分类模型，

揭示了信息贫困的多种形态与复杂样貌，有望改变学术界对传统数字鸿沟研究中“拥有者”和“缺乏者”两极化描述的常规认知。对于信息贫困可能引致的后果，包括乡村信息分化和乡村“新穷人”的出现、城乡信息不平等的新演化等，作者也进行了较为深入的分析，提出信息减贫的行动者网络，启发信息减贫工作应重视多元行动者的互动及其价值。作者在最后一章运用国际视野，对世界各国数字乡村建设案例的梳理，可为我国正在推进的国家数字乡村试点提供借鉴。

作者长期在发展传播学领域深耕细作，致力于以实证方法考察新闻与信息在经济欠发达地区的扩散及效果，探索传媒参与乡村建设的理论逻辑与实践路径。书中提出的一些值得深思的问题，体现了作者在十多年研究中一直秉持的底层立场与底层关怀。比如，作者论证了信息贫困的分布与地理环境之间有密切关联，即信息贫困的“空间性”，提请政府部门在推进信息减贫时，应制定差异化的信息政策，以提高政策的瞄准度。书中对“信息下乡”效果及其限度的分析，提示政府相关部门应重视乡村社会真正的信息需求，自下而上地开展信息减贫动员，激发农民作为信息主体的参与动力。这些问题的提出及其相关思考，对于下一步推进 ICTs 在乡村社会的深度运用、巩固脱贫攻坚成果与乡村振兴有效衔接，同样具有启发意义。

集体记忆是形成社会团结和共同体认同的重要机制。全面脱贫的历史任务完成后，脱贫攻坚需要由宏大政治话语转化为民间话语，嵌入整个社会的集体记忆，并通过记忆的再生产功能，转化为凝聚民族团结、民族认同的思想资源。相比于媒体数量庞大、即时快速的脱贫攻坚新闻报道而形成的“媒介记忆”，学术界对脱贫攻坚开展相关研究而形成的“学术记忆”，则更为冷静、客观，更为绵延和持久，在记忆再生产中具有自身独特的优势。作为一部反映脱贫攻坚伟大历程、为脱贫攻坚贡献学术思索的著作，《信息贫困、信息减贫与数字乡村建设》以“学术记忆”的形式参与了脱贫攻坚集体记忆的构建，并将与所有的学术研究成果一道，参与脱贫攻坚集体记忆的再生产，将脱贫攻坚精神转化为激励中华民族前行的强大动力。因而，这本著作对于新闻传播学界具有很强的理论价值，对于各级政府，尤其从事农村扶贫和乡村振兴的部门具有很强的实用价值。是为序。

吴廷俊

2022.2.21

目　录

第一章

绪论：为何关注反贫困语境下的信息贫困问题

战胜和消除贫困，是全人类的共同使命，亦是新中国成立以来面临的最大挑战。1978 年，党的十一届三中全会确立对内改革、对外开放政策之时，中国经济基础薄弱，生产力低下，广大农村的贫困人口达 2.5 亿人，占全球贫困人口总数的 1/4①。1978—1985 年，家庭联产承包责任制的施行，激发了农民的生产热情，解放了农村的生产力，农民的经济状况得到改善，生活水平有了提高，农村贫困程度有所缓解。到了 1985 年，农村贫困人口降到 1.25 亿人，贫困发生率由 1978 年的 30.7%降到 14.8%②。通过体制改革下的救济式扶贫（1978—1985）、开发式扶贫和八七扶贫攻坚（1986—2000）的探索，我国形成了全民参与的“大扶贫”格局（2001—2013），特困地区的顽固性贫困、持久性贫困得到有效减缓，绝对贫困、深度贫困人口大量减少，中国的反贫困行动取得巨大进展。在脱贫攻坚和精准扶贫阶段（2014—2020），中国探索出了行之有效的扶贫脱贫政策体系、工作体系和制度体系，832 个贫困县、12.8 万个贫困村、9899 万农村贫困人口陆续脱贫，提前 10 年实现了联合国 2030 年可持续发展议程的减贫目标。

改革开放以来 40 余年反贫困斗争的历史，亦是对贫困的认识不断深化的历史。从单一的物质贫困到充分重视贫困的多维层面，从网络扶贫到数字乡村建设，信息不仅构成了“贫困”的一个向度，同时也成为“减贫”的一个重要工具。2020 年脱贫攻坚顺利收官，经济意义上

① 本刊评论员：《打好扶贫攻坚战关键在狠抓落实》，《农村工作通讯》1996 年第 10 期。

② 国务院扶贫开发领导小组办公室：《中国扶贫开发的伟大历史进程》，《人民日报》2000 年 10 月 16 日第 1 版。

的脱贫取得辉煌成就，但农村的相对贫困依然存在，城乡“数字鸿沟”仍待填平。站在信息社会的潮头回望反贫困的历史进程，审视和反思农村地区的信息贫困和信息减贫议题，可为乡村振兴和数字乡村建设提供启发和借鉴。

第一节 多维贫困成为全球反贫困面临的难题

最初，人类对贫困的理解主要是避免饥饿和营养不良。基于这样的理解，以收入来定义贫困标准成为各国通行的做法，贫困线随一个国家经济水平和消费水平而调整。随着国际社会对贫困的理解进一步深入，人类发展指数、多维贫困指数陆续被提出用于贫困测量，贫困的复杂性得以进一步揭示。农村贫困地区的公共文化服务投入不足、基础教育资源匮乏，有可能带来“精神贫困”和“文化贫困”；信息传播技术在城乡扩散的不均衡、不平等，可能将乡村置于“信息贫困”的境地。这些贫困的多维形态及其相互作用，加剧了贫困的恶性循环，干预了减贫绩效，成为全球反贫困面临的难题。

一 贫困内涵的变化：从单一标准到多维视角

一直以来，国际社会采用单一的收入或消费指标来测量贫困。但现实中人们发现，收入或消费的低下，仅仅反映了贫困的一个方面。贫困的动态变化，以及反贫困效果的脆弱性，启发人们开始关注收入/消费贫困与其他贫困形态的关联，以及贫困测量的多维视角。

联合国开发计划署在《1990 年人文发展报告》中提出的人类发展指数 HDI（Human Development Index），是对收入贫困测量的重要补充。在 HDI 指数中，预期寿命、成人识字率和实际人均 GDP 作为 3 个重要指标用以测量人类发展水平，这 3 个指标综合反映了人类的健康、教育和收入状况，丰富了收入贫困的测量内涵，拓展了人们理解贫困的视角。

较早提出多维贫困（Multidimensional Poverty）思想的是印度学者阿马蒂亚·森。森认为，穷人所受的剥夺来自多方面，而贫困是基本能力的剥夺，贫困的真正含义是穷人缺乏创造收入的能力和机会；所以，判断一个个体是否陷入贫困，不应仅仅只看他的收入水平，而应看他实现自己想要的基本物质生活和自由的可行能力①。个体的可行能力受到剥夺时，意味着他陷入贫困——无法公平地拥有教育、健康、住房、卫生设施等多方面的机会，甚至权利被剥夺，人格尊严受到损害②。正如《悲惨世界》中的主人公冉阿让，他遭遇的能力贫困和权利剥夺感，比单一用收入来测量的贫困更为生动：

> 我从土伦走来，已经走了四天了。我今天一天就走了十二法里，天黑时才到这地方。我到过一家客店，只因为我在市政厅请验了黄护照，就被人赶了出来。那又是非请验不可的。我又走到另外一家客店，但他们对我说："滚！"这家也不要我。我又到了监狱，看门的人也不肯开门。我也到过狗窝，那狗咬了我，也把我撵了出来，好像它也是人似的，好像它也知道我是谁似的。我就跑到田里，打算露天过一宵。可是天上没有星星。

在森提出能力贫困之后，多维贫困的概念受到世界各国的重视，但如何测量多维贫困，仍是一项巨大的挑战。2010年，联合国开发计划署（UNDP）发布的《人类发展报告》中，以"多维贫困指数"（Multidimensional Poverty Index，MPI）反映穷人所受剥夺的多样性，并公布了104个国家的多维贫困指数。多维贫困指数的维度包括健康、教育和生活标准3个维度，其中"健康"的构成指标包括营养、儿童死亡率，"教育"的构成指标有受教育年限、入学儿童人数，"生活标准"包括做饭用燃料、厕所、饮用水等6个指标。多维贫困指数综合反映了贫困人口所经受的多方面的剥夺。《人类发展报告》指出，10个指标中存在任意3个指标被剥夺，即认为个体或家庭陷入多维贫困。通过多维贫困指数的测算，当时处于多维贫困之中的全球贫困人口约17亿人，超过世界银行统计的"绝对贫困人口"数量4亿人；土耳其、埃及、摩洛哥等一些国家的贫困人口数量，远远超过用收入标准来衡量的贫困人口数量③。

---

① ［印度］阿马蒂亚·森：《贫困与饥荒——论权利与剥夺》，王宇、王文玉译，商务印书馆2001年版，第45页。

② A. Sen，"Capabilities，Lists，and Public Reason：Continuing the Conversation"，*Feminist Economics*，Vol. 10，No. 3，2004，pp. 77-80.

③ 联合国：《联合国开发署推出"多维指数"测算贫困水平》，https：//news. un. org/zh/story/2010/07/134102，2020年6月3日。

多维贫困指数MPI综合考虑了贫困发生率和贫困强度，从多层面生动地反映出贫困人口遭受的剥夺和面临的挑战，比人类发展指数HDI更进一步弥补了世界银行收入贫困测量的单一化局限，是人类在贫困测量上的一个巨大进步。

二 贫困效应的叠加：多维贫困干预减贫绩效

“多维贫困”概念的提出，反映了人类对贫困认识的进一步深入，大大拓展了公众对贫困内涵的理解。贫困的多维演化形态相互作用，加剧了贫困的恶性循环，增加了反贫困的复杂性。贫困人口在饱受收入贫困折磨的同时，倘若无法享受到良好的教育、健康、卫生等公共政策，有可能长期处于“贫困陷阱”之中。从政策实施的角度看，若没有与人类基本能力建设相配套的社会福利政策而仅仅消减收入贫困，则告别贫困的人们很容易再次返贫。贫困治理效果的脆弱性由此可见一斑。

以人口数量最多的发展中国家印度为例，自2005/2006年至2015/2016年的10年间，印度有2.71亿人口脱贫，但减贫效果仍受多维贫困的困扰①。一方面，一些大农场主在政府的土地私有保护政策的荫庇下垄断了粮食价格，导致贫困地区的妇女和儿童营养不良；另一方面，一些深陷教育、健康和家庭收入多维“贫困陷阱”的家庭，婴儿和五岁以下儿童的死亡率远高于非贫困家庭②。

自2010年以来，我国扶贫投资的边际递减效应开始显现。在一些贫困地区，扶贫资源不断增加，但减贫速度明显放缓，扶贫资金投入与脱贫人数呈反比例增长（见图1-1）。这提醒我们，在充分认识到反贫困工作的长期性和艰巨性的同时，应考量多维贫困之间的互相作用和互相影响，充分重视致贫因素的复杂性。

在中国农村多维贫困的测度与发现上，一些学者利用多来源数据开展了可贵的探索。

刘艳华等使用脆弱性—可持续生计分析框架，建立了包括5种生计资本（人力资本、自然资本、金融资本、物质资本、社会资本）以及环境/

---

① 联合国：《印度10年2.71亿人脱贫，但依然是最贫穷国家之一》，2019年7月15日，https://page.om.qq.com/page/Oc7x5Rpd7C_dHwEQYFTHWq2Q0，2020年4月3日。

② S. k Mohanty, “Multimensional Poverty and Child Survival in India”, *PloS ONE*, Vol. 6, No. 10, 2011.

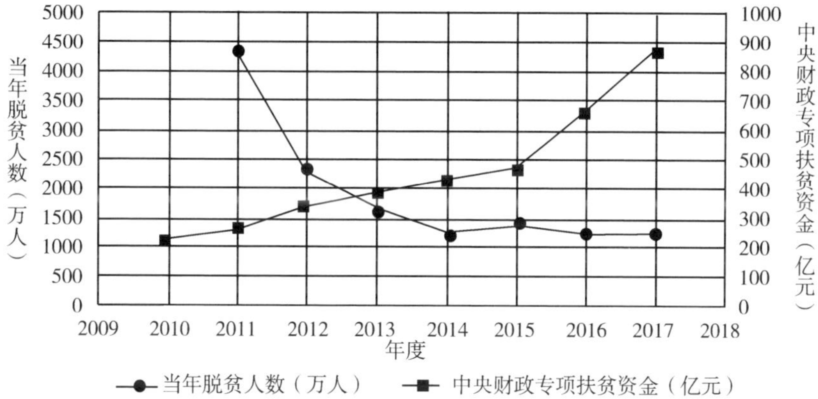

图 1-1　2010—2017 年扶贫资金投入与脱贫人数对比曲线

背景脆弱性共 6 个维度的中国农村多维贫困测度指标体系，利用公开统计数据（人口普查数据、地理空间数据等），对县域贫困进行地理识别，并与国家划定的扶贫重点开发现进行对比①。从识别结果看，该方法识别出的多维贫困县瞄准了在单维度和综合维度均处于较低水平的贫困县（市、区），更能反映出贫困县遭遇多重剥夺的情形。

在农村不同群体多维贫困的测度上，庄天慧等从消费水平、居住环境、身体健康、心理健康、家庭关系对四省藏区老年人的多维贫困进行测量②；张晓颖等使用收入、教育培训、健康、生活水平、社会融入 5 个指标测量了流动妇女的多维贫困③；冯贺霞等利用中国国际扶贫中心 2013 年对集中连片特困地区农户的调查数据，从生存、健康、教育、保护、参与 5 个维度测量分析了贫困地区儿童的多维贫困④。

在贫困呈现多元样貌和复杂图景的今天，除了多维贫困理论揭示的健康、教育、住房、水电和卫生设施等致贫因素外，一些调查发现，在一些贫困地区多种贫困形态已经出现，如文化贫困、精神贫困等。贫困地区公

① 刘艳华、徐勇：《中国农村多维贫困地理识别及类型划分》，《地理学报》2015 年第 6 期。

② 庄天慧等：《四省藏区多维贫困及其治理对策研究》，科学出版社 2018 年版，第 55—63 页。

③ 张晓颖、冯贺霞、王小林：《流动妇女多维贫困分析——基于北京市 451 名家政服务从业人员的调查》，《经济评论》2016 年第 3 期。

④ 冯贺霞、高睿、韦轲：《贫困地区儿童多维贫困分析——以内蒙古、新疆、甘肃、广西、四川五省区为例》，《山西农业大学学报》（社会科学版）2017 年第 6 期。

共文化服务投入不足，贫困人口参与公共文化生活的意愿不强烈，城市与乡村之间的二元文化结构进一步分化，导致贫困地区陷入“文化贫困”①。物质生活匮乏和物质需求难以满足，一定程度上会造成贫困人口安于现状、丧失信心，被动接受贫困现实而不思进取，陷入“精神贫困”。农民争当“贫困户”，坐等政府救济，为得到国家救济互相“比穷”，而没有主动改变贫困的愿望和动力，是“精神贫困”的表现，也是一些偏远贫困地区难以从根本上解决贫困问题的原因之一②。

近几年，伴随信息革命和信息化浪潮带来的城乡信息化发展不均衡，信息贫困作为一种新型贫困而出现，并成为致贫的重要诱因。陷入信息贫困的人们，表现为与现代化隔离、与对外开放无缘、与经济全球化无关，不能参与创造和分享以知识为主的社会文明成果，成为知识社会与信息社会的“落伍者”③。信息贫困包含自身贫困和环境贫困两个方面，其中，自身贫困强调因个体原因而陷入的贫困状态，包括信息意识、信息能力、信息消费等方面的贫困；环境贫困则关注周边环境因素导致的贫困，包括用于传播信息的基础设施贫困、信息资源贫困、信息服务贫困④。

一些针对信息贫困地区的调查表明，贫困人口的信息需求与消费状态差异显著，信息消费水平较低，高效利用信息的能力亟须提升⑤。在陷入深度贫困的集中连片特困区，信息贫困的情形更是堪忧。如在武陵山片区，信息贫困表现为“三无一不”——无供给（信息供给不足）、无传播（信息传播的基础设施滞后）、无利用（信息利用效率低下）、不匹配（信息供给与农民的信息需求不匹配）⑥。

---

① 陈前恒、方航：《打破“文化贫困陷阱”的路径——基于贫困地区农村公共文化建设的调研》，《图书馆论坛》2017 年第 6 期。

② 廖洁：《偏远农村地区精神贫困问题及其治理对策》，《管理观察》2018 年第 29 期。

③ 张守营：《扶贫攻坚要警惕信息贫困》，《中国经济导报》2013 年 4 月 18 日第 B05 版。

④ 张小倩、张月琴、杨峰：《国内外信息贫困研究进展：内涵阐释、研究设计及内容综述》，《图书馆论坛》2018 年第 8 期。

⑤ 刘博：《农民信息贫困的“脆弱性”研究——黑龙江农村地区信息需求与消费状态调查》，《图书馆理论与实践》2017 年第 2 期。

⑥ 丁建军、赵奇钊：《农村信息贫困的成因与减贫对策——以武陵山片区为例》，《图书情报工作》2014 年第 2 期。

第二节　信息贫困成为扶贫绩效的重要影响因素

在人类反贫困历史上，世界范围内的反贫困斗争曾遇到信息贫困引致的绩效困境。早在20世纪60年代，西方一些国家开发的致力于实现欠发达地区“现代化”的项目，往往不能达到理想的效果，甚至事与愿违。如：联合国援助贫困地区的扶贫计划，在工作人员撤走后，这些地区再次陷入贫困①；在一些贫困的非洲国家，对女性的割礼、丧偶女性的殉葬习俗，一直难以完全禁止。为什么在投入了大量人力、财力之后，这样的贫困以及伴随贫困的陋俗仍难以移除？扶贫专家后来发现，反贫困从来不是一个简单的赐予金钱、技术、物资的问题，对于贫困地区的人们来说，信息传播基础设施的匮乏、信息与知识的欠缺，与物质贫困相互叠加，加剧落后文化、习俗和语境对贫困的影响，由此带来贫困的恶性循环，成为反贫困行动的巨大障碍②；而有效的信息传播可以促进新知识、新信息的普及，唤醒贫困人口自我改变的意识，提升贫困人口的行动能力③。由此可见，信息贫困与物质贫困互为因果、相互影响并产生叠加效应，形成贫困的恶性循环，并成为影响减贫绩效的巨大阻力。

一　信息基础设施落后加剧贫困的恶性循环

大众传播是用知识和信息照亮闭塞的世界、为落后地区的人们带去光亮的使者。在一些农村贫困地区，用于大众传播的信息传播设施落后，知识和信息无法有效抵达，长期将贫困人口置于与信息社会隔绝和无缘的境地。因信息传播基础设施落后导致的“接入贫困”，主要表现为农民拥有媒介资源极少，接触媒介种类和信息内容单一，由此带来的后果是可用于农业生产的信息严重不足；四大媒体（报纸、广播、电视、网络）在农村分布严重失衡等④。

---

① R. Adhikarya, “Improving Farmers Education and Training: Challenges for Development Communications”, *The Journal of Development Communicaiton*, 1997, pp. 20-41.

② G. Walsham, and S. Sahay, “Special Issues on Information Systems in Developing Countries”, *MIS Quarterly*, Vol. 31, No. 2, 2007, pp. 7-24.

③ I. Apulu and A. Latham, “Information and Communication Technology Adoption: Challenges for Pakistan SMEs”, *TMC Academic Journal*, Vol. 4, No. 2, 2009, pp. 64-80.

④ 罗阳富、崔庆鹤：《农村信息贫困成因及对策研究》，《人民论坛》2013年第32期。

信息传播基础设施落后，以及由此导致的用于农业生产的信息资源不足，均会增加贫困地区经济发展的成本。贫困人口用于生产生活的信息资源欠缺，与外部世界信息沟通不畅，将深陷“贫困陷阱”，无法走出个人的“小世界生活”。张月琴等通过对乌蒙山连片特困地区——凉山州彝族村落的田野调查和扎根理论分析，考察了彝族村落信息贫困及其形成机理，发现该地区较低的信息化水平导致的“接入贫困”，与来自自然地理、生产方式、语言文字、社会规范和家支文化等因素互相影响，加剧了贫困的恶性循环①。杨峰等人分析了西南民族村落贫困人口的“小世界生活”，发现信息基础设施落后和信息资源匮乏的“小世界生活”情境，深刻影响了村落群体的信息需求感知、信息渠道选择、信息价值判断以及信息交流行为，成为贫困人口信息获取和信息分享的阻碍②。

信息传播基础设施的落后，信息传播技术上的“接入贫困”，像一道无形的屏障，将贫困人口隔离在信息世界之外，并成为贫困地区实现脱贫的巨大阻力和障碍。只有与瞬息万变的信息社会连通，融入信息化时代，推进农业农村现代化，贫困地区和贫困人口才能真正告别贫困。近年来，随着“互联网+”精准扶贫战略的推进，现代信息传播技术进村入户，“接入贫困”逐渐得到解决，极大地缓解了农村的信息贫困问题。

二 信息能力不足导致扶贫资源的目标偏离

在当下乡村社会，农民之间禀赋差异在不断扩大，农户分化的趋势越来越明显。农户不再是一个同质性的群体，而是因各自资源禀赋的不同，分化为诸多异质性的小群体，不同的扶贫需求和不同阶层的农民对扶贫资源的争夺角逐现象频繁③。农村社会结构分化的结果，将资源禀赋较弱的贫困人口置于社会结构的最底层，他们在扶贫资源的信息获取、项目参与、利益分享等方面均处于十分困窘和被动的境地④。一些针对扶贫项目的绩效评估发现，贫困人口，尤其是极端贫困人口，因自身高效利用信息

① 张月琴、张小倩、杨峰：《民族村落信息贫困形成机理研究——以四川凉山州彝族村落为例》，《图书馆论坛》2018 年第 8 期。

② 杨峰、赵珊：《西南民族村落信息贫困：一个小世界生活情境的分析框架》，《图书馆论坛》2018 年第 8 期。

③ 程璆、郑逸芳、许佳贤、陈念东：《参与式扶贫治理中的精英俘获困境及对策研究》，《农村经济》2017 年第 9 期。

④ 邢成举：《结构性贫困与精英俘获》，《团结》2016 年第 4 期。

的能力不足，难以从扶贫开发项目中直接受益①。如一项针对四川省绵阳市产业扶贫项目实施效果的研究发现，在农产品的生产、加工、运输和销售环节，均出现了信息流动的不畅或阻滞；信息寻求意识不足、信息获取能力有限，以及对产业扶贫信息的理解和运用能力匮乏，导致参与产业扶贫的贫困户无法高效参与产业扶贫，错失产业发展的机会②。

由此可见，信息传播基础设施的“接入贫困”解决后，一些扶贫资源虽能精准传递到贫困户，但由于贫困户自身信息能力的不足，即“能力贫困”，他们没有足够的能力去承接项目资源，由此造成扶贫资源难以发挥应有的效用，扶贫项目常常偏离既定的目标③。作者调研发现，在河南一些贫困村，扶贫部门陆续开发了一批“数字农家书屋”，但贫困户对何为“数字农家书屋”不甚知晓，也不掌握下载和使用“数字农家书屋”的技能，导致使用者寥寥。倒是一些乡村精英，如返乡创业者，积极利用“数字农家书屋”的信息资源，壮大养殖种植业，通过“数字农家书屋”获益。由此带来的结果是，“数字农家书屋”并未实现向贫困人口传播知识和信息的初衷，扶贫资源发生了目标偏离。

三　信息素养匮乏带来扶贫项目的低效参与

“信息素养”的概念最早由美国信息工业协会会长保尔·泽考斯基（P. G. Zurkowski）于1974年提出，是指拥有使用各种信息工具和信息来源的技术和能力，以形成信息解决方案来解决问题④。美国图书馆协会认为，信息素养是终身学习的基础，表现为：明确自身所需要的信息并高效地获取信息，批判性地评估信息及其来源，将获取的信息纳入个人知识库并能够运用于解决特定问题，理解信息使用的经济、法律、社会规范，遵守相关伦理与法规⑤。

---

① 刘小珉：《贫困的复杂图景与反贫困的多元路径》，中国社会科学出版社2017年版，第8页。

② 张彩吉：《产业扶贫中信息贫困的消除研究》，硕士学位论文，西南科技大学，2020年。

③ 邢成举、李小云：《精英俘获与财政扶贫项目目标偏离的研究》，《中国行政管理》2013年第9期。

④ Paul G. Zurkowski, “The Information Service Environment Relationships and Priorities”, *Washington D. C. National Commission on Libraries and Information Sciences*, 1974, p. 6.

⑤ American Library Association, “Information Literacy Competency Standards for Higher Education”, January 18, 2000, http: //www. ala. org/acrl/standards/informationliteracycompetency.

关于农民的信息素养构成，一些研究者强调信息意识、信息能力的重要性，同时增加其他指标，如信息创新能力[①]、计算机素养以及终身学习能力[②]。对于农民而言，具备信息素养则意味着知道何时需要信息、需要什么样的信息、到哪去找、怎样评价、如何有效利用以及能够发布信息[③]。总之，信息素养是一种对信息内容进行吸收、利用并用以满足个人生产生活的综合能力，也是农民适应和融入信息社会应具备的基本素质。

但现实中农民的信息素养不容乐观。一些调查发现，农民信息认知能力不足、信息判断能力较弱，信息获取积极性不够[④]，搜索、利用和辨别信息的能力较差，并且对网络公共法律约束的态度较为漠然[⑤]。这些情形，在贫困人口身上表现更甚。受限于个人生活的“小世界”，贫困人口依从固有的文化和社会规范，只关心当下，拒绝尝试和冒险；信息利用上表现为信息意识薄弱，信息消费水平低、脆弱性强，信息需求呈现“虚假性满足”，信息利用能力较低[⑥]。

信息素养的匮乏，直接影响了贫困人口对扶贫项目的参与。一项针对甘肃省“精准扶贫”中农民主体性参与的调查发现，农民仍习惯于亲戚邻居“口口相传”或通过广播接收扶贫信息，通过政府网站或政务新媒体关注村务政务的意识非常淡薄，这在一定程度上制约了他们作为扶贫项目主体的参与性[⑦]。作者前期调研发现，在扶贫项目的推进过程中，作为扶贫主体的贫困人口，对项目有一定的了解和认可之后，会萌生参与意愿，但往往因自身参与能力有限、对扶贫信息的理解和运用能力不足，造成扶贫项目的无效参与或低效参与。

---

① 刘若熙、齐丹：《基于灰色关联理想解法的农民信息素养评价模型》，《情报探索》2016年第10期。

② 杨秀平：《农村公共信息服务与农民信息素养培育问题研究——以西北农村调查为例》，《农业图书情报学刊》2016年第9期。

③ 卢秀茹、王健、高贺梅：《提高我国农民信息素质教育水平的对策研究》，《高等农业教育》2004年第12期。

④ 赵媛、淳姣、王远均：《我国农民/农民工信息意识现状及提升对策》，《四川大学学报》（哲学社会科学版）2014年第6期。

⑤ 詹晖、吕康银：《网络环境下吉林省农民信息素养提升研究》，《现代情报》2015年第5期。

⑥ 郑素侠、张天娇：《“小世界”中的信息贫困与信息扶贫策略》，《当代传播》2019年第4期。

⑦ 樊王妮、刘博：《甘肃省“精准扶贫”过程中农民主体参与性研究》，《时代金融》2018年第2期。

贫困人口的信息素养同样影响到他们对精准扶贫绩效评估的参与。为及时、准确了解精准扶贫的推进效果，各级政府会定期或不定期地对扶贫项目进行评估，包括政府自评和第三方评估。无论是政府自评还是第三方评估，作为精准扶贫对象的贫困人口都应是重要的参与方，他们的反馈，对精准扶贫的策略改进和目标调整意义重大。但从多年的扶贫绩效评估实践来看，贫困人口参与扶贫绩效评估的主体性和能动性远未被激发，他们对信息的理解能力有限、对评估的参与能力不足，评估过程中只是被动地接受询问和访谈，无法有效地反馈他们的真实需求。绩效评估瞄准扶贫目标、改进扶贫手段的目的未能充分实现。

第三节　脱贫攻坚有效衔接乡村振兴亟须信息技术赋能

2020年之后，我国面临建立可持续的农村减贫长效机制，巩固脱贫攻坚成果与乡村振兴有效衔接的新任务。这一新任务意味着一方面要把脱贫攻坚成果作为乡村振兴的重要基础和出发点，另一方面要通过乡村振兴战略的实施来进一步巩固和拓展脱贫攻坚成果①。在巩固脱贫攻坚成果与乡村振兴有效衔接的过程中，信息传播技术将扮演不可或缺的角色——通过信息减贫和发展数字经济，进一步巩固精准扶贫的成效，为乡村振兴提供产业支撑；而伴随信息传播技术对乡村社会的全面渗透，农业农村现代化和数字乡村建设将开启新征程，进而为乡村振兴提供生态支撑。

一　信息减贫巩固脱贫攻坚成果

自2016年以来，以信息助力扶贫、充分发挥信息在减贫和脱贫中的作用，已经成为我国政府反贫困行动的重要议题。2016年11月，中央网信办、国家发展改革委、国务院扶贫办联合印发《网络扶贫行动计划》，实施网络扶贫五大工程：以“网络覆盖工程”支持民族地区、边疆地区、革命老区和贫困地区网络覆盖；以“农村电商工程”发展互联网金融服务，推动贫困地区农村特色产业发展；以“网络扶智工程”提高贫困地区教育水平和就业创业能力；以“信息服务工程”构建扶贫开发大数据平台，建立网络扶贫信息服务体系；以“网络公益工程”推动网络公益

① 白永秀、宁启：《巩固拓展脱贫攻坚成果同乡村振兴有效衔接的提出、研究进展及深化研究的重点》，《西北大学学报》（哲学社会科学版）2019年第5期。

扶贫行动。

2018 年 5 月，工业和信息化部印发《关于推进网络扶贫的实施方案（2018—2020 年）》的通知，进一步聚焦深度贫困地区，以宽带网络缩小城乡“数字鸿沟”，为打好精准脱贫攻坚战提供信息与网络支撑。

2020 年 3 月，中央网信办、国家发展改革委、国务院扶贫办、工业和信息化部联合印发《2020 年网络扶贫工作要点》，明确了 2020 年底前的目标任务：网络覆盖质量进一步提升，全国行政村通光纤、通 4G 比例达到 99%，贫困村通宽带比例达到 99%。电商服务通达所有乡镇，快递服务基本实现乡乡有网点，电商帮扶贫困户增收作用更加明显。

上述以“互联网+”为模式的信息减贫行动在贫困地区的有序推进，激励了信息、知识和技术的扩散和传播，有力推动了农业经济的数字化和现代化转型，“平台经济”“共建共享”等概念在乡村社会逐渐得到推广，农村电商服务网络更加完备，与互联网结合的新型农产品营销方式不断出现。如：通过“智慧电商”平台，商家将农产品需求与价格传送到网络平台，村民也可把产品信息传到云平台，让商家自行订购，实现了农产品产销一体化。掌握了“直播带货”技术的村民，将智能手机作为营销农产品的“新农具”，在淘宝直播、抖音、快手、拼多多等直播平台开通账号，拓展农产品销售渠道。

但面对数字经济浪潮下城乡融合发展的需求，仍需要通过信息减贫行动消除农村的相对贫困，持续巩固脱贫攻坚成果，有效衔接乡村振兴的目标任务。包括以下几个方面。

（1）加大对发展数字农业、数字经济所需配套软硬件的投入，改善乡村信息化运营环境，提高欠发达地区的信息富裕化程度。

（2）加强对脱贫地区民众信息能力建设，包括开展信息化应用能力培训和信息素养提升行动，培育适应现代数字农业的新型农民。

（3）在脱贫地区持续开展贫困监测，建立返贫预警机制，保障相对贫困群体和已脱贫群体生活水平和数字化生存能力的巩固与提升。

二　信息传播技术助力乡村振兴

党的十九大报告指出实施乡村振兴战略，建设产业兴旺、生态宜居、乡风文明、治理有效、生活富裕的新农村。乡村振兴战略的实施，有望改变信息时代乡村被边缘化、城乡发展差距拉大的现实，是乡村发展的重大战略性转变。2020 年 10 月召开的党的十九届五中全会，进一步强调要全面推进乡村振兴、实施乡村建设行动，加快农业农村现代化。2021 年 2 月 21 日，中共中央、国务院发布《关于全面推进乡村振兴加快农业农村现代化的意见》，提出通过信息化建设加快农业农村现代化、推进乡村振兴的具体思路。包括：

（1）推动农村千兆光网、第五代移动通信（5G）、移动物联网与城市同步规划建设。

（2）完善电信普遍服务补偿机制，支持农村及偏远地区信息通信基础设施建设。

（3）加快建设农业农村遥感卫星等天基设施。

（4）发展智慧农业，建立农业农村大数据体系，推动新一代信息技术与农业生产经营深度融合。

（5）完善农业气象综合监测网络，提升农业气象灾害防范能力。

（6）加强乡村公共服务、社会治理等数字化智能化建设。

上述建设目标的实现，涵盖了信息传播基础设施的完善、智慧农业和智慧生活、乡村数字化治理等多个方面，需推进信息传播技术在乡村社会的进一步渗透，以及信息传播技术与乡村社会发展的深度融合。

作为乡村振兴的战略方向，2020 年启动的国家数字乡村试点，正是实施乡村建设的重大举措和具体行动。2020 年 10 月，中央网信办、农业农村部、国家发展改革委、工业和信息化部等七部门公布了国家数字乡村试点地区名单，117 个县（市、区）将在中央政策的支持下开展数字乡村整体规划设计，包括完善乡村新一代信息基础设施、推进现代信息技术在农业农村的深度融合应用、探索乡村数字治理新模式等。在建设数字中国的时代背景下，数字乡村建设不仅可为当下的乡村振兴战略提供新动能、激发新活力，更具有消弭城乡信息差距、实现城乡融合发展，推动乡村融入全球信息化、数字化浪潮的重大意义。

数字乡村建设目标的实现，需要信息传播技术多方面的赋能。包括：

（1）通过信息技术和信息资源在乡村社会的普及和应用，实现农村农业农民的信息化和现代化。

（2）通过信息技术的普惠接入和信息素养教育，保障乡村居民的信息权利，弥合乡村内部、城乡之间的数字鸿沟。

（3）通过宽带通信网、移动互联网、数字电视网以及大数据、人工智能助力乡村数字经济、智慧农业和数字治理。

在信息传播技术赋能乡村振兴和数字乡村建设过程中，包容性发展将作为政策推进的指导性框架——发展机会面向所有乡村社区的成员，发展成果为所有成员所共享，所有个体都能够从发展中获益。即：公平、公正分配数字信息资源，消弭乡村内部的信息不平等，谨防信息贫困陷阱，实现乡村社区的均衡发展和全面发展。

在人类反贫困的历史上，信息贫困曾经是减贫的阻力和障碍；在当下，信息本身已经成为减贫的工具和手段。在巩固脱贫攻坚成果与乡村振兴有效衔接的新时代，信息传播技术将在建设产业兴旺、生态宜居、乡风文明、治理有效、生活富裕的“新乡村”中扮演重要角色，为消弭城乡信息差距、实现城乡融合发展发挥强大功能。

第二章

认识信息贫困：概念、特征及测量

贫困往往与经济收入低下和物质贫乏密切相关，所以长期以来人们对贫困的认识囿于经济和物质的层面。自 1974 年阿马蒂亚·森指出应重视贫困的多维面向之后，研究者开始关注贫困的多维形态，如权利贫困、能力贫困、物质贫困、精神贫困等。在国内学术界，2001 年胡鞍钢等人提出知识贫困（knowledge poverty）的概念，认为知识贫困衡量的不仅仅是教育水平低下的程度，而是指获取、吸收和交流知识能力的匮乏或途径的缺乏，是新世纪的新型贫困，减贫战略应从单纯关注收入贫困转向关注知识贫困①。2009 年，胡鞍钢等人以信息贫困取代知识贫困的概念，并将信息贫困纳入贫困的测算体系。胡鞍钢等人将信息贫困定义为人们普遍缺乏获取、交流、应用和创造信息的能力，或者缺乏权利、机会与途径获得这一能力，并使用电视和广播普及率、电话普及率来测定信息贫困②。本部分拟在梳理信息贫困概念演进的基础上，剖析信息贫困的特征，提出信息贫困的测量方法，为信息贫困的识别和测度提供参考。

第一节　信息贫困的概念演进

在当今信息社会，根据信息资源占有上的差异，可将人们划分为“信息穷人”（information poor）和“信息富人”（information rich）③。与

① 胡鞍钢、李春波：《新世纪的新贫困：知识贫困》，《中国社会科学》2001 年第 3 期。

② 胡鞍钢、童旭光、诸丹丹：《四类贫困的测量：以青海省减贫为例（1978—2007）》，《湖南社会科学》2009 年第 5 期。

③ 于良芝、周文杰：《信息穷人与信息富人：个人层次的信息不平等测度述评》，《图书与情报》2015 年第 1 期。

信息富人相比，信息穷人在信息资源的占有上居于不利地位，处于信息社会的边缘地带，正在或已经陷入信息贫困。但影响个体信息资源占有多寡的因素，是多元且复杂的，既有经济上的因素，也有社会文化因素和个体能动因素。信息贫困的概念也从最初经济学意义上的物质贫困，逐渐演变到社会/文化意义上的机会贫困和能力贫困，以及信息传播技术在全球扩散带来的新型数字化贫困。信息贫困这一概念的历史演进，反映了学术界对信息传播技术及其社会影响的理解与探索逐渐深入。

一　经济学意义上的信息贫困

20 世纪 70 年代初，学术界对信息贫困问题的关注，始于经济学的视角。蒂奇诺（P. J. Tichenor）等人在关于“知识鸿沟”的研究中，发现大众传媒的信息传播会加剧社会阶层的分化：信息资源匮乏的个体，恰恰是处于社会边缘的低收入者、失业者、少数族群，而社会经济地位较高的个体，因拥有更多的信息获取机会、更强的信息吸收能力而成为“信息富人”①。马丁（C. A. Martin）对黑人社区信息需求的研究②，苏佩斯（P. Suppes）对身体残疾者信息获取机会的研究③，以及卡茨曼④（N. Katzman）与帕克⑤（E. B. Parker）等人对美国社会信息传播技术扩散不平等的考察，都将信息贫困视为经济/物质贫困的后果，认为那些在经济收入上处于劣势的群体，在信息接入和获取上同样处于劣势。

在我国，信息贫困长期以来与物质贫困相伴而生。在《中国农村扶贫开发纲要（2011—2020 年）》划定的集中连片特困地区中，六盘山区、秦巴山区、武陵山区、乌蒙山区、滇桂黔石漠化区、滇西边境山区、大兴

---

① P. J. Tichenor, G. Donohue, and C. Olien, “Mass Media Flow and Differential Growth in Knowledge”, *Public Opinion Quarterly*, Vol. 34, No. 2, 1970, pp. 159-160.

② C. A. Martin, “There's More Than One Way to Skin a Cat (The Issue of Heredity and Anti-egalitarian Research)”, *Journal of Negro Education*, Vol. 42, No. 4, 1973, pp. 559-569.

③ Patrick Suppes, “A Survey of Cognition in Handicapped Children”, *Review of Educational Research*, Vol. 44, No. 2, 1974, pp. 145-176.

④ Natan Katzman, “The Impact of Communication Technology: Some Theoretical Premises and Their Implications”, *Ekistics*, Vol. 225, 1974, pp. 125-130.

⑤ Edwin B. Parker, “Information Utilities and Mass Communication. In Information Utility and Social Choice: Papers Prepared For a Conference Sponsored Jointly by the University of Chicago”, *Encyclopedia Britannica and the American Federation of Information Processing Societies*, 1970, pp. 51-70.

安岭南麓山区、燕山—太行山区、吕梁山区、大别山区、罗霄山区 11 个地区，受地理阻隔、交通不便、通信落后等多种因素的影响，信息贫困问题较为突出。信息贫困与这些贫困地区的产业发展、公共服务、基础设施建设、基层治理等相互耦合、相互影响，导致经济社会发展出现路径依赖，长期难以突破，并最终陷入“贫困锁定”①。

信息贫困不仅对集中连片特困地区的减贫工作造成困扰，在其他扶贫重点县和贫困村，因信息的有效供给不足②、信息供需不对称③导致的信息贫困，同样影响了当地的减贫效果。在一些贫困县和贫困村，信息贫困与物质贫困并行而生，相互作用，彼此影响④。信息贫困与物质贫困的“联动”，产生了耦合效应，表现为物质上的贫困影响到贫困人口的信息消费水平，而信息消费水平低下则影响到信息在农业生产中的应用，进而影响农业生产效率。

信息贫困与物质贫困的耦合效应，可通过相关统计数据窥见一斑。以互联网普及率反映一个地区的信息化水平（可视作一个地区信息消费水平的反映），将人均可支配收入视作衡量居民物质生活水平的重要变量，综合《中国互联网络发展状况统计报告》、国家统计局《国民经济和社会发展统计公报》（2011—2020 年）、“中经数据”（https：//ceidata. cei. cn/）的统计数据，我们可以发现，农村互联网普及率与人均可支配收入之间有显著的正向相关关系（见表 2-1），两者的相关系数高达 0. 956。随着互联网在农村地区普及率的增加，农业信息化水平的提升和农业生产率的提高，农村居民人均可支配收入增加。农民可支配收入的增加，为接入和使用互联网提供了物质基础，进而提高了互联网在农村的普及率。由此可见，消减信息贫困，切断信息贫困与物质贫困的耦合关系，是实现减贫目标的关键环节。

---

① 王胜、丁忠兵、吕指臣：《我国集中连片特困地区信息贫困的机理与路径》，《开发研究》2017 年第 6 期。

② 胡军、王继新：《有效需求视角下的农民“信息贫困”问题》，《甘肃社会科学》2014 年第 5 期。

③ 张译：《基于供需视角的农村信息贫困现状与对策研究——以广元市为例》，硕士学位论文，四川农业大学，2014 年。

④ 孙贵珍、王栓军、李亚青：《基于农村信息贫困的农民信息购买力研究》，《中国农学通报》2010 年第 6 期。

表 2-1 农村互联网普及率与人均可支配收入的关系（2011—2020）

年度	互联网普及率（%）	人均可支配收入（元）
2020	55.9	17131
2019	46.2	16021
2018	38.4	14617
2017	35.4	13432
2016	33.1	12363
2015	31.6	11422
2014	28.8	10489
2013	27.5	9400
2012	24.2	8400
2011	20.7	6977

说明：双尾检验皮尔逊相关系数为 0.965，$p<0.00$。

信息贫困与经济/物质贫困的密切关联，使得社会经济地位成为考察信息贫困时无法回避的因素。经济视角下的信息贫困，强调社会经济地位在个体信息获取中的决定性作用，将信息贫困定义为个体因社会经济地位低下而无法获得接入信息资源、接受信息教育和信息培训的机会。陷入信息贫困的个体，因资源、机会的匮乏，最终沦为信息社会的落伍者。

将信息贫困视作经济/物质贫困的“翻版”，将信息贫困者等同于社会经济意义上的弱势群体，是一种单向度、简单化做法。信息贫困本身具有复杂的多维向度和多重诱因，而经济向度仅是其中之一。将信息贫困置于其发生的社会和文化情境，观照信息贫困者在特定社会/文化情境下的信息行为，以及行为与环境的互动，方能揭示信息贫困的复杂样貌。

二 社会/文化视角下的信息贫困

以经济视角定义信息贫困，将信息贫困视为物质贫困造成无法接入信息资源的结果，无法阐释一些信息社会的现实问题，如：保障信息接入是否就可以解决信息贫困？同样条件下的信息接入，为何个体的信息积累出现了显著差异？个体所处的社会文化环境，对信息获取会产生怎样的影响？

20 世纪 70 年代中期，在美国国家教育部的资助下，学者柴德斯（Thomas Childers）与波斯特（Joyce A. Post）对美国弱势和边缘人群的信息接触和信息利用行为开展了研究，最终成果以《美国社会的信息穷人》（*The Information-poor in America*）为书名出版。在书中，研究者描绘了信息穷人的特征[①]：

1. 长时间观看电视，极少阅读报章杂志，从不阅读书籍。
2. 意识不到自己的信息需求，亦不知如何满足自己的需求；不愿主动寻求信息。
3. 不知晓解决问题的正式渠道，较多地依赖非正式渠道获取信息。
4. 受困于一个信息匮乏的、相对封闭的信息网络之中。

由此可见，柴德斯与波斯特从社会/文化上界定的信息贫困，强调了信息行为者的如下特征：（1）信息获取渠道单一；（2）信息意识消极；（3）信息处理能力低下；（4）受困于亚文化环境。他们指出，信息处理能力、文化环境、个人态度影响了个体的信息资本积累，最终使个体游离于主流信息社会之外，成为信息穷人。

另一位从社会/文化视角考察信息贫困的研究者是埃尔夫瑞德·查特曼（Elfreda Chatman）。20 世纪 80 年代至 20 世纪 90 年代中期，查特曼调查了美国的失业黑人女性、南部某大学的女性清洁工、生活在老年公寓中的退休女性等群体，观察、了解这些边缘群体的信息需求、信息使用和信息分享行为特征。查特曼在对加州伯克利地区 50 位参与就业培训项目的失业女性的研究发现，失业女性主要通过非正式的人际传播渠道获取就业信息，但就业的激烈竞争、对未来的不确定性和社会孤立感使得她们不愿在工作环境中分享就业信息；在就业信息扩散过程中，确实存在掌握有价值信息的意见领袖，但意见领袖亦选择不让这些信息进入传播渠道，以增加自己获得这些职位的机会[②]。

20 世纪 80 年代后期，查特曼对美国东部一所大学女清洁工的信息获取行为开展了访谈与观察，发现清洁女工主要通过电视媒介获取信息，极

① Thomas Childers，Joyce A. Post，*The Information - poor in America*，Metuchen，NJ：Scarecrow，1975，pp. 78-80.

② E. A. Chatman，“Opinion Leadership，Poverty and Information Sharing”，*RQ*，Vol. 26，No. 3，1987，pp. 341-353.

少阅读报纸，与周围人有限的信息交流局限于鸡毛蒜皮的日常琐事，如对工作量的抱怨、对收入的不满、关于同事的流言与八卦等。在对待信息的态度上，清洁女工更愿意相信来自个人经验的信息，而对来自外部世界的信息持怀疑态度，认为这些信息与自身的日常生活实践不相容①。研究还发现，清洁女工普遍存在的无力感、自我疏离感，以及他们面对的社会规范，阻碍了她们的信息获取和交换②。

在前述两项研究中，失业者和清洁女工均为收入贫困群体。1990 年，查特曼调整了研究视角，跳出经济贫困与信息贫困关联的预设，开始在美国南部一个名为“花园塔”的老人公寓中寻找研究对象。查特曼选取了居住在该公寓的 55 名退休中产女性作为研究样本，开展了为期两年的民族志研究。查特曼发现，在“花园塔”居住的退休老年女性形成的传播网络中，个体在信息获取和交流中存在“隐秘”（secrecy）和“欺瞒”（deception）行为，如：她们会隐瞒或掩盖自己真实的健康状况，避免被取消居住在老人公寓的机会。查特曼指出，这种与信息交流相伴随的社会风险，成为她们开展信息行为的阻碍；而“隐秘”与“欺骗”作为一种保护机制，则来源于个体的不信任感③。

综合以上研究发现，查特曼提出“小世界生活”的概念，用以描述信息贫困者的日常生活环境及其信息行为特征。“小世界生活”是一种“功能失常的生活世界”④，“小世界”与外界的信息交流具有“局内人”与“局外人”的关系特征：对外界不信任、自我疏离、规避风险、传递虚假信息（或欺骗）、根据情景相关性（situational relevance）判断信息的价值。“小世界”作为一个相对狭小的社会生活空间或社群，还拥有自身独特的世界观（world view）和社会规范（social norm）；在这些世界观和社会规范的影响下，新知识被有选择地进入穷人的信息世界。

查特曼对信息贫困的界定，不仅仅包括信息获取上的匮乏，还包括个

---

① E. A. Chatman, “The Information World of Low-skilled Workers”, *Library and Information Science Research*, Vol. 9, No. 4, pp. 265-283.

② E. A. Chatman, “Alienation Theory: Application of a Conceptual Framework to a Study of Information Among Janitors”, *RQ*, Vol. 29, No. 3, pp. 355-368.

③ E. A. Chatman, *The Information World of Retired Women*, New York: Greenwood Press, 1992, p. 23.

④ E. A. Chatman, “Knowledge Gap, Information-seeking and the Poor”, *Reference Librarian*, Vol. 49, pp. 135-145.

体所处的“小世界”对个体信息行为的影响——“小世界”所形成的世界观和社会规范，决定了个体对信息的认知和判断；“局内人”和“局外人”的“小世界”结构，成为成员获取信息和分享信息的阻碍和屏障。

继查特曼之后，斯平克（A. Spink）等人对美国得克萨斯州一个黑人社区的研究，验证了查特曼的“小世界”理论①。另一位研究者汤普森（Kim M. Thompson）将信息贫困、信息行为与信息素养联系起来，认为查特曼等人描绘的“小世界生活”，可以较好地阐释信息贫困者无法评估自身信息需求、更无从知晓如何满足自身信息需求的文化和环境因素，并建议将个体信息行为纳入媒介素养研究之中②。

社会/文化视角下的信息贫困研究，摆脱了既往研究中将信息贫困视为收入/消费贫困结果的单一归因做法，将信息行为发生的环境作为重要的考量因素，揭示了信息行为与信息环境的互动关系。以社会/文化的视角审视信息贫困，可以看出，信息贫困是特定的文化/生活环境与信息主体的信息行为互相形塑的结果，而突破“小世界”信息环境的局限，改变信息主体的信息行为习惯，是战胜信息贫困的关键。

三　ICTs 应用与多维信息贫困

20 世纪 90 年代中期以来，信息传播技术（Information & Communication Technologies，ICTs）在全球开始普及和应用，成为人类传播史上的新景观。ICTs 作为信息技术与通信技术的结合体，不仅改写了人类的传播图景，更在政治、经济、文化、社会等领域引发了深刻的变革。与其他信息传播工具相比，在完成技术接入后，ICTs 仍需要使用者具备一定的知识和技能，以及对信息的加工和理解能力；而这些知识、技能和能力的缺乏，将成为分化使用者的主要因素。因此，ICTs 应用下的信息贫困，不仅包括“有”和“无”的接入贫困，还包括意识贫困、能力贫困，以及素养贫困。在 ICTs 深度嵌入社会生活的当代，信息贫困将呈现多种形态和复杂样貌，而不再是“拥有者”（haves）和“缺乏者”（have-nots）两

① A. Spink and C. Cole, “Information and Poverty: Information Seeking Channels Used by Low Income African American Households”, *Library and Information Science Research*, Vol. 23, No. 1, 2001, pp. 45-65.

② Kim M. Thompson, “Furthering Understanding of Information Literacy through the Social Study of Information Poverty”, *The Canadian Journal of Information and Library Science*, Vol. 31, No. 1, 2007, pp. 87-115.

极化情形。

（一）ICTs 接入贫困

1995—2000 年，美国国家通信和信息管理局发布了系列报告《在网络中落伍》，对 ICTs 扩散及其引致的社会分化表示担忧。报告指出，随着 ICTs 在美国社会的普及和应用，社会分化成信息富有者和信息贫困者两大群体，这两大群体在 ICTs 的接入上存在差距，形成“数字鸿沟”；随着时间的推移，数字鸿沟有拉大趋势，并带来新的社会不平等，威胁社会民主[①]。ICTs 接入指标反映是否拥有接入信息传播技术（包括计算机、互联网，以及基于互联网技术而衍生出的各类媒介形态）的机会，一般用 ICTs 在一个地区的普及率（或称渗透率）来表示。影响 ICTs 接入的因素有两个，一是技术可及性（accessable），技术供给确保个体可以触及 ICTs；二是技术可负担性（affordable），接入 ICTs 所需成本没有超出个体负担能力之外。技术可及性和技术可负担性二者之一缺失，或者二者均不具备，则意味着一个地区及其居民将陷入信息贫困。因此，ICTs 接入贫困常常表现为信息传播基础设施匮乏，或个体因无力负担起使用 ICTs 所需成本而失去接入机会。

关于 ICTs“接入”的测定，不同研究者的测量方法略有不同，如阿加瓦尔（R. Agarwal）等人以“在家中是否使用互联网”确定[②]，而马丁（Steven P. Martin）等人以“是否使用互联网”（不区分使用场所）确定[③]，中国互联网络信息中心使用“过去半年内使用过互联网”来确定网民的“接入”身份[④]。

（二）ICTs 意识贫困

为适应信息社会的“数字化生存”，个体的信息素养尤为重要。对个

---

① 这四份关于“数字鸿沟”的系列报告分别为：《在网络中落伍：对美国农村和城镇信息贫困群体的调查》（1995）、《在网络中落伍：数字鸿沟的新数据》（1998）、《在网络中落伍：定义数字鸿沟》（1999）、《在网络中落伍：走向数字包容》（2000）。

② R. Agarwal, A. Animesh, and K. Prasad, “Research Note: Social Interactions and the ‘Digital Divide’”, *Information Systems Research*, Vol. 20, No. 2, 2009, pp. 277-294.

③ Steven P. Martin, and John P. Robinson, “The Income Digital Divide: an International Perspective”, *IT&SOCIETY*, Vol. 1, No. 7, 2004, pp. 1-20.

④ 详见历次《中国互联网络发展状况统计报告》。

体信息素养的评价，包括信息知识、信息意识和信息技能 3 个层面①，其中信息意识是指个体对信息的关注和对信息重要性的感知，是信息素养的重要组成部分，也是个体开展信息活动的起点。信息意识强烈的个体，对信息比较敏感，能明确自身对信息的需求，并在需求目标的指引下主动搜寻信息。ICTs 意识指标反映了个体对 ICTs 重要性的认知，以及是否具有主动使用 ICTs 的意愿，而 ICTs 意识贫困则表现为缺少主动使用 ICTs 的意愿或意愿不强烈，不能合理利用 ICTs 为个人工作和生活服务。

ICTs 意识贫困产生的根源，既有个体能动因素，亦有社会情境因素。从个体能动因素看，较低的受教育水平、较差经济收入，一定程度上成为个体融入数字化生活的阻力，削弱了个体寻求 ICTs 使用的意愿。从社会情境因素看，个体满足于所处“小世界”内部的信息交换并主动“屏蔽”外界信息，意识不到 ICTs 对于他们突破“小世界”的重要性，那么这种同质化、相对封闭的信息“小世界”作为社会情境因素，就成为形成 ICTs 意识贫困的根源之一。

（三）ICTs 能力贫困

同信息意识一样，信息能力（或曰“信息技能”）亦是信息时代个体应具备的信息素养的重要组成部分，影响到个体信息收集和信息处理的质量。贝尔托（J. C. Bertot）测量了 ICTs 使用者的接入方式、软硬件性能、信息处理方式、所获取信息的质和量等，发现 ICTs 使用能力对信息质量有直接影响②。ICTs 能力包括对 ICTs 的认知能力、信息获取能力、信息分享能力。其中 ICTs 的认知能力是指个体对 ICTs 特性与功能的认知水平，信息获取能力是指个体通过 ICTs 有效识别、搜集、处理信息的能力，信息分享能力是指个体利用 ICTs 与他人交流信息、共享信息的能力。而 ICTs 能力贫困则表现为 ICTs 技能掌握不足、信息获取的效率较低、所获信息的质量不佳，利用 ICTs 开展的信息活动受限等。

随着 ICTs 在世界各国普及率的提升，“接入”问题不再是数字鸿沟研究的重点，反映在 ICTs 使用能力上的差距及其社会影响，已经成为研究

① 杨鹤林：《英国高校信息素养标准的改进与启示——信息素养七要素新标准解读》，《图书情报工作》2013 年第 2 期。

② J. C. Bertot, “The Multiple Dimensions of the Digital Divide: More Than the Technology ‘Haves’ and ‘Have Nots’”, *Government Information Quarterly*, Vol. 20, No. 20, 2003, pp. 185-191.

者关注的兴趣点。如：诺里斯（Pippa Norris）的研究发现，ICTs 使用能力上的差距，已经成为数字鸿沟的主要组成部分，并呈现 3 种不同的形态：全球鸿沟（国家之间 ICTs 能力的差距）、社会鸿沟（国家内部不同群体或阶层之间 ICTs 能力的差距）和民主鸿沟（不同政治力量之间 ICTs 能力的差距）①。弥合全球数字鸿沟，应致力于国家层面、地区层面和群体层面的 ICTs 能力贫困的治理，通过 ICTs 的赋权和赋能效应，消弭信息能力分化和信息不平等。

（四）ICTs 素养贫困

ICTs 素养指正确使用数字技术、通信技术或网络解决信息问题，以便在信息社会中行使职责的能力②，该指标反映了个体驾驭 ICTs 技术的能力。与 ICTs 素养意义相近的术语还有数字素养（Digital Literacy）、信息素养（Information Literacy）等。ICTs 素养贫困表现为不能合理安排使用 ICTs 的时长与频次，缺乏识别信息、判断信息价值的能力，不能理性对待、正确评价信息，以及参与信息生产、创造的能力不足。较高的 ICTs 素养，表现为智慧地、理性地使用 ICTs，驯化 ICTs 为生活和工作服务，自觉防止过度连接 ICTs，规避 ICTs 使用沉迷，掌握 ICTs 使用上的主导权。

在 ICTs 素养的测量上，哈吉塔（E. Hargittai）设计了 ICTs 素养量表，以一组信息检索任务测定 ICTs 使用者的信息素养③。范德尔森（Van Deursen）与范迪克（Van Dijk）以在线任务测试的方式考察 ICTs 使用者的信息素养，包括数字媒介与内容两方面的技能和素质④。在当代信息社会，ICTs 素养作为社会成员遨游信息海洋、利用信息为生活和工作服务的一项基本素质，已经成为公民素养的重要组成部分。

在 ICTs 深度应用的社会情境下审视信息贫困，可以发现，信息贫困呈现更为复杂的样貌和更为多维的形态，不仅有接入上的贫困，还有意识

---

① Pippa Norris, *Digital Divide: Civic Engagement, Information Poverty and the Internet Worldwide*, New York: Cambridge University Press, 2001, pp. 12-13.

② IR Katz, "Testing Information Literacy in Digital Environments: ETS's iSkills Assessment", *Information Technology & Libraries*, No. 26, 2007, pp. 3-12.

③ Eszter Hargittai, "Second - level Digital Divide: Differences in People's Online Skills" (2014), http://firstmonday.org/issues/issue7_4/hargittai/index.html.

④ A. J. A. M. Van Deursen & J. A. G. M. Van Dijk, "Measuring Internet Skills", *International Journal of Human-Computer Interaction*, Vol. 26, No. 10, 2010, pp. 891-916.

上的贫困、能力上的贫困和素养上的贫困。信息贫困的这种多维性，为我们审视长期以来困扰人类包容性发展、破坏信息公平的数字鸿沟问题提供反思的路径。一直以来，数字鸿沟研究以信息拥有者（information haves）和信息贫乏者（information have-nots）两极划分为研究假设。这样的假设，或许符合西方后工业社会里传统中产阶级式微的状况，但不能反映过去十多年来中低端信息传播工具在中产和低收入阶层广泛应用的社会现实[①]，更难以回应ICTs在当代社会深入渗透带来的信息分化和信息不平等问题。基于ICTs的多维贫困重新评估数字鸿沟的多元样态，揭示数字鸿沟背后的信息贫困根源，将有助于提出更具适配性的全球数字鸿沟解决方案。

第二节　信息贫困的特征

信息贫困作为信息社会人类面对的贫困新形态，具有与物质贫困类似的动态性、脆弱性、空间性和代际传递性等特征。但信息贫困的这些特征，其形成机理和表现形态与物质贫困有较大不同。厘清信息贫困的这些特征，有助于扶贫部门识别信息贫困、做好信息贫困的动态监测，并根据信息贫困的不同特征来制定具有针对性的、差异化的信息减贫政策。

一　信息贫困的动态性

贫困的动态性，是指在一段相对较长的时期内，个体或者家庭进入和退出贫困的运动和过程[②]。英国学者郎特里（B. S. Rowntree）在对伦敦家庭的研究中，较早关注到了贫困的动态性。他发现，贫困多出现在家庭特定的发展阶段，如家庭经济收入下滑、家庭成员突然罹患疾病等[③]。基于中国农户面板数据的经验分析表明，农户脱贫或致贫过程中，结构性因素

① 邱林川：《信息时代的世界工厂：新工人阶级的网络社会》，广西师范大学出版社2013年版，第28页。

② M. S. Hill, "Some Dynamic Aspects of Poverty. University of Michigan", *Institute for Social Research*, No. 9, 1981, pp. 12-13.

③ B. S. Rowntree, *Poverty and Progress: A Second Social Survey of York*, London: Longmans, Green and Co., 1941, pp. 35-46.

的作用越发显著[①]，家庭发生的结构性变化，如经济收入的变化、家庭成员的就业状态变化等，将导致家庭进入或退出贫困。

信息贫困的动态性，即为个体或群体陷入或退出信息贫困的过程。决定个体或群体陷入或退出信息贫困的因素，有经济收入、教育和培训、生活场所的变动等，如：经济收入的减少或增加，会影响到个体接入信息传播技术的选择（无力接入 ICTs、仅能接入中低端 ICTs，或有足够的经济实力接入高端 ICTs）；教育和培训可提升个体的信息使用技能，而教育和培训的缺乏可使个体陷入信息贫困；生活场所的变动，可能致使个体无法接入 ICTs，或重新获得接入 ICTs 的机会。将时间与信息贫困相结合，可揭示信息贫困在时间维度上的发展与演变，是理解和识别信息贫困动态变化的关键。

二 信息贫困的脆弱性

在社会科学领域，脆弱性是指人类应对各种风险冲击时表现出的胜败可能性，风险抵御能力差则意味着脆弱性高，风险抵御能力强则意味着脆弱性低[②]。贫困，是人类抵御自然风险和社会风险时脆弱性的直接表现：遭遇不利风险时，脆弱的人群更易陷入贫困，已陷入贫困的人群更易陷入深度贫困和顽固性贫困。

信息贫困的脆弱性是指，与信息富人相比，信息穷人抵御各种风险冲击的能力较弱，遭遇风险之后可能陷入更深的信息贫困，且恢复至原有状态需要更多的时日。“脆弱性”与信息资本的不足有密切关联，因为充裕的信息资本是抵御信息环境变化、应对不利因素对个人信息行为影响的保障。相关研究表明，农民的“信息脆弱性”主要表现为敏感性高、适应性低与抗逆力弱[③]。当信息资本出现不足（包括信息基础设施、信息渠道、信息消费品等有形信息资本以及智力资本等无形信息资本的准备不足），都会使农民在信息突然变化时呈现更高的暴露度（“敏感性高”）、陷入信息贫困的可能性增加（“适应性低”），且恢复至先前信息消费状

① 万广华、刘飞、章元：《资产视角下的贫困脆弱性分解：基于中国农户面板数据的经验分析》，《中国农村经济》2014 年第 4 期。

② 吴海涛、丁士军：《贫困动态性：理论与实证》，武汉大学出版社 2013 年版，第 6—7 页。

③ 刘博：《农民信息贫困的“脆弱性”研究——黑龙江农村地区信息需求与消费状态调查》，《图书馆理论与实践》2017 年第 2 期。

态的能力较差（“抗逆力弱”）。

以脆弱性的角度考察信息贫困，有助于揭示信息贫困的复杂成因与影响因素，识别出处于信息贫困边缘的、未来可能会陷入信息贫困的个体或群体，以及未来在脱离信息贫困时仍面临困难的个体或群体，进而制定差异化的信息扶贫政策，以阻止信息贫困的扩散与再生。

三　信息贫困的空间性

20 世纪 90 年代，世界银行开始关注贫困在空间分布上的特征，即贫困与地理环境之间的关系①。这里的地理环境，是广义上的地理环境，包括自然环境和社会环境两部分。其中，自然环境是指可用作生产资料和劳动条件的土壤、气候、水及生物等各种自然条件的总和，社会环境是指人类生存、发展所必需的经济、政治、文化和历史的总和②。一些学者对孟加拉国农村贫困的研究发现，地理性指标对贫困发生的贡献超过家庭特征，居住地成为导致贫困的决定性因素③。有关中国农村贫困的研究表明，贫困发生与空间地理位置有关，具有空间贫困（spatial poverty）的典型特征④。

与既往强调信息贫困的经济因素、社会/文化因素有所不同，以“空间性”审视信息贫困，考察信息贫困在空间上的分布特征，可以揭示自然环境和社会环境对信息贫困的影响。信息贫困发生的自然环境因素有：地理位置的偏远、公共交通不发达、信息基础设施不完备、互联网普及率偏低；社会环境因素有：经济条件上处于弱势，文化上处于边缘地带，信息接入机会不足，政治、社会参与机会匮乏。自然环境和社会环境共同构成了信息贫困发生的空间要素，并影响着信息贫困的空间分布（见图 2-1）。

借助空间贫困理论的“贫困地图”（poverty maps）或“贫困绘图”

---

① 陈全功、程蹊：《空间贫困及其政策含义》，《贵州社会科学》2010 年第 8 期。

② 曲玮、涂勤、牛叔文：《贫困与地理环境关系的相关研究述评》，《甘肃社会科学》2010 年第 1 期。

③ Ravallion Martin and Wodon Quentin, “Poor Areas, or Only Poor People?”, *Journal of Regional Science*, Vol. 39, No. 4, 1999, pp. 689-711.

④ 张晓旭、冯宗宪：《中国人均 GDP 的空间相关与地区收敛：1978—2003》，《经济学季刊》2008 年第 2 期。

（poverty mapping）思想[①]，运用数据可视化技术，绘制信息贫困在地理空间上的分布地图，设计出与信息贫困分布区域的自然、社会环境相匹配的扶贫政策，将有助于提高扶贫资源利用效率和信息减贫政策干预的瞄准度。

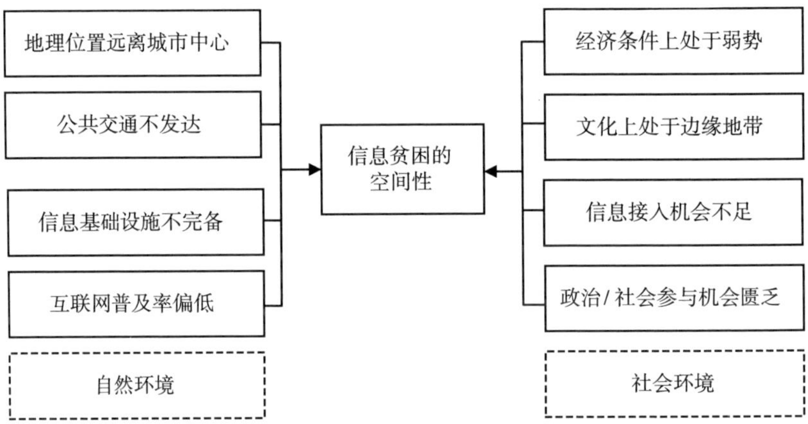

图 2-1 信息贫困的空间性阐释

四 信息贫困的代际传递性

贫困的代际传递，是指贫困及其不利因素在家庭内部由父辈传递给子辈，子辈重复父辈的贫困境遇[②]。代际传递是贫困通过复制和循环实现再生产的重要途径，也是脱贫攻坚面对的巨大挑战。研究发现，在中国广大农村，贫困的代际传递现象普遍存在，多数父辈贫困的子女在脱离贫困后并没有实现收入地位的实质性改善，仍然有较大的可能性重返贫困的境地[③]。

① 贫困专家和国际扶贫组织收集一国涉及贫困信息及其贫困在空间上的分布信息，利用地理信息软件绘制成“贫困地图”（poverty maps）或者“贫困绘图”（poverty mapping）。这些贫困地图提供了一个国家内（或某一行政区、社区）贫困水平巨大差异的清晰画面，使人们能够更好地理解穷人的空间分布，以及贫困和地理环境因素之间的关系。详情见 Todd Benson、Michael Epprecht、Nicholas Minot：《绘制穷人生活的地图》，《关注全球贫困和饥饿人口——2020 焦点简报》，2007 年 10 月，http：//www . iprcc. org. cn.

② Richardo Morán（ed.），*Escaping the Poverty Trap*：*Investing in Children in Latin America*，Baltimore and London：The Johns Hopkins University Press，2003，pp. 1-4，39-45.

③ 张立冬：《中国农村贫困代际传递实证研究》，《中国人口 · 资源与环境》2013 年第 6 期。

贫困在代际之间传递和复制，既有子辈的教育程度、职业地位和社会关系等自致性因素，亦有父辈的经济地位、社会关系等先赋性因素，同时还包括社会支持与社会流动等社会性因素①。相关研究表明，家庭社会经济背景制约着青少年的网络技能和网络信息使用能力，且父辈的媒介接触习惯（媒介接触动机、内容偏好等）直接影响了子辈的媒介素养水平②。由此可见，信息贫困作为贫困的一种形态，亦具有代际传递的特征。信息穷人的经济地位、社会关系等先赋性因素对信息接入、信息获取的不利影响，将传递给子辈；自致性因素如教育程度、职业地位等决定了个体的信息素养，而信息素养将通过父辈对子辈的教化而实现代际传承。

信息贫困的代际传递，揭示了信息贫困的恶性循环与再生产过程：父辈的信息接入机会、信息技能与信息素养，形成了子辈成长的重要信息环境，直接影响到子辈的信息获取和信息素养的形成。以"上游干预"的手段加大农村贫困地区基础教育的投入，改善农村基础教育条件，同时对农村贫困家庭提供教育支持，改善贫困家庭的信息环境，是阻断信息贫困的代际传递、实现信息减贫目标的重要途径。

第三节　信息贫困的测量

测量贫困的前提，是确定贫困标准，贫困标准是用于测量和识别贫困人口的重要工具。与中国反贫困事业取得的巨大成就相比，贫困测量一直是薄弱环节。中国贫困人口分布的广泛性、贫困形态的多样性，导致研究者开展专门家庭调查获取数据的成本极高。本部分拟通过梳理国际社会通行的贫困测量标准，以从中获得测量方法上的启示意义，并在此基础上提出信息贫困的测量方法。

一　贫困的测量标准

目前国际社会通行的 3 种贫困标准分别是收入/消费标准、人类发展指数和多维贫困指数，其中收入/消费标准是全球使用最为广泛的贫困标

① 张立冬：《中国农村贫困代际传递实证研究》，《中国人口·资源与环境》2013 年第 6 期。

② 江宇：《家庭社会化视角下媒介素养影响因素研究——以南宁市中学生及其父（母）媒介素养调查为个案》，博士学位论文，中国传媒大学，2008 年。

准。1990 年，世界银行以消费贫困确定贫困线，将“每人每天生活支出低于 1 美元”作为识别贫困人口的依据；2005 年，世界银行将这一标准调整为 2. 0 美元。中国以收入贫困作为测量贫困的标准，1985 年将“人均年纯收入 200 元”作为贫困线。为了更真实、动态地测定出特定经济发展时期的农村贫困状况，国家统计局对贫困标准进行了数次调整（见表 2-2），目前采用的是 2011 年确定的贫困标准“农民年均纯收入 2300 元（2010 年不变价）”，各省根据实际情况可以制定不低于这个标准的地方扶贫标准。

表 2-2　　中国农村贫困标准演变

年份	贫困标准（元/年）	年份	贫困标准（元/年）
1985	200	2002	627
1986	206	2003	637
1990	300	2004	668
1994	450	2005	683
1995	530	2006	693
1997	640	2007	785
1998	635	2008	1067
1999	625	2009	1196
2000	625	2010	1274
2001	630	2011	2300

为克服收入/消费标准测量贫困时单一维度的局限，联合国开发计划署在 1990 年发布的《人类发展报告》中，提出以人类发展指数来测量贫困，以强调反贫困是一个促进人类发展的过程。人类发展指数由健康状况、受教育水平和经济收入 3 个指标构成（见表 2-3）。联合国开发计划署发布的《2016 中国人类发展报告》指出，以人类发展指数衡量中国的减贫成就，中国已成为“高水平人类发展国家”，是 30 余年来在人类发展领域中进步最快的国家之一①。

① 联合国开发计划署、国务院发展研究中心：《2016 中国人类发展报告》，2016 年 8 月 23 日。

表 2-3　**人类发展指数（HDI）的指标构成**

一级指标	二级指标	说明
健康状况	出生时预期寿命	
教育水平	成人识字率（2/3 权重）	《2010 人类发展报告》用平均受教育年限取代识字率
	小学、中学、大学入学率（1/3 权重）	《2010 人类发展报告》用预期受教育年限（即预期中儿童现有入学率下得到的受教育时间）取代毛入学率
经济收入	实际人均 GDP	《2010 人类发展报告》用人均国民总收入（GNI）取代 GDP

受阿马蒂亚·森的“贫困是对人的基本可行能力的剥夺”这一观点的启发，阿尔基尔（Alkire）和福斯特（Foster）提出多维贫困指数以多维度反映贫困人口的受剥削状况。多维贫困指数包括贫困发生率和贫困强度两个关键部分，贫困发生率指遭受多维贫困人口占总人口的比例，贫困强度是指贫困人口遭受的平均剥夺比例（加权），即：贫困人口有多穷。一个地区的多维贫困指数=贫困发生率×贫困强度①。多维贫困指数的一级指标有健康、教育和生活标准，二级指标共 10 个，如表 2-4 所示②。

多维贫困指数不仅克服了收入/消费贫困测量单一维度的局限，还生动地反映了贫困人口多方面受剥夺的情形。多维贫困指数中，指标被剥夺的比例多少，反映了贫困强度的大小，如：两个地区的贫困发生率相同，但贫困强度不同，即意味着两个地区遭受不同程度的贫困。这对贫困识别和反贫困政策制定非常重要。

表 2-4　**多维贫困指数（MPI）的指标构成**

一级指标	二级指标
健康	营养
	儿童死亡率
教育	受教育年限
	入学儿童人数
生活标准	安全饮用水、用电、做饭用燃料、室内空间面积、卫生厕所、耐用消费品

① 王小林、Alkire：《中国多维贫困测量：估计和政策含义》，《中国农村经济》2009 年第 12 期。

② 王小林：《贫困测量：理论与方法（第二版）》，中国社会科学文献出版社 2017 年版，第 49 页。

自2011年开始，我国以人均年纯收入2300元作为识别贫困的标准。同时，人类发展指数、多维贫困指数为我们了解贫困的复杂性和多元面向提供了有力工具。姜安印等人使用人类发展指数对六盘山集中连片特困地区61个县域的贫困状况进行评价，发现人类发展指数处于中等偏下的县域主要存在教育指数偏低或人均GDP指数偏低①，教育水平和经济收入成为影响六盘山集中连片特困地区脱贫的主要因素。

冯怡琳等人利用全国住户收支与生活状况抽样调查数据，使用多维贫困指数方法测算了我国2016年多维贫困人口规模，测算结果与我国已公布的按农村户籍人口总体推算的农村贫困人口规模大体相当。研究还发现，西部地区多维贫困发生率较高，多维贫困人口规模占全国的43.9%；卫生条件单项指标对多维贫困的影响较大，说明改善厕所、饮用水、炊用燃料等应是扶贫重点②。

二 信息贫困的测度指标

上一节梳理的全球贫困标准中，收入/消费贫困标准以货币的视角识别贫困，是较为简单易行的贫困测量方法，特别适用于中国贫困人口分布较为广泛和分散、家庭统计数据不易获得的现实。人类发展指数和多维贫困指数拓展了收入/消费贫困标准的测量维度，揭示了贫困形态的多元面向，这对反贫困政策的制定，以及确定政策实施的优先顺序具有启发意义。

本书的主要任务之一是尝试提出信息贫困的构成指标和测量方法，但对于信息贫困的测量，目前尚无成熟的测量方案可供借鉴。在上述3种测量贫困方法提供启发的基础上，本书尝试从地区层面、个体/家庭层面发展出适用于本书的信息贫困测量方法。其中，地区层面的信息贫困测定，用以反映经济发展状况不同地区的信息资源占有与信息分化；个体/家庭层面的信息贫困指标，用以描述与贫困人口/家庭具体信息行为相关的信息资源匮乏、信息能力不足的情形。

（一）地区层面信息贫困的测度

近几年来，摆脱和战胜信息贫困，实现农村信息化、农业现代化，

① 姜安印、冯英杰：《六盘山集中连片特困地区县域贫困状况评价——基于人类发展指数的改进》，《石家庄经济学院学报》2015年第4期。

② 冯怡琳、邸建亮：《对中国多维贫困状况的初步测算——基于全球多维贫困指数方法》，《调研世界》2017年第12期。

已成为中央决策并被写进中央关于农村（农业）信息化建设的相关文件。如：国务院办公厅发布的《关于促进农村电子商务加快发展的指导意见》，提出要“扩大电子商务在农业农村的应用”“在农业生产、加工、流通等环节，加强互联网技术应用和推广”[①]；工业和信息化部发布的《关于实施“宽带中国”2015 专项行动的意见》，提出要“积极探索农村宽带建设和应用协调发展模式，推动农村信息进村入户，加快农村电子商务、现代农牧业以及教育、医疗等信息化应用发展”[②]。在《关于推进网络扶贫的实施方案（2018—2020 年）》中，工业与信息化部提出“精准建立贫困村通宽带台账”“加快贫困村光纤网络建设步伐”“保障贫困村 4G 网络覆盖”等工作目标[③]，以推进宽带在贫困村的普及工程。

以上政策、文件中关于农村农业信息化、现代化的远景目标，为笔者拟定地区层面信息贫困的测量指标提供了启发。此外国务院发布的《“十三五”国家信息化规划》中“十三五”期间国家信息化发展“信息基础设施”指标构成[④]（见表 2-5），以及农业部发布的《“十三五”全国农业农村信息化发展规划》中“十三五”期间农业农村信息化发展的主要指标[⑤]（见表 2-6），也为笔者拟定地区层面信息贫困的测量指标提供了参考。

表 2-5　“十三五”信息化发展“信息基础设施”指标

信息基础设施	2015 年	2020 年
1. 光纤入户用户占总宽带用户的比率（%）	56	80
2. 固定宽带家庭普及率（%）	40	70
3. 移动宽带用户普及率（%）	57	85
4. 贫困村宽带网络覆盖率（%）	78	90
5. 互联网国际出口带宽（Tbps）	3. 8	20

① 国务院办公厅：《关于促进农村电子商务加快发展的指导意见》，2015 年 11 月 9 日。

② 工业和信息化部：《关于实施“宽带中国”2015 专项行动的意见》，2015 年 5 月 8 日。

③ 工业和信息化部：《关于推进网络扶贫的实施方案（2018—2020 年）》，2018 年 5 月 3 日。

④ 国务院：《关于印发“十三五”国家信息化规划的通知》，2016 年 12 月 15 日。

⑤ 农业部市场与经济信息司：《“十三五”全国农业农村信息化发展规划》，2016 年 8 月 29 日。

表 2-6 “十三五”农业农村信息化发展的主要指标

指标	2015 年	2020 年	年均增速
1. 农业物联网等信息技术应用比例（%）	10. 2	17	10. 8
2. 农产品网上零售额占农业总产值比重（%）	1. 47	8	40. 3
3. 信息进村入户村级信息服务站覆盖率（%）	1. 35	80	126. 2
4. 农村互联网普及率（%）	32. 3	>51. 6	>9. 8

除上面的规划、文件中有关农村信息化建设的论述之外，国家信息中心提出的信息社会评价指标，为笔者测量信息贫困提供了重要的启发。在借鉴国际、国内关于信息社会及信息化发展水平测评经验的基础上，国家信息中心构建了信息社会发展水平测评指标体系，如表 2-7 所示①。

表 2-7 信息社会发展水平测评指标体系

一级指标		二级指标		三级指标	
指标名称	权重	指标名称	权重	指标名称	权重
1. 信息经济指数	30%	1. 1 经济发展指数	1/4	1. 1. 1 人均 GDP 指数	1
		1. 2 人力资源指数	1/4	1. 2. 1 成人识字指数	1/3
				1. 2. 2 教育投入指数	1/3
				1. 2. 3 大学生指数	1/3
		1. 3 产业结构指数	1/4	1. 3. 1 产值结构指数	1/2
				1. 3. 2 就业结构指数	1/2
		1. 4 发展方式指数	1/4	1. 4. 1 研发投入指数	1/3
				1. 4. 2 创新指数	1/3
				1. 4. 3 能效指数	1/3
2. 网络社会指数	30%	2. 1 支付能力指数	1/2	2. 1. 1 固定宽带支付能力指数	1/2
				2. 1. 2 移动电话支付能力指数	1/2
		2. 2 社会发展指数	1/2	2. 2. 1 人均寿命指数	1/3
				2. 2. 2 城镇化指数	1/3
				2. 2. 3 空气质量指数	1/3

① 国家信息中心：《2017 年全球及中国信息社会发展报告》，2018 年 1 月 14 日。

续表

一级指标		二级指标		三级指标	
指标名称	权重	指标名称	权重	指标名称	权重
3. 在线政府指数	10%				
4. 数字生活指数	30%	4.1 移动电话指数	1/3		
		4.2 电脑指数	1/3		
		4.3 互联网指数	1/3		

表 2-7 所设计的信息社会发展水平测评指标体系，已被应用于全球 126 个样本国家的信息社会发展水平评估，以及全国的 31 个省份（含省、自治区、直辖市）、336 个地市级以上城市的信息社会发展水平的评估。

参考上述信息化测度指标，综合考虑指标的完整性、可扩展性以及数据的可获得性，本书提出以信息基础、信息服务、信息应用作为测度地区层面信息贫困的一级指标，并构建如表 2-8 所示的 14 个二级指标。信息基础指标反映了截至 2020 年国家对农村信息化建设在硬件基础设施上的要求，信息服务指标主要反映地方政府为农村信息化建设提供的信息服务水平和质量，信息应用指标是指信息技术在农村农业发展中的采纳和应用情况。

表 2-8　地区层面信息贫困测评指标

一级指标	二级指标
信息基础	有线电视信号覆盖率（%）
	智能手机普及率（%）
	20M 及以上固定宽带家庭普及率（%）
	4G 移动宽带用户普及率（%）
	高中文化人口比例（%）
信息服务	县级政务信息服务平台比例（%）
	乡镇和村级政务信息服务平台比例（%）
	政务信息服务平台用户比例（%）
	信息进村入户村级信息服务站覆盖率（%）
	中小学多媒体教学覆盖率（%）

续表

一级指标	二级指标
信息应用	农产品网上零售额占农业总产值比重（%）
	电子商务交易占比（%）
	互联网支付占比（%）
	人均信息消费（元/人）

（二）个体/家庭层面信息贫困的测度

在个体层面，信息贫困者具有什么样的特征？特别是，以信息行为的角度看，信息贫困者呈现何种样貌？个体/家庭层面信息贫困的测定，即从信息行为的角度，描绘信息贫困者的个体特征，揭示信息贫困者在信息使用上的不足与匮乏情形。

本书参考相关研究文献，拟从信息接入、信息意识、信息能力、信息参与4个层面描述个体的信息贫困，并以此作为测定信息贫困的4个一级指标。其中，信息接入指标用于测量个体的信息接入机会；信息意识指标用于测量个体对信息重要性的认识，主要参考赵媛等人①、李明德等人②的研究；信息能力指标用于测量个体对信息技术的掌握和熟练程度，以及将信息运用于生产生活的能力，主要参考李静等人③的研究；信息参与是信息素养最高层面的指标，反映了个体对信息的驾驭能力，以及将信息用于再生产的能力。参考吴凤君④、杨秀平⑤的研究，本书从信息分享和信息发布两个方面来测量个体的信息参与能力。4个一级指标下包含若干二级指标，如表2-9所示。其中量表问题使用Likert五级测量。本指标体系将在第4章用于个体/家庭层面信息贫困的测定。

① 赵媛、淳姣、王远均：《我国农民/农民工信息意识现状及提升对策》，《四川大学学报》（哲学社会科学版）2014年第6期。

② 李明德、李天龙、黄安：《西北四省农村居民信息意识现状分析》，《西北农林科技大学学报》（社会科学版）2016年第1期。

③ 李静、王建军：《新型农村社区建设中农民信息素养现状及对策研究》，《农业图书情报学刊》2015年第3期。

④ 吴凤君：《新生代农民信息素养现状及提升策略研究——以吉林省为例》，《农业图书情报学刊》2016年第2期。

⑤ 杨秀平：《农村公共信息服务与农民信息素养培育问题研究——以西北农村调查为例》，《农业图书情报学刊》2016年第9期。

表 2-9　个体/家庭层面信息贫困测评指标

一级指标	二级指标	问题
信息接入	电视机拥有情况	1）家中是否有电视机 2）电视机可接收的信号类型（有线、无线）
	移动电话（手机）拥有情况	是否拥有手机
	是否拥有智能电话（智能手机）	1）手机的类型（普通、智能） 2）手机是否联网
	是否拥有电脑	家中是否购置电脑
	是否可以经常上网	家中电脑是否联网
信息意识	对信息重要性的认识	1）农业政策类信息对我的生产生活很重要 2）农业科技类信息对我的生产生活很重要 3）天气气象类信息对我的生产生活很重要
信息能力	技术操作	1）我能独立完成开、关电脑的操作 2）我会下载和安装软件 3）我会运用搜索引擎查找农业信息
	信息应用	1）我会使用智能手机获取自己需要的农业信息 2）我关注了农业科技类的公众号（或网站）并经常查看
信息参与	信息分享	1）我常将自己认为有用的信息通过微信/QQ/邮箱等传播给老乡、朋友等 2）在微信群或论坛中，我积极参与讨论，表达观点
	信息发布	1）农业生产中遇到疑问，我会在网上发帖求助 2）我有过在网上跟帖或解答别人提问的经历 3）我有过主动发帖、发起话题讨论的经历

三　信息贫困的分类模型

截至 2018 年底，我国尚有 564 个国家级贫困县未能脱贫①。564 个贫困县分布于 21 个省份（直辖市/自治区）：河北（33 个）、山西（35 个）、内蒙古（31 个）、吉林（8 个）、黑龙江（12 个）、安徽（19 个）、江西（21 个）、河南（29 个）、湖北（25 个）、湖南（20 个）、广西（28 个）、海南（5 个）、重庆（9 个）、四川（34 个）、贵州（49 个）、云南（73 个）、甘肃（43 个）、青海（12 个）、宁夏（8 个）、新疆（22 个）、西藏

① 2014 年，国务院扶贫开发领导小组办公室认定 832 个国家扶贫工作重点县（“国家级贫困县”）。随着精准扶贫工作取得阶段性进展，2016 年底，国家级贫困县调整为 592 个；2018 年底，为 564 个；2020 年 5 月，为 485 个。2020 年 11 月，832 个国家级贫困县全部脱贫摘帽。

（48 个）。这些贫困县多分布于中西部地区，且多为革命老区、少数民族聚集区以及边疆地区。在扶贫开发工作进入“啃硬骨头、攻坚拔寨”的冲刺期，坚持分类施策，因人因地施策，因贫困原因施策，因贫困类型施策已经成为精准扶贫的工作理念①，精准识别、精准施策、精准帮扶，是分类施策的一个重要手段。

建立信息贫困的分类模型，对不同类型的信息贫困进行识别，既是制定与信息贫困特征相匹配的政策干预手段的前提，亦是精准扶贫“分类施策”思想的践行和体现。564 个国家级贫困县尽管具有自然条件恶劣、基础设施薄弱，用于发展的资源匮乏，外部资金引进困难的共同特征，但贫困县在信息基础设施、信息服务供给上的差异，应成为研究者在测度信息贫困时考虑的重要方面。正是基于这样的假设，本书拟建立信息贫困的分类模型，用以识别不同类型的信息贫困，为提出更为精准的、与贫困县信息贫困特征相匹配的政策建议作准备。

受陈烨烽等人关于致贫因素和贫困类型划分②的启发，本书以“致贫原因”为标准，将地区层面信息贫困的致贫原因划分为“信息基础”“信息服务”“信息应用”3 种，不同的致贫原因及其组合，导致了信息贫困的不同结果（设施贫困、资源贫困、能力贫困）。基于上述思路，建立地区层面信息贫困的分类模型如表 2-10 所示。

表 2-10　　信息贫困分类模型（地区层面）

分类 \ 致贫原因	信息基础	信息服务	信息应用
设施贫困	—	—	—
资源贫困	+	—	—
能力贫困	+	+	—

说明：“+”表示“拥有”，“—”表示“没有”。

根据表 2-10 信息贫困分类模型，若一个地区的信息基础、信息服务、信息应用均未达到全国平均水平，则可认为这个地区陷入了信息贫困

① 习近平：《携手消除贫困促进共同发展——在 2015 减贫与发展高层论坛的主旨演讲》，2015 年 10 月 16 日。

② 陈烨烽、王艳慧、赵文吉等：《中国贫困村致贫因素分析及贫困类型划分》，《地理学报》2017 年第 10 期。

程度最深、减贫难度最大的“设施贫困”。一个地区若仅有信息接入的基础设施，而无服务于农业生产生活的信息资源，更没有实际的信息应用行为，则这个地区的信息贫困形态是“资源贫困”。一个地区具备了信息接入的基础设施，也可提供较为丰裕的信息资源服务，但社会层面的信息化应用水平较低，则可认为这个地区的信息贫困形态是“能力贫困”。

受闫慧关于信息化社会不同社会层次群体及其信息行为特征研究①的启发，本书将个体/家庭层面信息贫困的致贫原因分为“信息接入”“信息意识”“信息应用”“信息参与”4种，若干种不同原因的组合，导致了信息贫困的不同形态（设施贫困、意识贫困、能力贫困、素养贫困）。基于上述思路，建立个体/家庭层面信息贫困的分类模型如表2-11所示。

表2-11　信息贫困分类模型（个体/家庭层面）

分类＼致贫原因	信息接入	信息意识	信息应用	信息参与
设施贫困	—	+	—	—
意识贫困	+	—	—	—
能力贫困	+	+	—	—
素养贫困	+	—	—	—

说明：“+”表示“拥有”，“—”表示“没有”。

根据表2-11信息贫困分类模型，若一个地区的贫困人口在信息接入、信息应用、信息参与指标上没有达到平均水平，则意味着这个地区贫困人口的贫困特征是“设施贫困”。同样地，仅有信息接入，而在信息意识、信息应用和信息参与指标上没有达到平均水平，则意味着意识贫困；仅有信息接入和信息意识，但信息应用和信息参与匮乏，则意味着能力贫困；仅有信息接入，信息意识、信息应用、信息参与均匮乏，则意味着素养贫困。

本书建立的信息贫困分类模型，可用于识别和评价不同层面（地区层面、个体/家庭层面）的信息贫困及其形态特征，为制定与信息贫困特征相匹配的、有针对性的扶贫干预政策提供参考。

---

① 闫慧：《数字贫困社群实现信息社会流动的影响因素研究——一项京津晋沪粤五地调研的实证分析》，《情报资料工作》2013年第4期。

第三章

全国层面的信息贫困：基于国家信息中心的测评数据

早在 2013 年，扶贫专家就发现，信息贫困将恶化贫富差距，导致社会发展不平衡[①]，但由于信息贫困的致贫原因多元，空间分布复杂，如何测量和识别信息贫困，仍是学术界和扶贫部门一直关注的问题。国家信息中心关于信息社会的研究，为本书测量和识别信息贫困提供了理论上的启发。本章将运用国家信息中心社会研究课题组发布的全国 31 个省份（含省、自治区、直辖市）的信息社会测评数据，描绘和分析全国层面信息贫困的分布特征。

第一节　数据来源与分析方法

2018 年 1 月，国家信息中心信息社会研究课题组发布了全国 31 个省份（含省、自治区、直辖市）的信息社会测评数据，并以“信息社会指数”（Information Society Index，ISI）来度量信息社会的发展水平。ISI 的取值区间为［0，1］，不同数值代表了不同的信息社会发展阶段。如表 3-1 所示。

表 3-1　　信息社会的发展阶段[②]

ISI 取值	ISI≥0.9	0.9>ISI≥0.8	0.8>ISI≥0.6	0.6>ISI≥0.3	ISI<0.3
发展阶段	信息社会高级阶段	信息社会的中级阶段	信息社会的初级阶段	从工业社会向信息社会转型的准备阶段（尚未进入信息社会）	与信息社会无缘（处于信息贫困之中）

① 游俊、冷志明、丁建军主编：《连片特困区蓝皮书：中国连片特困区发展报告（2013）》，中国社会科学文献出版社 2013 年版，第 160—164 页。

② 国家信息中心：《2017 年全球和中国信息社会发展报告》，2018 年 1 月 14 日。

目前，信息社会指数已被应用于全球126个样本国家的信息社会发展水平评估，以及全国的31个省份、336个地级市以上城市的信息社会发展水平的评估。在对信息社会发展阶段的识别上，“0.3”是一个相当关键的临界值，ISI低于0.3则意味着某种社会形态不具备信息社会的基本特征，与信息社会无缘。换句话说，这种社会形态，处于信息贫困之中，离进入信息社会尚有一段很长的路要走。受国家信息中心以“信息社会指数大于或等于0.3”作为识别“信息社会”标准的启发，本书以“ISI低于0.3”作为信息贫困的识别标准，即：若某种社会形态的ISI低于0.3，则意味着该社会形态处于信息贫困之中。

在国家信息中心关于信息社会的研究中，以信息经济、网络社会、在线政府、数字生活作为信息社会发展水平测评的一级指标（各指标均转化为无量纲的指数，含义见表3-2），并在书中给出了全国336个地市级以上城市的信息社会发展指数ISI，以及4个一级指数，即信息经济指数、网络社会指数、在线政府指数、数字生活指数。对单项指数的识别，本书仍以低于0.3作为识别标准，即：若某种社会形态的某项指数低于0.3，则认为该社会形态在这一指数上处于信息贫困之中。

表3-2　　信息社会的指数构成①

指数名称	指数含义
信息经济	一个地区经济的发展水平、产业结构、发展方式及人力资源等，反映信息技术在经济领域的应用水平
网络社会	一个地区的固定宽带、移动电话支付能力，以及人均寿命、城镇化率，反映该地区的社会发展水平
在线政府	政府通过信息技术（如：政府网站、政务微博等）为国民提供的公共服务及其效率，反映该地区的在线政务绩效及水平
数字生活	信息传播技术（移动电话、电脑、互联网）在居民当中的扩散和普及程度，反映现代信息技术的应用及其对公众生活的影响

以上指数计算所需的基础和原始数据，由国家信息中心通过各省和地区的《国民经济和社会发展统计公报》《中国统计年鉴》等收集、整理。需要指出的是，以“信息社会指数低于0.3”作为识别信息贫困的标准，是保守的做法。事实上，$0.6>ISI\geq 0.3$的地区，正处于从工业社会向信息社会转型的准备阶段（尚未进入信息社会），仍存在局部地区的相对信息

① 国家信息中心：《2017年全球和中国信息社会发展报告》，2018年1月14日。

贫困。本书以空间贫困视角观照信息贫困分布规律，以 0.3 作为临界值，可以识别出“绝对信息贫困”。相对信息贫困的识别，需要学术界发展出更为精确的数据分析方法，是研究者下一步努力的方向。

第二节 信息贫困的空间分布：哪些省份/地区陷入信息贫困

本书使用的数据，来源于国家信息中心的《2017 年全球和中国信息社会发展报告》。《2017 年全球和中国信息社会发展报告》测评了全国 336 个地级以上城市的信息社会发展指数，共有 38 个城市的信息社会指数在 0.6 以上，进入信息社会；其中深圳、广州、北京三城市的信息社会指数在 0.8 以上，进入信息社会的中级阶段。336 个城市中，信息社会指数低于 0.3 的有 15 个，分指标来看，信息经济指数低于 0.3 的有 100 个，网络社会指数低于 0.3 的有 28 个，在线政府指数低于 0.3 的有 12 个，数字生活指数低于 0.3 的有 7 个。

ISI<0.3 的 15 个地区，可视为处于绝对信息贫困之中。包括：青海 5 个、云南 3 个、甘肃 3 个、贵州 2 个、湖南 1 个、四川 1 个。这些地区的信息社会指数如表 3-3 所示。

表 3-3　ISI<0.3 的 15 个地区

地区	所在省份	信息社会指数（ISI）	地区	所在省份	信息社会指数（ISI）
甘南藏族自治州	甘肃	0.2978	黄南藏族自治州	青海	0.2709
永州	湖南	0.2958	海东	青海	0.2663
陇南	甘肃	0.2957	保山	云南	0.2644
铜仁	贵州	0.2878	昭通	云南	0.2636
海南藏族自治州	青海	0.2876	果洛藏族自治州	青海	0.2620
甘孜藏族自治州	四川	0.2830	玉树藏族自治州	青海	0.2549
毕节	贵州	0.2828	怒江傈僳族自治州	云南	0.2491
临夏回族自治州	甘肃	0.2818			

由表 3-3 可以看出，绝对信息贫困在空间上主要分布在西部的省和自治区。这些地区多为少数民族聚居区和经济不发达的贫困区，自然环境

较差，气候恶劣，可耕地面积少，是国家重点扶贫县较多的地区。如：黄南藏族自治州气候高寒，地形复杂，交通方式较为单一，没有航空和铁路交通；甘南藏族自治州地处高原，常年气温较低，年平均气温只有 4 摄氏度；怒江傈僳族自治州，多为高山陡坡地形，可耕地面积少，垦殖系数不足 4%。恶劣的自然环境，导致这些地区不仅在经济上陷入贫困，亦被信息社会抛弃，成为信息社会的“弃儿”。

第三节　信息贫困的空间特征：信息贫困呈现怎样的地区差异

本书根据 2017 年中国信息社会测评数据，统计了信息经济、网络社会、在线政府、数字生活 4 个一级指数得分低于 0.3 的地区，如表 3-4、表 3-5、表 3-6、表 3-7 所示。

表 3-4　　信息经济指数贫困的地区（100 个）

地区	省份	信息经济指数	地区	省份	信息经济指数
定西	甘肃	0.2999	楚雄	云南	0.2794
临夏	甘肃	0.2999	揭阳	广东	0.2790
吕梁	山西	0.2997	乌兰察布	内蒙古	0.2790
北海	广西	0.2996	菏泽	山东	0.2789
吐鲁番	新疆	0.2996	广元	四川	0.2788
佳木斯	黑龙江	0.2994	亳州	安徽	0.2786
西双版纳	云南	0.2993	云浮	广东	0.2784
茂名	广东	0.2992	鹤壁	河南	0.2783
丽江	云南	0.2991	乐山	四川	0.2775
渭南	陕西	0.2989	漯河	河南	0.2763
湛江	广东	0.2987	驻马店	河南	0.2759
六盘水	贵州	0.2983	信阳	河南	0.2755
汕尾	广东	0.2975	鸡西	黑龙江	0.2744
朝阳	辽宁	0.2974	平凉	甘肃	0.2739
临汾	山西	0.2969	陇南	甘肃	0.2730
南阳	河南	0.2966	泸州	四川	0.2725

续表

地区	省份	信息经济指数	地区	省份	信息经济指数
永州	湖南	0.2964	凉山	四川	0.2725
咸宁	湖北	0.2961	红河	云南	0.2717
安阳	河南	0.2960	临沧	云南	0.2709
宜宾	四川	0.2960	四平	吉林	0.2704
海北	青海	0.2952	大理	云南	0.2681
十堰	湖北	0.2949	文山	云南	0.2667
阜阳	安徽	0.2943	南充	四川	0.2656
娄底	湖南	0.2942	周口	河南	0.2650
孝感	湖北	0.2941	商丘	河南	0.2649
中卫	宁夏	0.2940	海东	青海	0.2645
咸阳	陕西	0.2923	黄南	青海	0.2641
鹤岗	黑龙江	0.2911	阿坝	四川	0.2639
怒江	云南	0.2908	钦州	广东	0.2637
雅安	四川	0.2906	伊春	黑龙江	0.2636
巴中	四川	0.2904	昭通	云南	0.2636
衡水	河北	0.2900	保山	云南	0.2617
巴彦淖尔	内蒙古	0.2898	海南	青海	0.2610
黄冈	湖北	0.2894	眉山	四川	0.2570
桂林	广西	0.2893	曲靖	云南	0.2559
武威	甘肃	0.2887	梧州	广西	0.2557
玉溪	云南	0.2882	遂宁	四川	0.2556
葫芦岛	辽宁	0.2880	资阳	四川	0.2543
邢台	河北	0.2867	内江	四川	0.2531
濮阳	河南	0.2867	玉林	广西	0.2528
双鸭山	黑龙江	0.2859	贺州	广西	0.2454
黑河	黑龙江	0.2843	贵港	广西	0.2443
绥化	黑龙江	0.2834	阿克苏	新疆	0.2439
铁岭	辽宁	0.2831	崇左	广西	0.2433
自贡	四川	0.2830	庆阳	甘肃	0.2408

续表

地区	省份	信息经济指数	地区	省份	信息经济指数
天门	湖北	0. 2823	甘孜	四川	0. 2353
普洱	云南	0. 2820	来宾	广西	0. 2343
宿州	安徽	0. 2804	玉树	青海	0. 2319
果洛	青海	0. 2803	河池	广西	0. 2309
广安	四川	0. 2798	百色	广西	0. 2105

表 3-5　　网络社会指数贫困的地区（28 个）

地区	省份	网络社会指数	地区	省份	网络社会指数
齐齐哈尔	黑龙江	0. 2989	甘孜	四川	0. 2810
黔东南	贵州	0. 2981	天水	甘肃	0. 2802
周口	河南	0. 2961	甘南	甘肃	0. 2758
海南	青海	0. 2951	玉树	青海	0. 2745
河池	广西	0. 2944	平凉	甘肃	0. 2744
湘西州	湖南	0. 2941	海东	青海	0. 2709
阜阳	安徽	0. 2933	昭通	云南	0. 2657
武威	甘肃	0. 2918	毕节	贵州	0. 2599
亳州	安徽	0. 2906	陇南	甘肃	0. 2598
铜仁	安徽	0. 2906	定西	甘肃	0. 2501
阿克苏	新疆	0. 2875	临夏	甘肃	0. 2459
巴中	四川	0. 2868	果洛	青海	0. 2437
黄南	青海	0. 2840	喀什	新疆	0. 2275
固原	宁夏	0. 2836	克州	新疆	0. 2248

表 3-6　　在线政府指数贫困的地区（12 个）

地区	省份	在线政府指数	地区	省份	在线政府指数
丽江	云南	0. 2984	保山	云南	0. 2469
乌鲁木齐	新疆	0. 2975	甘南	甘肃	0. 2461
玉树	青海	0. 2965	临夏	甘肃	0. 2396

续表

地区	省份	在线政府指数	地区	省份	在线政府指数
怒江	云南	0.2785	黄南	青海	0.2142
海东	青海	0.2680	铜仁	安徽	0.1836
果洛	青海	0.2500	迪庆	云南	0.1503

表 3-7　　数字生活指数贫困的地区（7 个）

地区	省份	数字生活指数	地区	省份	数字生活指数
海东	青海	0.2663	毕节	贵州	0.2828
玉树	青海	0.2549	昭通	云南	0.2636
保山	云南	0.2644	怒江	云南	0.2491
永州	湖南	0.2958			

上述地区在各省份（含省、自治区、直辖市）的数量及分布①，汇总成表 3-8。

表 3-8　　单项信息指数贫困的空间分布汇总

省份	信息经济指数<0.3	网络社会指数<0.3	在线政府指数<0.3	数字生活指数<0.3
云南	13 个（西双版纳、丽江、怒江、玉溪、普洱、楚雄、红河、临沧、大理、文山、昭通、保山、曲靖）	1 个（昭通）	4 个（丽江、怒江、保山、迪庆）	3 个（保山、昭通、怒江）
青海	6 个（海北、果洛、海东、黄南、玉树、海南）	5 个（黄南、玉树、海东、果洛、海南）	4 个（玉树、海东、果洛、黄南）	2 个（海东、玉树）
甘肃	6 个（定西、临夏、武威、平凉、陇南、庆阳）	7 个（武威、天水、甘南、平凉、陇南、定西、临夏）	2 个（甘南、临夏）	—
贵州	1 个（六盘水）	2 个（黔东南、毕节）	—	1 个（毕节）

① 这些城市在 4 个一级指数上的得分，详见国家信息中心《2017 年全球和中国信息社会发展报告》，2018 年 1 月 14 日。

续表

省份	信息经济指数 <0.3	网络社会指数 <0.3	在线政府指数 <0.3	数字生活指数 <0.3
四川	16个（宜宾、雅安、巴中、自贡、广安、广元、乐山、泸州、凉山、南充、阿坝、眉山、遂宁、资阳、内江、甘孜）	2个（巴中、甘孜）	—	—
山西	2个（吕梁、临汾）	—	—	—
广西	11个（北海、桂林、梧州、玉林、贺州、贵港、崇左、来宾、河池、百色、钦州）	1个（河池）	—	—
新疆	2个（吐鲁番、阿克苏）	4个（阿克苏、喀什、克州、和田）	1个（乌鲁木齐）	—
黑龙江	7个（佳木斯、鹤岗、双鸭山、黑河、绥化、鸡西、宜春）	1个（齐齐哈尔）	—	—
广东	5个（茂名、湛江、汕尾、揭阳、云浮）	—	—	—
陕西	2个（渭南、咸阳）	—	—	—
辽宁	3个（朝阳、葫芦岛、铁岭）	—	—	—
河南	9个（南阳、安阳、濮阳、鹤壁、漯河、驻马店、信阳、周口、商丘）	1个（周口）	—	—
河北	2个（衡水、邢台）	—	—	
湖北	5个（咸宁、十堰、孝感、黄冈、天门）	—	—	
湖南	2个（永州、娄底）	1个（湘西州）	—	1个（永州）
安徽	3个（阜阳、宿州、亳州）	3个（阜阳、亳州、铜仁）	1个（铜仁）	—
宁夏	1个（中卫）	1个（固原）		—
内蒙古	2个（巴彦淖尔、乌兰察布）	—	—	—
山东	1个（菏泽）	—	—	—
吉林	1个（四平）	—	—	—

由表3-4至表3-7可以看出，信息社会指数的4个一级指数中，信息经济指数上“贫困”的地区最多，分布空间亦较为分散，既有中西部省份（较多），亦有东北和东部省份（较少），呈现“大分散，小集中”的特征。网络社会指数、在线政府指数、数字生活指数这3个指数上贫困

的地区主要分布在西部省份，中部省份有较少分布，东部省份在这3个指标上不存在贫困。

由表3-8可以看出，云南和青海，是信息贫困的“深陷区”，不仅信息社会指数低于0.3，4个一级指数亦均低于0.3，与信息社会无缘。表3-8的统计数据，可作为我国下一步开展信息扶贫的“路线图”。按贫困指数数量上的多少，可大致将各省份的信息贫困等级划分为一、二、三、四级。

一级信息贫困地区为云南、青海两省，信息经济、网络社会、在线政府、数字生活4个指数均处于贫困之中。

二级信息贫困地区为甘肃、贵州、新疆、安徽和湖南，3个指数处于贫困之中。

三级信息贫困地区为四川、广西、黑龙江、河南、宁夏，2个指数处于贫困之中。

四级信息贫困地区为山西、广东、陕西、辽宁、河北、湖北、内蒙古、山东、吉林，这9个省份仅有信息经济指数处于信息贫困之中。

第四节　政策启示：应制定怎样的信息扶贫政策

一　将信息扶贫与经济扶贫相结合

基于国家信息中心2017年测评数据，可以发现，全国31个省份中有6个省份的15个地区陷入绝对信息贫困，21个省份的100多个地区面临不同类型、不同程度的信息贫困。这些地区的贫困人口分布较多，信息贫困与物质贫困相伴分布，如影随形。这启发政策制定者应重视信息贫困及其负面后果，将贫困地区的信息脱贫与经济脱贫有机结合，以形成信息化与经济社会发展的良性互动。特别是云南和青海这样的省份，处于信息贫困的“深陷区”，与信息社会完全绝缘，仅仅依靠经济扶贫可以减缓这些省份的暂时性贫困，但无法根治顽固性贫困和持久性贫困。

当前我国信息贫困主要表现为经济领域的信息化水平低，这启发政策制定者应重视信息技术在农业经济中的应用。着力推动农业信息化建设，加强农业经济与信息技术的融合，培育互联网农业，应成为信息扶贫下一步的工作重点。根据农业部发布的《“十三五”全国农业农村信息化发展规划》，预计到2020年，信息进村入户工程及“12316”“三农”综合信息服务应基本覆盖全国所有行政村，农业物联网等信息技术应用比例达到17%，农产品零售额占农业总产值比重达到8%，信息进村入户村级信息服务站覆盖率达到80%，农村互联网普及率达到52%[①]。将信息扶贫与经济扶贫相结合，以信息技术助力乡村振兴，加快实现农村现代化、农业产业化，培育新型职业农民，才是告别贫困的有效途径。

二　实施差异化、有重点的信息扶贫政策

本书呈现的信息社会4个一级指数的贫困分布（见表3-8），可为我国开展精准信息扶贫提供清晰的“路线图”。在信息扶贫政策的制定上，应针对各省份所包含地区在自然地理区域上的差异，以及信息贫困类型上的不同，实施差异化、有重点的扶贫干预策略。

一级信息贫困地区云南、青海两省，信息经济、网络社会、在线政府、数字生活4个指数均处于贫困之中。扶贫政策的制定上，应在4个指数所涉及的领域平均发力。

二级信息贫困地区甘肃、贵州、新疆、安徽和湖南，3个指数处于贫困之中。扶贫政策的制定上，甘肃、新疆、安徽的扶贫重点领域应为信息经济、网络社会、在线政府，即：加大信息技术在经济领域的应用，扩大居民对新兴信息技术的消费需求、增强信息消费能力，同时推进电子政府建设、提升政府在线政务绩效及水平。在贵州、湖南这两个省份，扶贫重点领域应为信息经济、网络社会、数字生活，而且还应特别关注互联网等信息传播技术尚未普及的地区（毕节与永州）。除了推动互联网在这些地区的普及和应用之外，还应加大信息技术在经济领域的应用，扩大居民对新兴信息技术的消费需求。

三级信息贫困地区四川、广西、黑龙江、河南、宁夏，2个指数处于贫困之中。扶贫政策的制定上，这5个省份的扶贫重点领域均为信息经济、网络社会，即：加大信息技术在经济领域的应用，同时扩大居民对新兴信息技术的消费需求。

四级信息贫困地区山西、广东、陕西、辽宁、河北、湖北、内蒙古、山东、吉林，这9个省份仅有信息经济指数处于信息贫困之中，扶贫的重

① 农业部：《“十三五”全国农业农村信息化发展规划》，2016年8月29日。

点工作是加大信息技术和信息资源在经济领域的应用。

三　基于信息贫困地图开展精准扶贫

在精准贫困的地理识别上，安晓宁等人运用数据可视化技术和相关分析工具，绘制了中国城镇贫困地图，呈现了基于城镇居民可支配收入的贫困地图动态变化趋势①；刘小鹏等人构建了集中连片特困区村域空间贫困测度指标体系②，以及县域空间贫困测度指标体系和地理识别方法，并对国家扶贫开发重点县——宁夏泾源县的空间贫困进行地理识别③；李东等人以 2015 年新疆南疆三地州社会经济发展统计数据为基础，运用相关性分析、GIS 技术、TOPSIS 模型并结合熵值法，分析了新疆南疆三地州空间贫困的分异特征，以及贫困与地理资本要素的相互关系④。

精准的信息扶贫，需要对信息贫困进行精准识别。建议信息化部门与扶贫部门通力合作，借鉴世界银行、联合国粮农组织等绘制贫困空间分布的可视化、交互式地图的做法⑤，利用地理信息系统（GIS）、遥感（RS）、全球定位系统（GPS）和数字地球技术等捕获信息贫困分布地区的地理信息，结合当地经济和社会发展统计数据，绘制信息贫困地图，呈现信息贫困与地理环境、社会环境各要素之间的关系，为信息贫困的精准识别和分类施策提供决策依据。

基于空间贫困理论的贫困识别与贫困地图绘制，已经被应用于精准扶贫工作之中。但关于信息贫困的空间识别，才刚刚开始。本书基于空间贫困理论的视角，利用国家信息中心关于信息社会的测评数据，呈现和描绘了信息贫困在地理区域上的分布特征，并尝试提出信息贫困的空间识别和

① 安晓宁、刘骏豪、梁明峰：《贫困度量、贫困指标分解与贫困地图——基于中国城镇数据的实证分析》，https：//www. doc88. com/p-131783575074. html? r=1，2013 年 2 月 12 日。

② 刘小鹏、苏胜亮、王亚娟、黄越、赵莹：《集中连片特殊困难地区村域空间贫困测度指标体系研究》，《地理科学》2014 年第 4 期。

③ 刘小鹏、李永红、王亚娟、郭占军、郑芳：《县域空间贫困的地理识别研究——以宁夏泾源县为例》，《地理学报》2017 年第 3 期。

④ 李东、由亚男、马长发、关靖云、张文秀、程越：《干旱区绿洲城镇空间贫困分异特征及其影响因素分析——以新疆南疆三地州为例》，《世界地理研究》2018 年第 3 期。

⑤ 世界银行、联合国粮农组织、联合国环境规划署等机构，曾联合一些贫困研究者完成了 30 多个国家的贫困地图绘制工作。联合国环境规划署和全球资源信息库还制作了贫困绘图的网页（http：// www. poevertymap. net），提供了多达 134 幅的贫困地图产品，包含人口统计、经济和市场、能源、水、卫生设施、粮食安全、健康、贫困指数等众多发展指标的空间分布情况。详见陈全功《空间贫困及其政策含义》，《贵州社会科学》2010 年第 8 期。

地图绘制思路。受限于数据可获得性，本书仅探讨了绝对意义上的信息贫困及其空间分布，而相对信息贫困的识别，则需要开展更进一步的研究。这项研究工作，可为信息贫困的识别和空间地图绘制提供思路上的启发，并为我国的信息减贫事业提供决策上的参考。

第四章

个体/家庭层面的信息贫困：基于三个贫困县的田野调查

与使用国家信息中心发布的公开数据对全国层面信息贫困的空间分布进行描绘相比，获取个体/家庭层面的信息贫困数据，则面临重重阻力和困难。一个重要的原因是，2020 年脱贫攻坚收官之年到来之前，“脱贫”成为基层政府面临的最大政治任务，“贫困”成为他们眼中的“敏感话题”；任何有关“贫困”的调研，在他们看来都有可能干扰正在进行的脱贫工作，影响到上级对脱贫效果的评价，甚至影响到官员的升迁。研究者联系田野调查地点的经历，颇能说明这一问题。①

---

① 2018 年 10 月底，研究者联系了河南省一个省定贫困县政府部门的工作人员，并提供了调查问卷和访谈提纲。工作人员很快回复说，他向有关领导做了汇报，但领导认为问卷中关于贫困人口对扶贫满意度的提问，属于敏感问题；并且，现在正是该县宣告脱贫前的关键时期，“容不得半点干扰或差错”。工作人员举例说，该县某某领导已经进入提拔名单，但要待 2019 年 4 月该县正式宣告脱贫后才能正式提拔；还举例说此前曾有一篇名为《中县干部》的博士学位论文中写了河南新野县的基层政治，给新野县官场带来“极其巨大的负面影响”。我问他：还有几个月就要正式宣告脱贫了，那些丧失劳动能力或者“等、靠、要”的贫困户，如何脱贫？他解释说，有多种办法，如政府发放补贴、动员企业参与助贫等，无论如何都要将贫困户的收入拉上去，拉到贫困线之上。这就是在脱贫任务重压之下基层政府发明的“数字脱贫”。

笔者又继续联系河南省的其他贫困县，同样被认为调研话题“有些敏感”而遭到拒绝。汲取这两次被拒绝的教训，研究者联络了一名省派驻村第一书记杨某某。“第一书记”是由省政府及下辖各级部门派出“空降”至地方的扶贫干部，这一“空降”身份，使得他可以超越基层复杂政治网络和利害关系的束缚。同时，研究者在提供的“介绍信”中专门强调调研内容是依托国家社科基金项目，而该项目的立项单位是中共中央宣传部的下设部门。驻村第一书记因长期在省里工作，熟知“中宣部”这一部门，因此对调研的“合法性”予以认可，使得研究者在河南省民权县的调研工作得以成行。

另外两个贫困县——四川省峨边彝族自治县、河北省宽城满族自治县的调研工作由博士研究生、硕士研究生利用暑期返乡期间完成。在这两个贫困县调研的过程中，研究生同样遇到阻力，被镇干部误认为是“上面派来的暗访人员”。由此可见扶贫脱贫已经成为基层政府的“最大政治”，关系基层干部的绩效评价和仕途升迁。

第一节　调查地点与样本概况

2018 年 7—8 月，笔者组织和指导博士研究生、硕士研究生利用暑期返乡时间，分别完成了在四川省峨边彝族自治县黑竹沟镇古井村、河北省宽城满族自治县化皮溜子镇的问卷调查和深度访谈工作。

2018 年 11 月 5 日，研究者在省派“第一书记”杨某某的介绍下，进入国家级贫困县民权县——河南省民权县的王桥镇五里河村（2020 年 12 月该村更名为麻花庄村），开展问卷调查和深度访谈工作。11 月 20 日完成上述工作。

鉴于前面提到的调研“贫困”问题的“敏感性”，以上 3 个贫困县的贫困村的确定，研究者采用了便利抽样的方法。即：根据联络到的“线人”所提供的人脉资源，综合考虑村庄贫困户数量、贫困程度和调研便利而确定。

一　河南省民权县王桥镇五里河村

河南省民权县的王桥镇五里河村地处黄河故道，区域总面积 3 平方公里。全村下辖 4 个自然村——五里河村、麻花庄、邹庄、刘庄，共有农户 386 户 1794 人，总耕地 1871 亩。386 户村民中共有贫困户 76 户 255 人。五里河村的经济发展方式较为单一，是民权县贫困人口数量较多的村庄，贫困人口中完全靠政府救济生活的接近四分之一。除了少数青壮年外出务工外，超过四分之三的贫困人口长期待在村里，交往对象仅限于本村扶贫干部、邻居和亲戚，社会交往的“内倾性”特征明显。再加上受教育程度较低，这些贫困人口农闲时以看电视、邻里聊天打发时光，与外界较少联络。

按照王桥镇脱贫攻坚总体安排部署，五里河村拟通过发展产业、转移就业、教育培训、医疗救助等措施，在 2020 年底彻底告别贫困。脱贫规划详情见表 4-1。

表 4-1　　五里河村精准脱贫规划

脱贫措施	覆盖户及人数	比例（%）
发展产业	76 户 255 人	100

续表

脱贫措施	覆盖户及人数	比例（%）
转移就业	34 户 48 人	42
教育培训	16 户 26 人	22
医疗救助	14 户 16 人	19
政府兜底	4 户 17 人	11

在五里河行政村，研究者以代填方式获得有效问卷 111 份，深度访谈贫困户、村委会成员、驻村干部等 30 人次。111 名受访贫困人口中，年龄最大者 83 岁，最小者 21 岁，平均年龄 54 岁；接受正规教育年限最长者为 15 年，平均 5 年（小学文化）。受访家庭的经济收入主要来源有（多选）：种地，80.2%；外出务工，36.9%；做小生意，11.7%；畜牧养殖，8.1%；种植经济作物或林、果树，4.5%。

二　四川省峨边彝族自治县黑竹沟镇古井村

四川省乐山市峨边彝族自治县地处西南小梁山区，全县面积 2382 平方公里。研究者调研的古井村位于黑竹沟风景区，四面环山，耕地面积极少，属于省级贫困村、市级极度贫困村。该村下辖 3 个村民小组 151 户共 573 人，其中建档立卡贫困户 29 户 121 人。当地语言以彝语为主，老人、儿童多讲彝语；青少年和有外出经历的壮年可使用汉语与研究者交流。

近几年来，古井村探索开发乡村旅游以带动当地经济发展，建设了旅游客栈、观光亭、农家乐、民族手工艺品超市等，为外地人提供旅游观光、休闲娱乐、民俗体验等服务，以增加当地村民收入。

研究者以古井村建档立卡贫困户为调研对象，以代填方式共发放调查问卷 66 份，回收有效问卷 60 份，回收率为 90.9%。受访者年龄最大者 61 岁，最小者 18 岁，平均年龄 39 岁；接受正规教育年限最长者为 12 年，最短者为 0 年，平均 6 年。深度访谈 12 人，其中男性 3 人，女性 9 人。受访家庭经济收入主要来源是乡村旅游业，包括经营民宿、售卖民俗特色产品等，其次是外出务工和采药。自 2020 年以来，乡村旅游业深受新冠疫情的影响，民宿经营陷入低潮，较多村民只好外出务工寻找新的生计。

三　河北省宽城满族自治县化皮溜子镇

宽城满族自治县是河北省承德市下辖自治县，省级贫困县。研究者调研的化皮溜子镇位于宽城满族自治县主城区的西部（生态旅游区内），距离县城城区约 8.8 公里，地域面积约 58.55 平方公里，耕地面积为 0.63 万亩。该镇下辖 6 个行政村，分别是马架沟村、化皮溜子村、三家村、西岔沟村、北杖子村和任杖子村，共有 3131 户 10014 人。当地语言为满语和汉语两种。截至调研之时，脱贫户（但依旧享受扶贫政策）共有 195 户 613 人，其中防贫检测对象共有 49 户 132 人。未消除风险户为 3 户 9 人，均在西岔沟村。

近几年来，化皮溜子镇实施的扶贫政策共涉及 9 个方面，分别是产业就业、教育保障、健康扶贫、安全饮水、住房保障、政策兜底、金融扶贫、科技扶贫以及消费扶贫。

问卷调查和深度访谈工作主要在防贫检测对象和未消除风险户中开展。问卷调查有效户数为 50 户共计 102 人，其中满族人口占比 42%，汉族人口占比 58%；深度访谈 30 人，均能使用汉语与研究者交流。在 102 位受访者中，男性为 63 人，女性为 39 人。年龄最大为 95 岁，最小为 19 岁，平均年龄为 53 岁。接受教育的最大年限为 16 年，最小年限为 0 年，接受教育年限的平均年限为 5.5 年。

受访家庭的经济收入主要来源有（多选）：种地，43.1%；外出务工，38.2%；做小生意，2.9%；畜牧养殖，20.0%；种植经济作物或林、果树，56.0%。

第二节　谁陷入了信息贫困

从人口统计学指标看，贫困人口具有哪些共同特征？本书拟通过从河南、河北、四川三省获得的 273 名贫困人口样本，来描述贫困群体在人口统计学上的特征。受前述客观条件所限，笔者在便利抽样的指导思想下，将调研地所能接触到的贫困人口全部纳入研究样本，但这些样本难以代表全国贫困人口总体。不过从全国层面看，贫困人口这一群体具有较强的同质化特征，透过这 273 名贫困人口样本，我们可以管窥这一群体的某些共性。贫困人口在统计学上的特征见表 4-2，贫困家庭的经济收入主要来源见表4-3。

表4-2 贫困人口的统计学特征（n=273）

	最小值	最大值	平均值
年龄（岁）	18	95	50.7
接受正规教育年限（年）	0	15	5.3
家庭人口数（个）	1	15	5.0
子女数（个）	0	7	2.1
家庭年收入（元）	500	80000	11125.5

说明：273名受访者中，男性140人，占51.3%；女性133人，占48.7%。

表4-3 贫困家庭经济收入主要来源（多选）（n=273）

选项	频次	百分比（%）
种粮食	189	69.2
外出务工	137	50.2
畜牧养殖	49	17.9
经济作物或林、果树种植	117	42.9
私营（如：做小生意）	25	9.2
乡村旅游业	24	8.8

由表4-2和表4-3可以看出，贫困人口平均年龄为50.7岁，多为逐渐丧失劳动能力的中老年；接受教育年限平均为5.3年，以小学文化居多。贫困家庭平均人口数量接近5，子女数超过2，一部分是婚后子女与父母同住而组成的联合家庭。按家庭平均人口5人来计算，平均每位家庭成员的年收入为2225.1元，在我国现行贫困标准2300元之下。贫困家庭经济收入的主要来源，以种粮食、种植经济作物、外出务工这三种为主。

第三节 他们怎样地陷入信息贫困

陷入信息贫困的个体，他们的“信息”指标有何特征？根据个体层面信息贫困测评指标（见表2-9），本书以信息接入、信息意识、信息能力、信息参与4个指标考察贫困人口的信息水平，解释贫困个体怎样陷入信息贫困；并根据这4个指标的内涵和信息贫困分类模型（见表2-11），评价信息贫困者陷入何种类型的信息贫困。

一　信息接入

问卷中，考察了贫困人口拥有的信息传播基础设施即信息接入情形，包括收音机、电视机、手机、电脑的拥有情况，以及手机和电脑是否接入互联网。统计结果如表 4-4 所示。

表 4-4　　贫困人口的信息接入情形

<table>
<tr><th colspan="3">题项</th><th>人数</th><th>百分比（%）</th></tr>
<tr><td colspan="2" rowspan="2">收音机
（n=272）</td><td>有</td><td>69</td><td>25.4</td></tr>
<tr><td>无</td><td>203</td><td>74.6</td></tr>
<tr><td rowspan="5">电视机</td><td rowspan="3">制式
（n=255）</td><td>彩色</td><td>239</td><td>93.7</td></tr>
<tr><td>黑白</td><td>10</td><td>3.9</td></tr>
<tr><td>没有购置</td><td>6</td><td>2.4</td></tr>
<tr><td rowspan="2">信号
（n=258）</td><td>有线</td><td>196</td><td>76.0</td></tr>
<tr><td>无线</td><td>62</td><td>24.0</td></tr>
<tr><td rowspan="5">手机</td><td rowspan="2">类型
（n=257）</td><td>智能</td><td>166</td><td>64.6</td></tr>
<tr><td>普通</td><td>91</td><td>35.4</td></tr>
<tr><td rowspan="3">联网
（n=264）</td><td>联网并使用</td><td>116</td><td>43.9</td></tr>
<tr><td>联网，但不使用</td><td>47</td><td>17.8</td></tr>
<tr><td>没有联网</td><td>101</td><td>38.3</td></tr>
<tr><td rowspan="3">电脑</td><td rowspan="3">购置
（n=266）</td><td>购置，联网</td><td>40</td><td>15.0</td></tr>
<tr><td>购置，未联网</td><td>4</td><td>1.5</td></tr>
<tr><td>未购置</td><td>222</td><td>83.5</td></tr>
</table>

由表 4-4 可以看出，仅有约 1/4 的贫困人口拥有收音机；彩色电视机在贫困家庭中基本普及（93.7%），但仍有接近 1/4 的贫困人口没有使用有线信号。手机在贫困人口中亦被普遍采纳，但超过 1/3（35.4%）的贫困人口仍使用普通手机而非智能手机；手机联网并通过手机上网的贫困人口不到一半（43.9%），超过三成（38.3%）的贫困人口使用尚未联网的手机，还有部分贫困人口即便手机具备联网功能但仍未使用网络（17.8%）。贫困人口家庭中，购置电脑的家庭不足 1/5（16.5%），电脑联网的家庭占 15.0%；仍有超过 4/5 的贫困人口家中没有电脑（83.5%）。

二 信息意识

信息意识是指信息主体对信息及其价值的认知，反映出信息主体对信息利用的主观能动性①，是信息主体开展信息活动的内在驱动力。问卷中，使用如下3个题项测量贫困人口的信息意识：

下列说法，你的同意程度如何？

（1）农业政策类信息对我的生产生活很重要；（2）农业科技类信息对我的生产生活很重要；（3）天气气象类信息对我的生产生活很重要。

“完全不同意”“不同意”“不确定”“同意”“完全同意”分别赋值为1、2、3、4、5。3个题项构成的量表Cronbach Alpha值为0.785。贫困人口信息意识得分均值如表4-5所示。

表4-5 贫困人口信息意识描述统计（n=264）

指标	平均值	标准差
信息意识	3.9558	0.88368

由表4-5可以看出，贫困人口的信息意识得分均值为3.9558，略超过3.0，表明他们具有一定的信息意识，对信息的重要性有较为充分的认知，认为信息与自身的生产生活密切相关。

将年龄与信息意识进行双变量相关分析，结果显示，年龄与信息意识正相关（$r=0.171$，$p=0.005$，$p<0.01$）。即愈是年长，信息意识愈强，对信息的重视程度愈高。

在河北省化皮溜子镇，尚有劳动能力、从事农业劳动和养殖种植的贫困人口，更为关注天气气象类、农业政策类信息：

> 万某某（男，57岁，接受正规教育7年，有劳动能力）：“今年咱们这边雨水特别多，因为没有提前关注天气预报，我的庄稼没有抢收，玉米秧子都被砸倒了，今年的损失挺大的。所以，我现在特别关注天气信息。”
>
> 于某某（男，65岁，接受正规教育3年，有劳动能力）：“我特

① American Library Association, “Information Literacy Competency Standards for Higher Education”, (January 18, 2000), http: //www.ala.org/acrl/standards/informationliteracycompetency.

别关注农业政策类信息和农业科技类信息，如果今年没有关注养殖补贴政策（每只猪苗补贴800元），我就不可能养这么多猪。另一方面，我也特别想看农业科技类的信息，因为猪生病、果树怎么修剪我都不太会。”

地处四川省黑竹沟风景区的古井村，当地人不事农耕，主要从事采药或旅游业等第三产业，因此相比农业政策、农业科技类信息，天气气象类信息更能引起他们的关注：

吉迭别依（女，43岁，接受正规教育6年，采药人）：“我们这儿没人种地，我们采药的都是跑到那种原始的深山老林里头去，一钻进去就是十天半个月，平时只会看下天气预报，其他啥子都不关心，完全靠天吃饭。”

三　信息能力

信息能力是指个体的信息采集、信息加工和信息利用能力，是信息素养的重要构成部分①。问卷中，使用如下5个题项测量贫困人口的信息能力：

下列说法，你的同意程度如何？

（1）我能独立完成开、关电脑的操作；（2）我会下载和安装软件；（3）我会运用搜索引擎查找农业信息；（4）我会使用智能手机获取自己需要的农业信息；（5）我关注了农业科技类的公众号（或网站）并经常查看。

“完全不同意”“不同意”“不确定”“同意”“完全同意”分别赋值为1、2、3、4、5。因子分析仅析出一个公因子，解释总方差的73.58%。5个题项构成的量表Cronbach Alpha值为0.906。贫困人口信息能力得分均值如表4-6所示。

① 梁飞：《农民信息能力现状调查及对策分析——以济南日照六村为例》，《山东省农业管理干部学院学报》2010年第5期。

表 4-6 贫困人口信息能力描述统计（n=242）

指标	平均值	标准差
信息能力	2. 1512	1. 18122

由表 4-6 可以看出，贫困人口对自身信息能力的评价得分不高，远低于平均水平，这表明他们在电脑操作和互联网信息利用方面的能力仍有欠缺。

> 王某某（男，67 岁，初中文化）：“我没有学过电脑和手机，我现在的手机也就是老年机，不能上网。我学不会，也不愿意学。另外，天天都在说手机信息诈骗，我也分辨不出来啥真啥假。”
>
> 阿其佐伊（女，58 岁，接受正规教育 3 年，经营民宿）：“我家里面有 6 个小孩，每天带娃儿就已经很累了，平时每天干完活儿就只能看会儿电视。我年纪大又不会弄手机上网，不会在网上开店让游客订房间，这民宿只能看运气，有游客就能开张，没游客也没法。”

将年龄、接受正规教育年限分别与信息能力进行相关性分析，发现信息能力与年龄负相关（$r=-0.242$，$p=0.000$，$p<0.01$），与受教育年限正相关（$r=0.315$，$p=0.000$，$p<0.01$）。即：受访者愈年轻、受教育年限愈长，通过电脑和手机收集、运用信息的能力愈强。无论在城市还是在农村，接受学校教育的年轻一代都是新技术的“宠儿”，他们可以为父母提供“技术反哺”，进而改变传统家庭教育中知识自上而下的流向：

> 王某某（男，33 岁，接受正规教育 7 年）：“我从小就会用电脑（是村里较早购置电脑的家庭），现在手机也都是智能的。现在父母还在养猪和羊，有时候养殖培训会没时间去，我就在电脑上或者手机上给他们找养殖技术的内容，这样也不用他们非得去现场学了，在家就可以解决。”
>
> 王某某（男，67 岁，接受正规教育 5 年）：“我没有学过电脑和手机，我现在的手机也就是老年机，不能上网，我也学不会。另外，天天都在说手机信息诈骗，我也分辨不出来啥真啥假，所以常常拿着手机问年轻的孩子们。”

四　信息参与

对于贫困人口而言，信息参与主要指能否准确地判断和评价信息的价值、创造性地利用信息为生产生活服务，以及分享信息和参与信息生产的能力①。问卷中，使用如下5个题项测量贫困人口的信息参与。

下列说法，你的同意程度如何？

（1）我常将自己认为有用的信息通过微信/QQ/邮箱等传播给老乡、朋友等；（2）在微信群或论坛中，我积极参与讨论，表达观点；（3）农业生产中遇到疑问，我会在网上发帖求助；（4）我有过在网上跟帖或解答别人提问的经历；（5）我有过主动发帖，发起话题讨论的经历。

"完全不同意""不同意""不确定""同意""完全同意"分别赋值为1、2、3、4、5。因子分析仅析出一个公因子，可解释总方差的76.142%。5个题项构成的量表 Cronbach Alpha 值为0.892。贫困人口信息参与得分均值如表4-7所示。

表4-7　贫困人口信息参与描述统计（n=268）

指标	平均值	标准差
信息参与	1.8519	0.99927

由表4-7可以看出，贫困人口的信息参与得分为1.8519，远低于平均水平，这表明他们并没有多少实质性的信息分享和信息参与行为。

孟某某（男，51岁，接受正规教育7年）："我不会把有用的信息分享给别人，因为现在就自己住，我只顾着自己，不管别人。另外，在我们组中，大家知道的事情都差不多，都是领导过来告诉我们，我们也没有必要分享。"

万某某（男，57，接受正规教育7年）："我们家有点栗子树，这两年树可能生点病，长出来的栗子少，还挺小，根本就不挣钱。我也想去现场会学习一下，但是家里忙不开，也去不上。我也想在网上找点（治疗树木）信息，但是我不会。"

① 杨秀平：《农村公共信息服务与农民信息素养培育问题研究——以西北农村调查为例》，《农业图书情报学刊》2016年第9期。

将年龄、接受正规教育年限、家庭年收入分别与信息参与进行相关性分析，发现信息参与与年龄负相关（$r=-0.809$，$p=0.000$，$p<0.01$），与受教育年限正相关（$r=0.598$，$p=0.000$，$p<0.01$），与家庭年收入正相关（$r=0.337$，$p=0.001$，$p<0.01$）。即：年轻化、接受较多正规教育、家庭经济状况较好的受访者，信息参与能力愈强。

综合以上统计分析结果，可将贫困人口所处的信息贫困特征描述如下：

在信息接入上，他们仍以接入中低端信息技术和设备为主，对高端信息技术和设备如智能手机、电脑和互联网的占有率较低。

在信息意识上，他们对信息及其重要性有较为充分的认知，多数受访者能够意识到政策信息、科技信息对开展农业生产的重要性。

在信息能力上，他们尚未完全掌握通过互联网搜索和检索信息的技术操作，查找、保存和加工信息的能力不足，相关信息能力欠缺。

在信息参与上，他们评判、判断信息价值的能力较弱，信息分享和信息参与能力不足，无法创造性地利用信息为生产和生活服务。

根据本书提出的信息贫困分类模型（见表2-11），可以判断：三省贫困人口不存在信息意识上的贫困，但信息利用能力、信息参与能力较弱，属于能力贫困、素养贫困；同时面临一定程度的设施贫困（高端信息技术接入欠缺）。

第四节　他们因何陷入信息贫困

前面一节中，研究者以 273 名贫困人口的问卷调查数据为基础，以信息接入、信息意识、信息能力、信息创造 4 个指标作为描述信息贫困的 4 个面向，对贫困人口的信息贫困情形进行了量化描述。信息贫困是如何产生的？是因信息传播设施不完备、社会经济地位低下限制了贫困人口获取信息和利用信息的机会，还是因自身能动性不足，包括较低的自我评价、较弱的信息意识和信息能力，导致贫困人口处于信息弱势？上述问题涉及结构性、情境性和能动性 3 个方面的因素。对贫困人口陷入信息贫困的原因阐释，应从整体性出发，既要观照贫困人口所处的社会结构和社会关系，亦要考量贫困人口的信息应用情境，以及他们作为信息主体的能动性因素，从宏观社会结构、中观社会情境和微观个体行为 3 个层面来探寻他们陷入信息贫困的根源。

一 社会结构因素

社会结构，是一系列客观存在且具有相对稳定性的组织方式及其关系格局，如：社会组织结构、城乡结构、区域结构、社会阶层结构等。通信设备的市场占有、数字媒体资源的布局、减贫信息的供给，是构成贫困人口所处信息环境的社会结构性因素。低端 ICTs 占据农村市场、"两微一端"尚未下沉乡村生活，以及减贫信息供给未能有效匹配农民的信息需求，作为社会结构性因素成为贫困人口陷入信息贫困的诱因。

（一）低端 ICTs 占据农村市场

在信息社会，信息拥有量的多寡和质量低劣，与收入、教育、职业等因素一样决定了个体的社会经济地位，成为划分社会阶层的一个重要尺度。以信息为尺度的阶层划分，不仅有信息拥有者（information haves）和信息无产者（information have-nots），还有一个中间阶层——信息中下阶层（information have-less）[①]。近几年，手机、电脑、互联网络等信息传播技术向农村市场的渗透和普及，为乡村进入信息社会、迎接信息社会的挑战提供了必要的物质基础，同时也将乡村社会迅速转变为信息中下阶层——7 亿农民这一数量庞大的群体，成为我国信息中下阶层的主要构成者。处于信息中下阶层的农民，受经济收入所限，消费心理追求"物美价廉"，接入信息的主要设备是低端手机，或者是仿冒、"贴牌"的"山寨机"。调研发现，在农村通信市场，五花八门、功能强大的"山寨机"被摆放在柜台显眼的位置，标价 500—800 元不等，其次是小米、华为等国产品牌中低端手机，标价 400—600 元不等。据一位营业员介绍，他们根本不进货高端手机，原因是"卖不出去"：

> 一年都卖不出去 1 部，不敢进货。贴牌的山寨机最受欢迎了，双卡双待、摄像头、MP4、触屏、蓝牙，功能强大，价格不高，外观也漂亮，掏出来接打电话还特有面子。

---

① 邱林川：《信息时代的世界工厂：新工人阶级的网络社会》，广西师范大学出版社 2013 年版，第 27—28 页。

对于“山寨机”的质量问题，以及使用中可能存在的安全隐患，农民似乎并不关心。一名打算购买“三星 Galaxy S7 Edge”的农民说：

才 700 块钱一部，用坏了就扔掉呗，也不觉得可惜。

“山寨”手机作为中低端信息传播技术，在农村通信市场获得快速扩散后，乡村社会就无形中被卷入商业资本的生产流程，成为资本增殖的一个链条。但从长时间来看，农村作为中低端市场并非商业资本的长期逗留之地，亦非他们的长远战略利益所在，而仅仅是获得原始资本积累的中间场域。当商业运作屈服于传统社会权力系统，就成为精英阶层自上而下操控中下阶层的工具，成为固化既有社会阶层的保守力量①。在城市通过各种高端智能 ICTs 与信息社会连接、迈向数字城市、智慧城市之时，“山寨”手机等低端 ICTs 占据农村通信市场，成为农民获取信息及与信息社会发生连接的主要通道，这将成为拉大城乡之间信息沟、固化乡村作为信息中下阶层地位的无形力量。

（二）“两微一端”尚未下沉乡村生活

近些年来，各级行政机关、事业单位纷纷将政务微信、政务微博、政务公众号作为政府推进政务公开、优化政务服务、凝聚社会共识、创新社会治理的重要平台，“两微一端”开始向乡镇基层社会逐渐渗透，各市、县政府和省级政府部门均已开设政务新媒体。

作为政府部门职能的线上延伸，政务新媒体通过“让数据多跑路、让群众少跑腿”，积极推动民生事项“掌上办”。2019 年 9 月，河南省人民政府办公厅发布《关于推进政务新媒体健康有序发展的通知》，要求各级政府要畅通互动渠道，推进政务新媒体晒政、问政、理政，走好网上群众路线②。但研究者走访发现，政务新媒体的注册用户多为当地政府部门工作人员，“工作需要”是首要动机：

我们单位要求每个人都要关注县政府、县融媒体中心的微信公众

---

① 邱林川：《信息时代的世界工厂：新工人阶级的网络社会》，广西师范大学出版社 2013 年版，第 116 页。

② 河南省人民政府办公厅：《关于推进政务新媒体健康有序发展的通知》，2019 年 8 月 6 日。

号，既是工作需要，也是为了完成上级的任务要求吧。当然，关注县里每天发生的新闻，了解国内外大事，还是需要通过这些公众号。（王某某，县文化广电和旅游局办公室人员）

但在乡镇这一级，政务新媒体的用户只有部分村镇干部，而村民极少：

县里通知要我们注册这些新媒体，我们就注册了。工作忙完没事的时候，也会翻看一下。你要问这些政务新媒体对我们乡镇的工作有多重要，我还说不准嘞，可能我们基层的情况更复杂，很多工作需要我们一家一户面对面去做，而不是线上点几下就能解决的。我们也按照上级要求给群众宣传这些新媒体了，但要他们用这些新媒体还有些难。他们有的是时间，愿意多跑腿。（张某某，男，村支书）

以河南省民权县为例，政务新媒体有：民权交警、民权公安、民权县“12345”政府服务热线、民权县政府办、民权法院、民权县融媒体中心。民权交警、民权公安、民权县“12345”政府服务热线这 3 个微信公众号类政务新媒体，研究者无法进入后台查看订阅的用户数量；民权县政府办、民权法院、民权县融媒体中心这 3 个官方微博，显示了关注人数和粉丝数量（截至 2021 年 7 月），如表 4-8 所示。表中数据与民权县现有户籍人口 90 余万人、常住人口 70 余万人的人口数量极不相称。

表 4-8　　民权县政务新媒体用户数量

官方微博	关注用户（个）	粉丝量（个）
民权县政府办	117	418
民权法院	276	3428
民权县融媒体中心	102	72

政务新媒体服务于基层民生，为的是“让群众少跑腿”；但群众“有的是时间，愿意多跑腿”。由此可见政务新媒体要真正深入基层、服务民生，尚需探索在内容供给上如何更贴近乡村生活需求，在技术应用上如何让村民易学会用。只有当政务新媒体下沉至乡村生活，村民真正成为政务新媒体的用户，政务新媒体在信息减贫中才能真正承担起工具性角色，发

挥应有的作用。

（三）信息供给与信息需求错位

伴随社会经济的发展以及信息技术的进村入户，中国广大农村的信息环境发生了较大变化，农民的信息需求结构亦更为多样化，政策类信息、生活类信息、农业科技信息、网络信息是当下农民最为需要的四大类信息①。地方政府相关部门多措并举推进农业信息化，同时开展多样化的“信息下乡”和信息技术培训，以满足乡村社会的信息需求。但调研发现，政府扶贫部门的“信息下乡”，因对当地农情、乡情、民情缺乏实地了解，未能有效对接农民的信息需求。比如，在河南省民权县，地方政府邀请专家开办的蜗牛养殖技术培训，因贫困户参与寥寥而中途搁浅，原因是贫困户普遍认为当地没有食用蜗牛的习惯，而更希望扶贫专家传授葡萄种植技术和葡萄加工、市场销售信息。

在陕西省某乡镇，自上而下推进的“农民讲习所”——讲思想、讲感恩、讲政策、讲法律、讲技术、讲道德，开办不久就面临农民积极性不高、参与者寥寥的难题：

> 上报的方案是每周开展一期，每期我们都要留存讲座记录，包括由谁讲、讲的题目、讲稿内容、听讲座的群众姓名，还有讲座现场照片。因为上级（县扶贫办）会抽查这项工作的落实情况。但不是每期都能召集来群众，原因一是讲座大多放在晚上，群众忙了一天农活，晚上很早就想休息，来了也是打瞌睡；二是讲座内容他们不一定感兴趣，认为自己不需要。有时不得不用发 30 元补贴的办法吸引群众来参加。（村主任，男，36 岁）

这种靠“发补贴”招徕农民参加讲座的做法，在全国各地都有类似情形存在。自 2011 年开始，北京市大兴区农村工作委员会联合中国农业大学共同实施的“农民观念提升工程”，由中国农业大学的专家教授担任主讲教师，对大兴区农民开展文化和技术培训，培训主题涉及国家政策、生活方式、就业观念、消费理财等多个方面，第一个五年计划 2011—

① 刘丽：《土地流转后农民信息需求结构变动及聚类研究》，《图书馆论坛》2020 年第 1 期。

2015 年共计培训 10 万余人次，2016 年开始的第二个五年计划，已培训 2 万人次。如此大规模的培训，同样面临如何调动农民参与培训的积极性的问题——主办方为每次来上课（课前课后完整签到）的农民发放 50 元补贴，以保证培训任务的完成。研究者发现，培训内容并不能完全契合农民基于自身境况而产生的信息诉求（如拆迁户希望了解拆迁补偿信息，家有高考子女的希望了解教育、入学类信息），甚至与农民的生产生活信息需求错位。不过，政府通过培训项目对农民的规训——按照既定的框架、在特定的时间和空间内集中起来学习知识和信息，以一种奇特的方式唤起了农民对信息的“反需求”，即对信息的主动诉求。无论是为了获取新知而主动参与，还是为了领取 50 元补贴，培训过程于农民而言是一场新鲜的经历，这个过程改变了农民原有的信息需求，拓展了农民新的信息需求，为农民认识外部世界打开了另一扇窗。以至于培训结束后，中国农业大学的教授被农民围着要联系方式，希望以后生产生活中遇到问题时可以请教专家①。

信息供给与信息需求错位导致的“信息不对称”，会造成扶贫项目低效或失效，扶贫信息难以回应贫困人口的脱贫需求等不利影响。这需要扶贫部门和扶贫专家开展“参与式扶贫”行动，改变传统扶贫模式下政府“唱独角戏”的局面，吸纳贫困人口参与扶贫项目的策划和评估，倾听贫困人口的信息诉求，实现信息供给与信息需求的有效对接。

二　应用情境因素

应用情境因素是指与信息技术应用情境相关的因素。不同的应用情境，如信息可及性、信息应用场景、信息应用氛围、个人知识储备等，均会影响到个体的信息接触行为和信息利用效果。导致贫困人口信息贫乏的应用情境因素，包括各类信息应用的普及率在农村仍旧偏低、农民“个人信息世界”的窄化，以及青壮年外流带来的代际传播缺失。

（一）各类信息应用普及率偏低

伴随网络扶贫相关政策在乡村的落地，以及通信运营商向乡村的渗透，各类信息技术已经自上而下地进入乡村社会。但调研发现，信息技术

① 李红艳：《信息的需求与反需求：农民信息诉求行为研究——基于北京市郊区农民观念提升工程的观察与思考》，《现代传播》2018 年第 1 期。

的普及并不必然带来真正的应用，各类信息应用的遍地开花，并未引发村民的热情关注和追随；“送信息下乡”提供的公益服务，亦未能吸引村民的实际参与行为。在河南省民权县五里河村，研究者看到，信息网络室的5台联网电脑，被布蒙着，长期无人开机；图书资料室的书架上，贴有“文学类”“历史类”“种植类”“养殖类”“童话故事类”标签，分类摆放了满满的书籍，但村干部告诉我们，极少有村民来查阅或阅读。

> 每天都要去地里干农活，农活最要紧。干完活很累，什么都不想干了，只想歇歇。哪有闲心去读书？不好好干农活，泡在网吧上网，或者在村部图书室转悠，都是闲人哪。（张某，男，48岁，小学文化）

在农民看来，认真农事、完成农业生产是最要紧的事情，而上网、读书这些活动，都是不务正业的“闲人”们干的事儿。在农村，“闲人”是惧怕农业劳动、游手好闲的代名词，“闲人”是被村民鄙视和瞧不起的人。

为方便农村劳动力外出务工，河南广播电视台新农村频道联合软件开发公司开发了一款农民工求职APP——“打工直通车”，免费投放至各村镇并提供触屏终端，村民使用手机号注册后即可检索企业的用工需求和岗位信息。民权县杨堂村委会安装了求职APP应用的触屏后，曾召集村民参加培训，由驻村第一书记向村民演示操作步骤和使用方法，但通过APP找工作的农民寥寥：

> 他们一是对网络操作心存技术障碍，二是更愿相信亲戚朋友的介绍，不相信网络上的信息。我做过动员，还帮他们查找过（用工信息），但他们不理会。（驻村第一书记蔺某某）

驻村第一书记还补充说，倒是寒暑假返乡的大学生，来村委会使用“打工直通车”智能招聘终端，查找周边地区的临时用工信息，利用假期赚取下学期的生活费用。由此可见，较低的受教育水平和较弱的信息意识，是技术应用情境中的不利因素，成为村民积极利用信息技术的无形阻碍。

（二）“个人信息世界”的窄化

2013年，于良芝提出“个人信息世界”[①] 这一整体性概念，从内容、动力、边界三大要素考察信息贫困发生的根源。“个人信息世界”是个人作为信息主体的活动区域，其中：

（1）“内容”是指信息主体活动的对象，包括各类信息源、信息和信息资产。

（2）“边界”是指个人信息世界的范围，包括空间、时间、智识3个维度。“空间”指信息活动发生的场所；“时间”指日常生活和工作中有意识地分配给信息活动的时间；“智识”指开展信息活动所具备的智力和知识水平。

（3）“动力”是指为了实现某个目标、开展特定信息活动的动机来源。“动力”支持下个体开展的信息实践，带有一定的主动性和目标性，而非无意识行为。

“个人信息世界”综合反映了信息贫困者与信息富有者在机会、能力、获取、利用、受益等多方面的差距。以“个人信息世界”考察农村贫困人口的信息应用情境，可以有以下发现。

从“内容”上看，以熟人社会为主、相对封闭的社交圈，以及低端信息传播工具消费者的身份，决定了贫困人口信息源的单一和有限、信息内容同质化。而这均不利于信息资产的积累。

从“边界”上看，目前互联网已经进村入户，村级信息站、网络中心已经建成，信息已经进入村民的日常生活世界，村民接触信息的“空间”已经具备。但受限于“时间”和“智识”，村民能否跨越个人信息世界的边界，利用农闲时间有效开展信息活动，进而改变信息贫困的窘况，尚不得而知。

从“动力”上看，贫困人口所处的个人信息世界的有限边界，限制了他们看待外部世界的视野和想象力，并产生了“井口”效应。而狭小的个人信息世界的边界，反过来进一步限制了贫困人口对信息资源的获取和利用，表现为积极参与信息减贫项目、主动利用信息技术的动力不足。

有关研究发现，教育投入对农民个人信息世界的分化具有显著影响

---

① 于良芝：《“个人信息世界”——一个信息不平等概念的发现及阐释》，《中国图书馆学报》2013年第1期。

力，改善农村地区的教育条件、提升农民文化素质，可增加农民个人信息世界的富裕程度[①]。由此可知，即便信息传播基础设施和服务在农村已经实现全覆盖，仍需通过教育来改变农民个人信息世界的贫乏状况；文化素质的提升、个人信息世界的丰富，均有利于为农民创造良好的信息应用情境。

（三）人口外流与代际传播的缺失

近几年，城市建设的日新月异，成为吸引农村青壮年群体进城的巨大“拉力”；而农业生产率的提高与劳动力的富余，以及对城市文明的向往，成为农村青壮年群体进城的巨大“推力”。在“拉力”和“推力”的共同作用下，大量农村人口进入城市务工并逐渐定居下来，留在农村的多是“空巢中老年”和需要照料的年幼儿童。

但农村中老年群体不是数字技术的天然亲近者，他们对各类新技术应用所知甚少，更缺少将数字技术应用于生产生活的能力。日新月异的传播技术在农村作为一种区隔性因素，将中老年群体区隔在信息世界之外。

青年一代作为技术创新与扩散的“意见领袖”和“代理人”，可以通过“反哺”的方式对父辈进行技术传播，进而影响父辈采纳和使用新技术[②]。尽管信息搜寻和信息利用行为上的代际反哺已经在农村发生[③]，但代际反哺尚未在农村家庭传播中实现常态化——最需要通过代际传播开展“技术反哺”的农村贫困家庭，常常因青壮年群体长时间在外务工而缺少代际反哺的机会；大量青壮年流向城市务工，阻断了农村家庭通过代际反哺提升父辈数字化生存能力的可能。访谈发现，只有在每年春节返乡过年的时候，农村家庭的代际反哺才有可能发生——在时间极为有限的春节返乡期间，在城市务工、掌握了新技术的子女，成为留守家中的父辈们学习新技术的“引路人”：

过年时女儿给我买了这个手机，教我发微信、打语音电话、看公

---

① 刘和发、王俊丽：《农民个人信息世界的分化及其影响因素》，《图书馆论坛》2017 年第 10 期。

② 朱秀凌：《手机技术反哺、亲子沟通与父母教养方式——基于技术接受与使用整合模型的分析》，《新闻大学》2018 年第 4 期。

③ 张大伟、谢兴政：《代际反哺：农村中老年人信息寻求行为形成机制探索——基于突发公共卫生事件时期的实证研究》，《图书情报工作》2022 年第 15 期。

众号、看抖音。不过我对公众号不太感兴趣，有些文章看不懂，怪吃力。我喜欢看抖音，上面的小视频很搞笑。我还没有完全掌握手机的操作，她就打工走啦。(杨某某，女 53 岁，小学文化)

我们仍不能对代际反哺改变农村信息贫困人口的信息弱势地位寄予过高期待，因为发生在农村家庭内部的代际反哺行为，是偶尔的、零星的，而非常态化行为。在外务工的青壮年无暇为父辈提供更多的陪伴学习，更无法为父辈营造学习新技术的家庭空间。我们所期待的代际反哺弥合代际数字鸿沟的理想情形，是亲代与子代能够拥有共处的生活空间，在共处的生活空间中共同探索和交流新技术，营造耳濡目染的家庭传播情境。

三　个体能动因素

能动性因素是指使用信息技术时的能力、动机及主动性等个体性因素。信息利用能力、信息消费意愿、信息素养水平等作为个体能动性的组成部分，影响到贫困人口个人信息世界的形成。而信息利用能力的欠缺、信息消费意愿的不足，以及信息素养的匮乏，无形中导致了贫困人口信息世界的贫困。

（一）信息能力欠缺

信息能力（information capability）是指在特定情境下，信息主体为了满足某种信息需求可以发挥的信息行为能力，是信息主体在信息行为中拥有的实质性自由①。对于农民而言，信息能力首先表现为其作为劳动者获取信息、加工处理信息、运用信息于劳动实践过程中，并取得相应的经济社会效果，是构成农民工劳动生产力的重要组成部分②。深度访谈发现，贫困人口信息能力较弱，主要表现为不掌握电脑和互联网的技术操作，查找、储存、加工互联网信息的能力欠缺，这进一步限制了他们获取信息的质和量：

我也想上网，但我不会打字，也不认识那些字母符号，不知道怎么操作。我就是点开手机，浏览一下，上面有什么信息就看什么信

① 樊振佳：《新生代农民工信息获取与信息分化研究》，中国社会科学出版社 2020 年版，第 10 页。

② 郑英隆：《中国农民工弱信息能力初探》，《经济学家》2005 年第 5 期。

息，不会选择。（男，56岁，小学文化）

我会开机登录网络，但手机上网只会看儿子帮我关注的那几个公众号，健康养生类的。在网上查找信息，查找了怎么保存，这些操作我还不会。有年轻人玩抖音直播，我听说了，但不知道怎么看。（男，52岁，小学文化）

据扶贫干部介绍，一些扶贫项目推广不顺利，不是技术本身不成熟，而是贫困户因自身信息能力受限而中途放弃：

在技术培训阶段，专家通常会一对一地帮助农户；但专家走后，贫困户遇到问题就束手无策，不会主动咨询，也不会上网查找资料，短时间看不到成效就放弃。最后能坚持下来能成功的，往往是极个别头脑灵活的人。他们会上网，消息灵通，能主动寻找解决问题的办法（信息）。

信息能力的关联因素，有结构、能动和情境3个类属。结构因素如家庭经济条件能否为个体提升信息能力提供经济支持，能动因素如个体的文化和社会资本是否充足，情境因素如个人时间是否允许、是否具备获取信息的空间或场景等①。访谈和观察发现，影响贫困人口信息能力的因素，除了经济状况这一结构性因素外，亦有能动因素和情境因素——较低的受教育水平，以及农业劳动和家务对时间和精力的挤压，导致他们无暇、无心思去主动学习信息技术：

因为不识字，信息看不懂，找活儿也没人要（我）。主动问别人吧，担心别人笑话自己。想学点东西都难。（女，31岁，未接受正规教育）

星期一到星期五去地里干活，星期六、星期天还得洗衣服，再教教孩子作业，（时间）都过去啦，没有时间关注这些信息。有时候村委会通知参加技术培训，听的过程中（因为累或者不感兴趣）就瞌睡了。（女，38岁，小学文化）

① 樊振佳：《新生代农民工信息获取与信息分化研究》，中国社会科学出版社2020年版，第95—96页。

为提升村民的信息技能，村干部介绍，每个村都会安排技术专家为村民（包括贫困户）开设专题讲座，从最基础的上网操作、网络信息搜寻，到各类 APP 的使用，每月一次或两次不等。但我们的调研发现，邀请哪些技术专家、讲什么内容、什么时间讲，通常由村委会成员决定，事先并未征求村民意见或者了解村民的学习需求；而从培训现场看，农民参与的兴趣不高，互动不积极。接受访谈的农民反映，他们希望技术讲座、信息培训的内容更契合实际生产生活，时间安排与农业生产季节相一致，这样才能调动他们参与讲座和培训的积极性。

（二）信息消费意愿不足

信息消费是社会信息生产和交流过程的延续，是个体获取信息、认知信息内容和再生信息等基本环节所构成的社会活动①。近几年，在《国务院关于促进信息消费扩大内需的若干意见》有关政策的支持和指引下，"宽带下乡""网络扶贫"工程在农村地区得到推广和普及，农村居民的信息消费环境得到较大改善，信息消费成为刺激农村经济增长活力的新培育点。但相关研究发现，受经济发展水平的影响，农村地区的信息消费水平不仅地区间不均衡②，同一地区内部亦存在显著差异③。在乡村社会内部，贫困人口与非贫困人口的信息消费存在较为明显的差异性，这种差异不仅表现在信息能力上，还表现在信息需求上。较低的经济收入水平制约了贫困人口的信息消费需求，进一步拉低了他们的信息消费意愿④。

> 我的手机主要用来接打电话，其他功能我也不需要。孩子们在外面打工，经常给我打电话报平安，我知道他们的情况就可以了。村干部会传达扶贫信息，从电视上也可以了解到一些。网络上的信息乱七八糟的，不知道哪些有用，所以也不想看。（男，50 岁）
>
> 我听说过抖音、快手，说是在上面可以发视频推销土豆，也可以

① 贺修铭：《信息消费概念的确立及其理论基础——兼论信息消费学的建设》，《图书情报工作》1996 年第 4 期。

② 刘晓倩、韩青：《中国农村居民信息消费影响因素的空间计量研究》，《中国经济问题探索》2018 年第 4 期。

③ 刘冬辉、孟令杰、陈立梅：《江苏省农村信息消费的空间格局及其动态演变》，《中国农业资源与区划》2019 年第 12 期。

④ 胡胜男、乔姗姗：《武陵山贫困片区农村居民信息消费现状及其能力提升策略》，《图书馆论坛》2017 年第 9 期。

直播卖农产品。我的这些土豆，天天去集市上卖就可以啦，虽然累些，但不用学习那些拍图片、录视频的操作。要是走网上销售这条路，就得整天用网，盯着各种信息。我不需要这。(男，46岁)

深度访谈和观察发现，除了经济收入这个影响因素外，文化程度也成为制约贫困人口信息消费意愿的因素之一。民权县五里河村的111名贫困人口的平均受教育年限为5年（小学文化)，多数会写自己的名字，认识简单的汉字，能读懂村委会发布的各种通知，但无法读懂报纸和各种书籍(没有读报纸和读书的意愿)。至于上网，多数贫困人口回答“会一些”，但上网意愿不强烈，认为自己“不需要”，潜在原因是有畏难情绪。只有少数从事养殖、种植的贫困户（养殖、种植带来收入的增加，即将告别贫困)，会在网上查找养殖、种植信息，或者通过网络购买农业生产所用材料，但深度的信息消费需求如信息互动、信息发布与分享，受访者表示尚没有强烈的意愿。

（三）信息素养匮乏

信息素养是一种能够确定、查找、评估、组织和有效地生产、使用和交流信息，并运用信息解决面临问题的能力[①]。在当代信息社会，需要个体具备高质量地获取、判断、加工和利用信息的能力，以及利用信息参与社会的能力，因此信息素养被认为是个体应具备的基本素养。访谈和观察发现，贫困人口与非贫困人口之间出现的“信息区隔”，主要表现为信息素养的差异。非贫困人口利用手机和互联网开启“线上生活”，通过网络平台销售农产品、直播间卖货时，贫困人口仍无从判断和评价信息的价值，无法创造性地利用信息为生产生活服务，参与信息分享、信息生产的能力不足。信息素养匮乏的表现主要有以下几方面。

一是对信息性质及其价值缺乏准确判断：

电视上那些种植养殖、发家致富的节目，说不准都是骗人的广告，更不敢相信，(如果信了）还不把全家都给骗光了？有时候会看电视上的天气预报，但天气预报也不准，说是第二天大晴天，结果下

① UNESCO, NCLIS, “The Prague Declaration towards an Information Literacy Society”, *Information literacy*, Prague: Meeting of Experts, 2003, p. 10.

了大雨，把俺的庄稼都给淹了。（女，46 岁）

二是不掌握分享、参与和创造信息的技能：

网上的那些短视频现在很火，有人发一段刨土豆的视频，种的土豆就卖光了。我不会，不知道那些电商业务是怎么操作的，大概需要申请账号吧。（男，29 岁）

三是“技术崇拜”与“技术恐惧”双重矛盾心理并存：

现在网络的功能太强大了，网上买东西、直播卖货，可以说是无所不能。但网上骗子也很多，我哪敢在网上发布信息？万一（信息）被骗子利用了怎么办。别人发的信息，我一般是只看不回复，（回复了）被骗子盯上也很麻烦。（男，34 岁）

研究者同时发现，因信息素养的差异，乡村内部已经出现了新的信息分层——贫困人口与非贫困人口之间存在信息利用质量上的“使用沟”。非贫困人口已经看到、感受到信息社会与知识经济带来的巨大变化，开始通过互联网主动了解、尝试融入外部世界，努力挣脱“信息中下阶层”的束缚，争取向“信息上层”流动。如：受访者小张（男，26 岁）和弟弟大专毕业后，都留在家里帮助父母打理麻花加工厂的生意。在农村，拥有一家小小的麻花加工厂，可以抵得上小张和弟弟外出务工的收入，所以小张家成为村里经济状况较好的人家。10 年前，小张家里就购买了电脑，但父母不会用，主要是小张和弟弟使用。小张的父母均为小学文化，在麻花加工厂劳作之余，用电脑看视频，偶尔玩玩游戏，但不会打字，不会使用搜索工具。小张和弟弟均使用智能手机上网，还在网上开了淘宝店销售麻花，用手机淘宝客户端处理网上订单，与客户互动。而同村的贫困人口，仍是低端 ICTs 的主要消费群体——使用“山寨”手机，农闲无事可做时刷朋友圈和抖音、快手，或者聊天、看网络剧；想学些技术，但因识字水平和理解能力有限而不知从何学起，更不知如何分享和传播信息。

第五节　他们的信息“小世界”有何特征

在信息传播技术已经全面普及、农民已成为新技术使用和信息获取的积极实践者①的今天，贫困人口仍高度依赖“熟人关系”及其所处的“小世界”社会网络获取、利用和传播信息，圈内信息有限且高度同质化的特征明显。不仅如此，贫困人口还面临信息能力的障碍，对信息的加工和利用能力不足、对互联网等传播技术的采纳有限。贫困人口的信息行为特征，与查特曼描述的边缘群体“小世界”信息行为有诸多近似之处。在提出“小世界生活”理论之后，查特曼还提出了圆周生活理论（Theory of Life in the Round）和社会规范理论（Theory of Social Normative），用以阐释处于“小世界”情境之中的信息匮乏者及其信息行为特征。本部分以查特曼的“小世界”系列理论为视角，分析贫困人口所处的“小世界”以及“小世界”中的信息行为。

一　信息获取的“小世界”路径依赖

问卷中，询问贫困人口“除电视、手机之外，还常通过哪些渠道获取信息”，统计结果见表4-9。以“经常使用”“总是使用”两种情形加总来看，贫困人口仍依赖长期形成的熟人网络获取信息，村干部（49.5%）、邻居或同村人（49.1%）、亲戚朋友（42.6%）等，构成贫困人口生活中重要的人际传播网络。在脱贫攻坚背景下，村干部成为与贫困户打交道最为频繁的人——贫困户的认定、日常帮扶，以及传达扶贫政策、动员贫困户参加扶贫培训、陪同各级领导走访贫困户等工作，都需要村干部一手操办，村干部自然就成为贫困人口接触最频繁的对象，也是贫困户获取外界信息的主要渠道。除了村干部之外，贫困人口还依赖乡村邻里和亲戚朋友这些熟人网络来获取信息，邻里聊天、亲戚朋友交往这些具有地缘、血缘或亲缘特征的人际传播，成为他们获取信息的重要渠道之一。由此可见，贫困人口信息需求的求助对象主要是村干部、邻居或同村人、亲戚朋友等这些“熟人”，互联网、图书板报、技术培训等并未能够发挥答疑解惑的作用。这种基于亲缘和血缘关系的信息获取路径，反映出

① 李红艳、牛畅、汪璐蒙：《网络时代农民的信息获取与信息实践——基于对北京市郊区农民培训的调研》，《新闻与传播研究》2019年第4期。

贫困人口对“小世界”及其形成的熟人关系网络的高度依赖。

表 4-9　　贫困人口的信息获取渠道（多选）（n=273）

信息获取渠道	没有使用	很少使用	不确定	经常使用	总是使用
村干部传达	9（8.4%）	35（32.7%）	10（9.3%）	32（29.9%）	21（19.6%）
邻居或同村人	12（11.3%）	22（20.8%）	20（18.9%）	39（36.8%）	13（12.3%）
亲戚、朋友	12（11.3%）	31（29.2%）	16（15.1%）	39（35.1%）	8（7.5%）
互联网	69（66.3%）	6（5.8%）	5（4.8%）	11（10.6%）	13（12.5%）
板报、宣传栏	73（68.2%）	15（14.0%）	8（7.5%）	8（7.5%）	3（2.8%）
技术培训	73（68.2%）	21（19.6%）	7（6.5%）	3（2.8%）	3（2.8%）
图书阅览室	85（79.4%）	11（10.3%）	5（4.7%）	4（3.7%）	2（1.9%）

说明：括号外数据为选择的人次，括号内数据为百分比。

二　边界清晰的圆周生活和信息圈

查特曼提出的“圆周生活”，是指“人们在生活中对各类事物心照不宣地加以理解的公共形式”①。圆周生活中的人们，与圆周之外的世界保持距离，划出清晰的边界，且只关心自己所处的“小世界”和即时信息的满足：

> 李某某（男，74 岁，未接受过正规教育）：“自家人和邻居都是俺小圈子里的，还有打麻将的麻友。”
>
> 王某某（女，72 岁，未接受过正规教育）：“邻居、家人都算（自己的小圈子），要说自己人的话，只有东西两庄（刘庄和五里河村）的人是俺们自己人，再远就不是了。”

也有村民认为只有亲人才是自己最信任的关系：

> 陈某某（女，37 岁，接受正规教育 5 年）：“自家人（有血缘关系的）才算我小圈子里的人，朋友再熟也不算。”

① E. A. Chatman, “A Theory of Life in the Round”, *Journal of the American Society for Information Science*, Vol. 50, No. 3, 1999, pp. 207-217.

在由亲戚、邻居、同村人这些“熟人”构成的“小世界”中，贫困人口过着安静的圆周生活，形成了相对稳定和平衡的内部关系，他们交流务工信息、生产生活信息、子女受教育信息等实用性信息，对自己在其中扮演的角色表现出相当的满足：

> 张某某（男，36 岁，接受正规教育 4 年）：“出去打工都是熟人介绍过去的，不用手机找，这活儿还用手机找哟？手机上、网上的那些务工信息，还不如他们（指熟人）提供的牢靠。我们一起在外打工，我也经常提供信息给他们，提醒他们小心上当受骗。他们有时候还会征求我的意见，他们信得过我。”

圆周生活限制了贫困人口的视野和眼界。一些因病致贫的老年人口，长年累月待在家里，对外面的世界几乎一无所知，与访员聊天时竟问出这样的问题：“听说美国换皇帝了，美国的皇帝是谁？”有过外出务工经历的贫困人口，当被问及对外面世界（城市）的印象时，认为城市“跟农村没什么区别，就是楼高些”“电视上看着车水马龙的，到了后感觉乱糟糟的”。还有的认为城市“压力大，节奏快；是一个花钱多的地方，喝口水都要钱，离了钱没法生活”，流露出对城市世界的抱怨与不满。

贫困人口对城市的认知，多来自电视媒介的描绘和同乡同伴的讲述，这为他们构建了“想象中的城市”。当外出务工经历与“想象中的城市”不一致时，他们就会遭遇认知失调。认知失调刺激了他们的身份意识——“我是谁？”“我从哪里来？”“我属于哪个群体？”这些问题成为他们与城市群体的“身份区隔”。在意识到自己处于劣势地位时，贫困人口会选择“防御性认同”[①]——主动认可、接受自己的劣势身份，退回已经习惯的圆周生活，以避免受到更多的刺激和伤害。“防御性认同”使贫困人口自我设限，仅满足于圆周生活内部的信息交换，而无意与外部世界建立连接。

三 “向内的世界观”与“信息过滤”

查特曼及合作者指出，“小世界”也有自己的社会规范，这些社会规

① 熊易寒：《城市化的孩子：农民工子女的城乡认知与身份意识》，《中国农村观察》2009 年第 2 期。

范成为社群成员行动的标准。成员顺从这些社会规范，目的是表现出公众期待的行为①。在社会规范的制约下，“小世界”的社群成员不愿与外部世界分享信息，认为“分享即冒险”，更不愿向外部世界暴露真实问题。社会规范成为“小世界”与外部世界之间信息交换的无形屏障。深度访谈印证了这一点。访谈发现，贫困人口与外部世界交流的愿望并不强烈，表现出被动与漠然，认为过多的分享会被视为逾越“规矩”的行为。

> 赵某某（女，45岁，接受正规教育4年）：“跟外面的人没什么好聊的，说那么多有啥用？会被他们（指自己圈子里的人）笑话，不守规矩，多事。上网什么的也没兴趣。想了解什么，通过熟人都知道了。”
>
> 张某某（女，66岁，未接受过正规教育）：“一家人是一个小班儿（圈子），自己都跟自己家的人聊，跟外面的人聊不住（即‘无话可聊’），也不敢说恁（那么）多。要不他们（指自己圈子里的人）都会笑话我不干正事儿，碎嘴婆姨。”

查特曼指出，社会规范对“小世界”成员产生的影响，便是形成了“向内的世界观”（an insider's worldview）——对外部世界不信任，满足于圈子内部同质化的信息交流，对外界的新知识、新信息施加“过滤”、有选择地引进“小世界”——仅当信息与自己当下的生活有相关性或实用性，可以解决当下的问题②。问卷调查数据印证了“小世界”成员“向内的世界观”：83.0%的受访者表示“只关心能及时为我解决问题的信息”，42.5%的受访者不愿意“主动收集或学习将来可能会用到的信息”。

深度访谈揭示，拒绝冒险和对自我效能的过低评价，促成了贫困人口对来自外部世界的知识与信息的选择和“过滤”行为：

> 李某某（女，46岁，接受正规教育3年）：电视上天天播的新

① Burnett G, Besant M, Chatman E A., “Small Worlds: Normative Behavior in Virtual Communities and Feminist Bookselling”, *Journal of the American Society for Information Science and Technology*, Vol. 52, No. 7, 2001, pp. 536–547.

② Burnett G, Besant M, Chatman E A., “Small Worlds: Normative Behavior in Virtual Communities and Feminist Bookselling”, *Journal of the American Society for Information Science and Technology*, Vol. 52, No. 7, 2001, pp. 536–547.

闻，都是跟国家有关的，跟俺们有啥关系呢？我就看个热闹。电视上那些种植养殖、发家致富的节目，说不准都是骗人的广告，更不敢相信，(如果信了) 还不把全家都给骗光了？有时候会看电视上的天气预报，但天气预报也不准，说是第二天大晴天，结果下了大雨，把俺的庄稼都给淹了。

张某某（男，52 岁，接受正规教育 5 年）：上面（指政府）派人来培训我们养牛蛙，培训了好几天，但我记性不好，扭头就忘，技术人员走了我就不会操作。那些技术我学不会。养牛蛙至少半年之后才能有收益，我担心赔本怎么办？还不如干一天活结一天工资呢。所以不想投入。

第六节　如何突破“小世界”的信息困境

以上研究发现，贫困人口虽然已经强烈意识到信息对于生产和生活的重要性，但在信息接入上仍处于“信息中下阶层”，信息加工和信息利用能力欠缺，信息素养匮乏，局限于“熟人”交流的小圈子，满足于“熟人”关系织就的“小世界”网络。在乡村社会内部，“小世界”中的“圈内人”，以及“小世界”之外的“圈外人”，这两类群体已然形成信息区隔——“圈外人”凭借自身掌握的知识和技能，开始以积极的姿态迎接信息社会、利用信息为生活和工作服务时，“圈内人”仍满足于政府的扶贫救济和电视陪伴下的娱乐生活，而对互联网等新媒体技术茫然无措。在乡村振兴和信息扶贫的时代背景之下，突破“小世界”的信息困境，建立“小世界”与外部世界的连接，实现“小世界”与外部世界的信息流通和交换，应成为政府有关部门予以考量的议题。关于这个问题，本书提出的政策建议如下。

一　以信息素养教育提升贫困人口的行动能力

尽管政府自上而下大力推广的网络覆盖工程、信息进村入户工程在乡村得到了普及，信息进村入户村级信息服务站的覆盖率大为提高，信息接入的问题不复存在，但通过实地研究发现，贫困人口因受教育程度较低、对信息重要性认识不够、信息技能不足等原因，信息传播技术采纳上的行动能力匮乏。研究者建议，除了以“互联网+”推动信息技术在农业领域的应用之外，各省扶贫开发办公室（乡村振兴局）还应联合教育部门、通信管理部门，以乡镇为单位建设信息技术培训中心，分批分期开展面向贫困人口的信息素养教育，向贫困人口传授信息传播的基本知识、各类媒介的使用和操作，培养贫困人口的信息理解、信息判断、信息利用能力，唤醒贫困人口自身的信息意识和信息需求；通过对媒介技术的掌握和运用，增强贫困人口的自我效能感，进而激发他们渴望改变、主动学习的内生动力。信息技术培训中心教师可由政府相关部门选派，或由志愿者担任。政府教育管理部门联合高校新闻与信息传播相关专业教师、研究者，编写信息素养教育读本和培训教材，免费提供给信息技术培训中心。

二　发挥新乡贤作为“意见领袖”的桥梁角色

近几年，在广大农村涌现出一批掌握新知识、新文化、新思想、新技能的精英群体，被称为“新乡贤”或“现代乡贤”。“新乡贤”口碑好，威望高，在乡村传播中具有示范和引领作用，常常是各类政策、文化信息传播中的“意见领袖”。在研究者开展田野调查工作的民权县五里河村，就有这样的“新乡贤”，如：①村卫生室的底姓医生，曾去郑州、南阳、濮阳等地参加过短期培训和学习，乐意解答村民关于各种健康问题的咨询，平时在网上读到健康和疾病预防知识，就发布在微信朋友圈分享给村民。②村支书张某某，做了8年的运输生意，见多识广。被任命为村支书后，张带领村民积极发展麻花加工和销售，创办了乡土味十足的“麻花节”，接受中央电视台“乡村大世界”栏目的采访，召集村民在记者镜头下展示麻花制作手艺，将麻花推向央视的舞台。③镇中学历史教师尹某某，对绘画和书法有浓厚兴趣，为村委会书写“社会主义核心价值观”24个字，还配上了背景图片。他还为“坚决打赢扶贫攻坚战”“建设社会主义美丽乡村”的宣传语配上自己设计的卡通人物画。在青壮年劳动力大量外出务工，乡村多剩下老人、妇女和儿童的今天，留在乡村的新乡贤，既熟悉乡风乡情，亦掌握了外部世界的最新变动，他们能够以自身掌握的知识和信息，以及“见过世面”的眼界和视野，为贫困人口与外部世界的信息沟通搭建桥梁。

三　借助代际反哺打破“小世界”的自我设限

伴随互联网及各种传播技术介入家庭传播并成为家庭生活的一部分，

父辈将逐渐丧失在教化后代上的优势和权威，而掌握新技术的子代，逐渐获得“文化反哺”能力，成为父辈学习新技术的“言传身教”者[①]。深度访谈发现，信息传播技术传入乡村社会后，农村家庭中的文化反哺已悄然发生。前面提到的做麻花加工生意的小张一家，两个儿子与父母一起创业并生活在一起。家中购置电脑并联网后，父母向小张请教如何在“暴风影音”“爱奇艺”上看电影，“他们要看快手、抖音短视频，我就帮他们下载了APP，注册了账号。父亲提出想学学发微信朋友圈，我教会他之后，发现他很快在朋友圈里发了出售麻花的广告。有一天父亲还问我如何用手机绑定银行卡，在网上转账。我帮他开通了电子支付后，他现在经常用网上银行和微信支付。”在贫困户家庭，同样发生着“静悄悄的革命”。贫困人口的受教育程度普遍不高，识字不多，对智能手机、电脑的作用存在认知上的误区，但子女对传播技术的亲近与使用，无形中对父母产生了“启蒙”作用。“我的手机话费套餐中有上网流量，但我不会上网，也想不到上网的好处有哪些。上五年级的闺女老是拿我的手机上网，还跟同学QQ聊天、微信聊天。我发现原来网络的功能那么强大，不出门就可以（利用网络）干很多事儿”（男，49岁，因病致贫）。

尽管青壮年人口外流一定程度上导致家庭代际传播的缺失，但返乡创业青年、本地就业青年以及中小学生向父辈开展的“技术反哺”，有望成为推动信息传播技术在乡村普及的“静悄悄的力量”。与“技术下乡”“数字下乡”这样自上而下的科技助力脱贫项目相比，家庭内部的文化反哺，更多地源自贫困人口学习和接受新技术的内生动力。弗莱雷（Paulo Freire）曾提出“解放的教育观”，认为真正的教育发生在平等的、对话式的交流之中，这是对被教育者的解放[②]。贫困人口与其子代之间围绕数字传播技术发生的对话、交流，以及文化反哺行为，是家庭内部亲子两代打破传统权威之后、基于平等和互相尊重的代际传播与沟通，将有望帮助贫困人口打破“小世界”的自我设限，为他们开启迈向信息社会的大门。

① 郑素侠：《代际传播数字沟的形成背景、社会影响及其调适》，《中州学刊》2018年第9期。

② ［巴西］保罗·弗莱雷：《被压迫者教育学（修订版）》，顾建新、赵友华、何曙荣译，华东师范大学出版社2014年版，第32页。

第五章

信息贫困的后果："新穷人"、信息分化与信息不平等

潜存于贫困群体之中的信息贫困，主要表现为信息能力的欠缺和信息素养的匮乏，以及对个人信息"小世界"的满足。在当今信息社会，信息贫困者将因信息资源占有不足而成为超越经济学意义的乡村"新穷人"。信息贫困还将带来乡村内部信息阶层的分化，而"新穷人"则处于乡村信息阶层的最低层。乡村"新穷人"的出现和乡村内部信息阶层的分化，均将加剧城乡信息不平等的趋势。

第一节　乡村"新穷人"的诞生

随着第三次科技革命的到来，社会组织结构不断优化精简，生产体系日益机械化、信息化，从事简单作业的劳动力面临失业风险，资本主义社会出现了大量剩余劳动力，社会学家齐格蒙特·鲍曼（Zygmunt Bauman）将这些因新技术革命冲击而失去就业机会的劳动力称为"新穷人"①。在乡村社会，同样有这样一个群体：在现代信息传播技术普及和应用的浪潮中，他们无法跟上技术的脚步而逐渐被边缘化，沦为信息资源占有上的贫困者，我们称之为乡村"新穷人"。与传统意义上收入低下的乡村"穷人"不同，乡村"新穷人"的贫困更多地表现为信息资源占有的不足和信息资本的匮乏。

---

① ［英］齐格蒙特·鲍曼：《工作、消费、新穷人》，仇子明、李兰译，吉林出版集团有限责任公司 2010 年版，第 16 页。

一 乡村“新穷人”的贫困特征

在信息时代，乡村“新穷人”的贫困特征，带有鲜明的“信息”指向。信息资本不足是“新穷人”的致贫原因，重获信息资本也是他们摆脱贫困、走向富裕的最有利因素。有别于传统乡村社会因物质匮乏而陷入贫困的“穷人”，乡村“新穷人”具有如下特征。

（一）“新穷人”身陷双重贫困

尽管既往研究发现信息贫困与收入贫困并非天然的正相关关系，但在乡村社会，信息贫困者往往也是经济贫困者。一个重要的原因是，经济上陷入贫困的家庭，往往缺少购买信息技术设备的能力，难以负担起信息技术使用费和互联网接入费用，进而无法享受信息技术的红利。信息获取渠道有限，信息资源占有不足，贫困家庭及其成员身陷“贫困文化”，形成相对封闭的社交圈和“信息圈”，进而沦为信息时代的乡村“新穷人”。研究者调研发现，在一些贫困农村地区，因信息基础设施相对薄弱，接触信息技术的客观条件受限，再加上自身经济实力不足，较多“新穷人”家中未购置电脑和互联网，日常通话多使用低端信息通信工具，如非智能手机，或廉价“山寨版”智能手机，信息获取主要通过传统的信息渠道如电视、村中大喇叭、村干部传达等，交往圈子仅限于亲戚、邻居，对外面世界所知甚少。

“新穷人”遭遇的双重性贫困——物质贫困与信息贫困会相互叠加，彼此影响，进一步加剧贫困人口的贫困处境，将贫困人口推向社会边缘。

（二）“新穷人”是“信息穷人”

与收入上的贫困相比，乡村“新穷人”在“信息”指标上更具劣势，是“信息穷人”。“新穷人”在信息上的贫困，不仅表现为信息资源占有上的匮乏，还表现为信息能力的不足和信息素养的低下。研究者在河南省民权县的调查发现，较多“低保户”不关心时事新闻，更不知如何通过互联网了解外面世界；接近70%的“低保户”“只见过电脑、没使用过电脑”，更谈不上数字出行、线上支付等行为；仅有个别受过初等教育的青壮年使用智能手机主动搜寻信息、关注公众号、线上支付和数字出行，但极少参与网络讨论、主动发表观点。中国社会科学院信息化研究中心新近的调查发现，随着信息技术在乡村的普及，越来越多的农民已经学会操作和使用智能手机，但有35.8%的农民使用智能手机仅为娱乐消遣活动，32.9%的农民认为手机或电脑的应用对个人就业/创业及收入提升“没有起到任何作用”①。

由此可见，尽管数字信息设备在农村地区已经得到普及，但受限于使用者的信息能力和信息素养，这些数字信息设备在农业生产中发挥的价值仍然有限。同样，扶贫项目中的电网改造、农家书屋、技术培训等，因“新穷人”信息能力不足而常常难以达到预期效果。信息贫困对“新穷人”生产生活和个人发展的影响，一定意义上超过物质上的贫困。

（三）“新穷人”的贫困具有相对性

尽管“新穷人”面临的双重贫困有可能将他们推向更为恶劣的“贫困陷阱”，但这种贫困境况并非一成不变——无论是物质贫困还是信息贫困，均意味着一种“相对剥夺”，是一个相对的、动态的情形。随着精准扶贫和信息减贫政策的推进，有些“新穷人”会从扶贫减贫政策中受益，摆脱收入贫困和信息贫困，迎来新生活；而有些农民可能会因生活境况的突然改变而陷入新的贫困或原有贫困状况继续恶化。在调研中，研究者发现一些曾经是“困难户”的农民，紧抓信息时代机遇，开网店、开直播，搭乘数字经济的东风脱贫致富，实现了阶层跨越。而20世纪八九十年代曾是当地农村有名的“万元户”马某某（男，56岁，接受正规教育4年），因跟不上信息时代的步伐、不掌握信息技术而失业，沦为“新穷人”：“我年轻时不怕吃苦，身体好，脑子活，跑着去各个工地打工，赚了不少钱。后来年龄大了，身体也不好了，纯体力活干不下来。但现在做技术的都是小年轻，他们在电脑上操作画图纸，我干不了这样的活儿，只好闲着在家。”

由此可见，乡村“新穷人”并不是一个绝对的状态，而是在特定生存环境下的相对贫困者。只要存在信息不平等，信息贫困的相对性就不会完全消除，陷入物质和信息双重贫困的“新穷人”就会一直存在。信息减贫政策应特别关注乡村“新穷人”群体，物质扶贫和信息扶贫“双管齐下”；同时做好返贫监测与精准帮扶，防止已经脱贫的“新穷人”因经济条件或信息接触条件的突然改变而再次陷入贫困。

---

① 中国社会科学院信息化研究中心：《乡村振兴战略背景下中国乡村数字素养调查分析报告》，2021年3月。

二　乡村“新穷人”的话语群像

福柯认为，话语同时也是话语实践，人的各种主体性特征诸如阶级、性别、民族、年龄、家庭等，都是在话语实践中获得并被改变和重建①。因此，分析乡村“新穷人”的话语实践，对于我们理解“新穷人”的特征具有启发意义。基于对河南省民权县20名贫困人口的深度访谈，本书勾勒了乡村“新穷人”的话语群像。

（一）“我不需要信息”——安于现状的话语表达

“新穷人”多为受教育程度较低、经济状况一般、年龄偏大的群体，他们缺乏获取信息的物质基础，个人信息世界封闭保守，信息意识淡漠，不能认识到信息的重要价值。在访谈中，当研究者问到“在生产和生活中是否有急需某种信息的情形”，一些受访者表示日常生活中“不需要信息”，认为信息与自己的生产和生活关系不大。

> 高某某（男，68岁，接受正规教育5年）：“不需要啥信息。农村人天天种地，像种子啥的都知道，别人用啥你用啥就行了。没事打会儿牌，也觉得没什么困难，很满足。”
>
> 肖某某（女，65岁，接受正规教育5年）：“年龄大了，不会用智能手机，学不会了。种地别人种啥咱种啥呗，种了一辈子地了，这农村人都会。出去打工也是跟着别人去。信息对农村人是没多大用嘞，咋着能想办法挣钱就中（‘中’即‘可以’之意）了。”

（二）“我找不到需要的信息”——焦虑不安的话语表达

乡村“新穷人”既是信息社会中的物质匮乏者，更是信息贫乏者。在访谈中，研究者发现，一些受访者不知从何处获取信息，以及如何获取自己需要的信息，表现出对信息缺乏的焦虑。究其原因，一是农村公共信息服务能力较低，无法为农村居民提供丰裕的信息获取环境；二是贫困人口缺乏接触信息设备的物质条件，经济上的贫困使得他们无力承担网络接入和数字电视使用费，与信息社会脱节；三是贫困人口信息能力欠缺，无法有效利用信息设备获取自己需要的信息。此外，自上而下的信息扶贫模

---

① 胡春阳：《传播的话语分析理论》，博士学位论文，复旦大学，2005年。

式，信息供给的针对性不理想，导致贫困人口从扶贫项目中获得有价值的信息有限。

李某某（男，63 岁，接受正规教育 9 年）："不知道市场行情、不了解农产品信息会给生产带来损失。今年没提前了解天气（情况），庄稼都淹了，损失很大。老百姓都特别需要（信息），但我们又享受不到这种服务，不知道从哪里获得。"

赵某某（男，58 岁，接受正规教育 5 年）："咋不想用智能手机呀，没钱买呀，这个老年机还是别人给我的。都是听别人说在手机上看到了个啥事，我也想学（智能手机），但我没钱，也没人教我。"

李某某（男，83 岁，接受正规教育 8 年）："因为住的偏僻，信息对我来说不容易得到，我很渴求。遇到问题很痛苦，但是不知道如何去解决，很希望能跟专家交流。"

张某某（男，45 岁，接受正规教育 8 年）："我特别想学一些东西，有信心使用一些技能，但是没有人教，也不知道去问谁。"

（三）"网上的信息不可信"——封闭保守的话语表达

乡村"新穷人"总体上比较封闭、保守，较多依赖非正式的熟人网络获取信息；对外面的世界抱有较强的戒备心理，认为网络上的信息不可信，担心"上当受骗"。究其原因，在于"新穷人"接触信息设备的机会较少，且自身信息素养不足，对互联网的认识较为片面。正如埃尔夫瑞德·查特曼所言，社会底层群体的世界观更为狭窄和局部，他们很少通过与自己生活世界以外的他人互动获得信息，对外界信息的输入漠不关心，这导致信息穷人自身与外部世界的隔离①。

许某某（女，65 岁，接受正规教育 5 年）："俺闺女不让我相信电视和手机上的信息，说那些都是骗人的。亲戚朋友说的信息更容易相信。"

赵某某（男，70 岁，接受正规教育 5 年）："现在卖粮食什么的

---

① E. A. Chatman，"Life in a Small World：Applicability of Gratification Theory to Information-Seeking Behavior"，*Journal of the American Society for Information Science and Technology*，No. 6，1991，pp. 438-449.

不难，平常就有很多地方可以卖了。我们自己村里就有粮食收购点，也有山东的过来拉粮食。网上诈骗信息太多了，被骗了咋整。”

张某某（男，43岁，接受正规教育9年）：“羊销售很好，都有一些同行介绍熟悉的客户，多用手机网络联系养殖的同行，听他们介绍哪个屠宰场的价格好。自己不敢随便在网上搜，虚假的信息太多，我没法判断，容易上当受骗。”

（四）“我很想学习/交流/参与”——自卑敏感的话语表达

“新穷人”由于物质和信息上的双重贫困而处于乡村社会的最底层，他们自卑敏感，怯于表达，而“话语”的缺失则会进一步加剧他们的贫困处境。在调研中，研究者发现，乡村“新穷人”很少主动参与扶贫项目、发表个人意见，而是被动接受扶贫政策安排，对扶贫项目的进展一无所知。强势的乡村精英会最早接触到扶贫项目信息，并凭借其先赋地位或信息优势俘获扶贫资源，导致最初的扶贫目标发生偏离或转换，项目的溢出效应甚微，贫困户依旧积贫积弱①。这种现象，在发展社会学中被称为“精英俘获”。乡村“新穷人”的集体失声使得发展项目更多地从乡村精英处获得信息反馈，而项目执行者无法了解贫困者的真实需求。在研究者与受访者熟悉之后，有受访者表示，他们想学习一些新的技能，想与村干部或村“能人”交流，想更多地参与到发展项目中，但怕他们“瞧不起自己”。

王某某（女，30岁，未接受过正规教育）：“我不识字，信息也看不懂，平常也不好意思问别人，怕别人说自己，这么年轻都不认识字。手机只会接电话，我也想学习使用智能手机，但怕别人笑话我。出去找活儿也没人要，自己能干点啥活儿就过去干，挣点钱。”

李某某（男，83岁，接受正规教育8年）：“我很想跟Y书记交流，但是人家是领导，我一来很炸眼（醒目），我得注意自己的身份呀，比如会趁哪个星期天来这儿（村委会），但有时候他不在，在这我就会跟他谈谈，我每周都过来。平常有领导，有村干部，我去了不

① 程璆、郑逸芳、许佳贤、陈念东：《参与式扶贫治理中的精英俘获困境及对策研究》，《农村经济》2017年第9期。

好看，我就不去了。"

赵某某（男，67岁，接受正规教育5年）："我想跟村里能人交流，跟他们学学技术，但我担心他们不会和我多说呀，人家多能（'能'即'有本事'之意）呀，我啥也不懂，说不到一块儿。"

三　"新穷人"的"流动现代性"

齐格蒙特·鲍曼提出的"流动现代性"理论，为我们理解乡村"新穷人"及其信息行为提供了新的视角。鲍曼认为，我们正处于一个"液态的"现代世界，这个世界是变动不居的①："谁运动和行动得更快，谁在运动和行动上最为接近瞬时，谁就可以统治别人。而那些不能同样迅速运动的人，在被别人统治着。"② 对此，鲍曼写道："流动性登上了人人垂涎的价值之列：流动的自由迅速成为我们这个晚现代或后现代时期划分社会阶层的主要因素。"③ "流动的自由"实际上就是"流动的能力"。在信息社会，鲍曼所强调的流动能力其实就是一种信息占有能力。"在液态的现代世界，我们需要获得更多的信息以保持机动灵活。"④ 一个人要想拥有这种流动能力，就需要充分占有信息资源。

以流动能力大小为依据，可将信息社会中流动的个体划分为"流动的精英阶层"和"不能移动的在地人阶层"⑤。以信息占有的多寡来审视流动能力时，上述两个阶层即成为"信息富有阶层"和"信息贫困阶层"。鲍曼选取观光者与流浪者这一对隐喻，用以勾画当前社会中处于分化两端的人群的流动能力及其处境：观光者是欣然趋赴的移动者，享受天堂般的惬意；流浪者则是迫于无奈的移动者，忍受地狱般的煎熬⑥。从个体特性出发，以"流动的现代性"审视乡村"新穷人"，可为我们理解乡

① ［英］齐格蒙特·鲍曼：《来自液态世界的44封信》，鲍磊译，漓江出版社2013年版，第1页。

② ［英］齐格蒙特·鲍曼：《流动的现代性》，欧阳景根译，上海三联书店2002年版，第188页。

③ ［英］齐格蒙特·鲍曼：《全球化——人类的后果》，郭国良、徐建华译，商务印书馆2001年版，第2页。

④ ［英］齐格蒙特·鲍曼：《来自液态世界的44封信》，鲍磊译，漓江出版社2013年版，第2页。

⑤ 许小委：《论鲍曼之"流动的现代性"》，博士学位论文，复旦大学，2014年。

⑥ 许小委：《论鲍曼之"流动的现代性"》，博士学位论文，复旦大学，2014年。

村信息贫困者的生存境况提供一个崭新的视角。

首先，“新穷人”是信息社会被动的“流浪者”。在变动不居的现代世界，我们每一个人都是移动者。“不管愿意与否，无论是有意还是无心，我们每一个人都在移动着。即使我们原地不动，我们也在移动着，在一个永恒改变的世界中，静止不动并非现实的选择。”① 对于拥有较强流动能力和变化能力的人而言，不断地移动和改变显然是明智之举；对于被困于原地的人来说，由于立足的地方总在不断地移动和溜走，因而实际上也是处在被动的移动之中②。而“新穷人”由于物质和信息的双重贫困，在信息社会中是“缺乏流动能力的移动者”，只能被迫卷入瞬息万变的信息社会，在时代潮流的裹挟下踉跄前行。

其次，“新穷人”的流动能力受限于信息能力。流动的现代性是易变的、不确定的，一个人只有具备较强的流动能力，才能在这个液态的现代世界中行动自如。在以光速运动的软件世界中，空间简直可以在“须臾”之间穿越，空间已经丧失了价值；时间成为价值获得的手段，可以将潜在目标领域的所有组成部分的价值提高，“瞬时”成为我们重要的追求目标③。在信息社会，信息能力强者能够在第一时间获得信息，占据信息优势，从而在流动的现代社会中保持机动灵活。而“新穷人”受限于信息能力，信息获取滞后，移动迟缓。

最后，“新穷人”实现流动的重要途径是信息素养教育。流动能力并不是人的自然禀赋，而是一种社会能力，可以通过后天培育得到提升。在信息社会，“新穷人”的流动能力即信息占有能力，可通过信息素养教育得以改善和提升。“新穷人”的信息素养教育包括：（1）信息意识培育，帮助“新穷人”了解信息对生产和生活的重要性，增强“新穷人”的信息敏感意识（包括能够判断信息的价值，并清楚自己需要哪些方面的信息），以及培养“新穷人”的信息寻求意识和信息分享意识；（2）信息利用能力，包括信息设备如智能手机、电脑等的基本操作以及信息的加工、处理能力，能够将获取的信息运用到生产和生活中的能力；（3）信息甄

---

① ［英］齐格蒙特·鲍曼：《全球化——人类的后果》，郭国良、徐建华译，商务印书馆2001年版，第2页。

② 许小委：《论鲍曼之“流动的现代性”》，博士学位论文，复旦大学，2014年。

③ ［英］齐格蒙特·鲍曼：《流动的现代性》，欧阳景根译，上海三联书店2002年版，第184页。

别能力，能够判断信息的真实性和可靠性；（4）信息传播能力，善于运用多种传播媒介传播信息。

第二节　乡村社会信息阶层的形成

社会分层的实质，是社会资源在社会中的不均等分配，即不同的社会群体或社会地位不平等的人占有那些在社会中有价值的事物，例如财富、收入、声望、教育机会等①。马克思的阶级分层理论和马克斯·韦伯的多元社会分层理论是社会分层研究的基本理论模式。马克思的阶级分层理论以生产资料的占有方式作为阶级社会的划分标准，如对资产阶级和无产阶级的划分；韦伯提出三维分层理论，经济分层、声望分层和政治权力分层，后来的社会理论家在此基础上演化为以财富、权力和声望作为社会分层的 3 个基本维度②。韦伯的多元分层模式影响到了后来有关中国农民阶层分化的研究，研究者不特别去强调农民的阶级属性，而是从农民的职业、收入、消费等方面来分析农民内部的阶层分化和社会经济地位的不平等③。

我国农村社会阶层分化始于 1978 年。因市场化改革和制度变迁而带来社会流动机会的增加，促成了农民从计划经济时期的相对均等化向阶层分化转变④。随着市场化及城镇化程度的不断加深，村庄开始出现明显的经济分化，其中在东部发达地区的农村中，开始出现较为明显的阶层分化结构，即村庄中以经济收入为标准分化为不同的阶层，不同的阶层之间在职业上以及与之相关的收入水平上存在一定的边界⑤。

一　乡村社会信息分化的出现

我国近年来在农村地区推进的信息基础设施及信息服务建设，如

① 李路路：《论社会分层研究》，《社会学研究》1999 年第 1 期。

② 虞满华、卜晓勇：《马克思与韦伯：两种社会分层理论的比较》，《贵州社会科学》2017 年第 4 期。

③ 万能、原新：《1978 年以来中国农民的阶层分化：回顾与反思》，《中国农村观察》2009 年第 4 期。

④ 万能、原新：《1978 年以来中国农民的阶层分化：回顾与反思》，《中国农村观察》2009 年第 4 期。

⑤ 李婷：《"熟人社会"中的农村阶层关系》，《华南农业大学学报》（社会科学版）2016 年第 2 期。

“广播电视村村通”工程、“农家书屋”工程、“宽带网络进村”工程、“电信普遍服务试点”工程，以及建设“益农信息社”、引进“电商扶贫机制”、开展国家数字乡村试点等，缓解了农村的信息贫困问题，但农民能否普遍均等地从中获益？现有的经济结构决定了信息社会中存在着信息富有者和信息贫困者，那么在经济日益分化的农村，是否也同样存在着信息分化？

信息分化，是指在当代社会信息化发展的过程中，由于信息技术的迅速发展与有效应用而导致的人类社会的不同信息活动主体之间的信息差距及其不断扩大的社会分化现象①。信息分化不仅存在于国家之间、地区之间，亦存在于群体之间和某个群体内部。相关研究指出，农民并非天然而且同质地处于信息贫困状态，年龄、家庭年收入、职业及教育水平影响着个人信息世界的丰富状况②，这一群体内部的信息分化表现为信息技术的采纳与运用、信息获取渠道、信息需求状况、信息素养等方面的差异。

以“可行信息能力”（包括信息能力和信息意识两个方面）分析中西部农村的信息分化状况，问卷调查数据发现，农民内部信息分化明显——农民分化为作为信息穷人的“滞后者”、作为信息富人的“领先者”（高意识高能力）、处于中层的“觉醒者”（高意识低能力）和“蛮干者”（低意识高能力），其中“领先者”和“滞后者”占比较高，分化格局呈“哑铃状”结构③。

信息分化与社会经济地位分化会产生互相塑造和互相影响的效果，表现为信息分化使社会经济地位差别更为明显，社会经济地位差别也使信息分化更为显著，即：信息分化与社会分层存在互构关系④。这表明，信息技术应用可能带来的社会结构变化，应将信息分化纳入导致社会分化的结构性因素之中。而农民群体内部的信息分化，与乡村社会的贫富差距有天然的互为因果、互相影响之关系；信息分化将引发乡村社会结构的变化，并形成新的信息阶层。

① 谢俊贵：《社会信息化发展中的信息分化》，《湖南城市学院学报》2006年第3期。

② 刘和发：《我国农民信息分化影响因素研究——基于个人信息世界的考察》，硕士学位论文，南开大学，2014年。

③ 陶建杰、林晶珂、尹子伊：《信息穷人还是信息富人：可行能力视角下农村居民信息分化及政府支持的效应研究》，《国际新闻界》2022年第2期。

④ 沈艳：《信息分化与社会分层的互构与转化——基于2018网民社会意识调查和2017CGSS的实证研究》，《科学与社会》2022年第2期。

二　乡村社会信息阶层分化模型

"知沟""信息沟""数字鸿沟"作为信息社会阶层分化问题研究的经典理论，对社会阶层的划分均采用简单二分法，将信息社会阶层视作"富有者"和"贫困者"的二元对立，无法反映信息技术深度嵌入乡村社会后引致的阶层分化的丰富性和复杂性。对于乡村社会的信息阶层分化，应赋予独立的"信息尺度"，根据他们在该尺度上的位置确认其贫富①。闫慧在其著作《中国数字化社会阶层研究》中，不再采用传统的经济、政治、文化、社会等单一维度或单纯的整合维度，而是采用以信息通信技术为核心的一系列数字化维度，具体包括数字化意识、信息通信技术的接入和使用、信息内容的获取、利用和创造、数字化信息素质及数字化凝聚力，将数字化时代的社群及其成员划分为 5 个层次：数字精英社群、数字富裕社群、数字中产社群、数字贫困社群和数字赤贫社群②。

研究者基于对中国农村互联网普及率宏观统计数据的分析，以及对多个贫困村微观层面的田野调查，借鉴闫慧的数字化社会分层模型，以信息接入、信息意识、信息能力、信息素养为尺度，构建乡村社会的信息阶层分化模型，如表 5-1 所示。各指标解释如下：①信息接入，测量社群成员接入 ICTs（互联网、计算机、手机）的情况；②信息意识，测量社群成员对信息的价值判断，以及对接入和使用 ICTs 的态度；③信息能力，包括："信息获取能力"，即社群成员利用信息设备获取信息的能力；"信息利用能力"，即社群成员将获取的信息运用到生产和生活中的能力；"信息创造能力"，即社群成员创造信息内容并上传到开放的信息空间中的能力；④信息素养，包括社群成员具备的文化素养以及操作使用 ICTs 的基本素养。

表 5-1　　乡村内部信息阶层分化模型

信息阶层	信息接入	信息意识	信息能力			信息素养
			获取	利用	创造	
信息精英	+	+	+	+	+	+

① 于良芝、周文杰：《信息穷人与信息富人：个人层次的信息不平等测度述评》，《图书与情报》2015 年第 1 期。

② 闫慧：《中国数字化社会阶层研究》，国家图书馆出版社 2013 年版，第 93—98 页。

续表

<table>
<tr><th colspan="2" rowspan="2">信息阶层</th><th rowspan="2">信息接入</th><th rowspan="2">信息意识</th><th colspan="3">信息能力</th><th rowspan="2">信息素养</th></tr>
<tr><th>获取</th><th>利用</th><th>创造</th></tr>
<tr><td colspan="2">信息中产</td><td>+</td><td>+</td><td>+</td><td>+/-</td><td>—</td><td>+</td></tr>
<tr><td rowspan="4">信息贫困</td><td>设施贫困</td><td>—</td><td>+</td><td>—</td><td>—</td><td>—</td><td>+</td></tr>
<tr><td>意识贫困</td><td>+</td><td>—</td><td>—</td><td>—</td><td>—</td><td>—</td></tr>
<tr><td>能力贫困</td><td>+</td><td>+</td><td>—</td><td>—</td><td>—</td><td>—</td></tr>
<tr><td>素养贫困</td><td>+</td><td>—</td><td>—</td><td>—</td><td>—</td><td>—</td></tr>
<tr><td colspan="2">信息赤贫</td><td>—</td><td>—</td><td>—</td><td>—</td><td>—</td><td>—</td></tr>
</table>

说明："+"表示"拥有"，"—"表示"没有"。

三　乡村社会信息阶层的特征

从总体上看，我国农村地区的信息基础设施普及工作基本完成。截至2020年3月，农村地区互联网普及率46.2%；截至2021年3月，行政村通光纤和通4G比例均超过98%。据此我们可以推测，农村地区在接入层面的信息贫困基本不复存在，信息赤贫群体所占比例较低。同时，截至2020年3月，农民网民规模2.55亿人，占农村总人口的46.2%。网民规模在一定程度上可以反映出乡村社会中信息中产水平及以上人口的总体状况，表明乡村社会中信息中产及以上群体接近半数，越来越多的农村居民实现了从信息低层向信息中、高阶层的跃迁。下面研究者将结合对河南省光山县多个贫困村的田野调查，从微观层面呈现乡村内部各信息阶层的样貌。河南省光山县于2016年开始实施电商扶贫方案，并入选国家电子商务进农村示范县，已建立了各个电子商务的网点，县、乡、村电子商务体系基本搭建完毕。光山县积极开展电子商务运营等信息化培训，带动广大农户信息就业和信息创业，电商培训对象既包括贫困户也包括非贫困户，是一种普及性培训，分批分期开展。从信息技术普及和应用程度上看，光山县具有分析样本的典型意义。

（一）信息精英

信息精英的特征为拥有完善的信息设备，具有敏锐的信息意识，以及获取、利用、创造信息内容的信息能力和信息素养，能够较好地利用信息资源进一步提升自身的经济状况和社会地位。在乡村，信息精英通常是政治精英和经济精英的"结合体"，如村干部、乡村企业家及种植大户和养殖大户等，但一些文化程度较高、见多识广的青年人，同样也是村里的信息精英。信息精英与下文提到的信息中产的最大区别在于，信息精英能够将获取的信息运用到生产和生活中，并主动创造信息、传播信息。在研究者所调研的河南省光山县贫困村，属于信息精英的人群并不多，主要有村委会的年轻工作人员、大学生返乡创业群体、学校年轻教师群体。因职业身份的不同，他们对信息内容的偏好和利用场景不同，但共同特征是年轻化，学历和文化素养较高，接触互联网的时间较长。

案例 1："70 后"男大学生李某某，毕业于某大专院校文秘专业。毕业后工作和创业（在镇上开服装店）曾遭遇较多挫折，家里有 3 个孩子，生活困难。因不想使孩子们成为留守儿童，李某某及其妻子选择留在村里寻找工作机会。在村委会需要会使用电脑、能够制作和填写各种表格、撰写各种文件的工作人员之时，李某某凭借专业优势顺利应聘成功。除了完成日常工作，李某某还负责"农家书屋""电商扶贫站点"的建设，空余时间教村委会中年长的干部学习使用电脑，在村委会日常运转中发挥着骨干作用。李某某不仅帮助村里顺利推进脱贫攻坚工作，也实现了自己的人生价值。

案例 2："80 后"女大学生陈某某，曾在某网店工作三年后返乡创业，开了一家淘宝网店，以"淘宝店+直播"的方式销售本地土特产品，如信阳毛尖、红薯粉条、麻鸭蛋等。陈某某利用自己的网店工作经验以及较强的学习能力，再加上当地政策的支持，通过开网店、直播带货带动贫困户脱贫致富，已成为光山县带领贫困户脱贫致富的典型。

（二）信息中产

信息中产拥有信息设备，具备一定的信息意识和信息素养，能够主动搜寻和获取信息，但缺乏信息利用、信息创造能力。在研究者所调研的河南省光山县贫困村，属于信息中产阶层的人群较多，包括掌握互联网上网操作的中年群体、部分老年群体、非学生青少年网民群体。他们具备一定的文化素养（通常为小学毕业或中学毕业）、能够操作和使用信息设备，但信息的加工和利用能力有限，较少有信息分享和信息参与行为。

案例 3：张某某及其妻子从事羊养殖，属于“夫妻档”家庭小规模养殖。张某某常使用智能手机在百度上查找与养羊有关的知识，也关注了“牛羊交易”等微信公众号，空闲时会去村里的图书资料室查阅有关养羊的书籍。但张某某不太相信自己在网上所看到的信息，怎么“养羊”和“卖羊”都是询问同行，在网上购买兽药等产品也是多听从同行推荐，很少将网上查找的信息直接运用到羊的养殖中，也很少在微信群（养殖同行微信群）里发言或在养殖类公众号下评论、留言咨询。张某某坦言，对网络信息不信任，担心会“上当受骗”。同时他也认为自己能力不足，认为主动传播信息会“误导他人”。

（三）信息贫困

信息贫困是指设施贫困、意识贫困、能力贫困和素养贫困中的任一种贫困，或者两种及以上贫困形态的叠加。设施贫困表现为经济能力有限而无法负担信息设备（智能手机或电脑）的购置或接入互联网络；意识贫困表现为不能意识到信息的重要性，无法判断信息的价值，对 ICTs 的接入和使用持消极态度；能力贫困表现为指缺乏操作和使用信息设备的基本技能和互联网知识；素养贫困表现为无从参与信息的生产与创造，无法利用信息创造出新价值。信息贫困群体大都年龄偏大（缺乏信息意识、信息能力和信息素养）、经济困难（缺乏购买信息设备和信息服务的物质基础）、无一技之长（不能通过技能劳动赚取生活资本），或从未在学校接受过正规教育（缺少使用信息设备的文化基础）。农村贫困人口大多属于上述信息贫困的一类或两类情形，他们同时也是乡村“新穷人”。

（四）信息赤贫

信息赤贫属于极端情况，只有极小部分人属于该群体。在研究者所调研的河南省光山县贫困村，极少数孤寡老人或身体有缺陷、身患疾病的人，属于信息赤贫群体。信息赤贫群体同时也是收入上的极端贫困群体，是乡村最典型的“新穷人”，他们不识字、无技能、不接触媒介，完全与信息社会脱节，对外部世界几乎不知晓、不了解。能吃饱饭、活下去是信息赤贫群体的生活全部。

第三节　城乡信息不平等的延续

信息贫困不仅造成乡村社会内部信息分化和阶层分化，更加剧了城乡之间的信息差距和信息不平等，并成为城乡信息不平等得以延续的一个催化因素。伴随信息传播技术的扩散和应用，城乡之间的信息差距从最初的"接入沟"向"使用沟"和"驯化沟"演变，城乡信息不平等更多地表现为城乡居民"驯化"手机等智能媒体的能力差异，以及这种"驯化沟"随时间积累而产生的社会影响。消弭乡村信息贫困和城乡信息不平等，消减信息不平等对发展数字经济和实现共同富裕目标的不利影响，需要更具包容性的数字化政策予以支持。

一　城乡信息不平等的演变

漫漫历史长河中，中国城乡之间的互哺关系一直存在，直到鸦片战争后中国被迫卷入资本主义世界体系，城乡关系的断裂才愈发严重。新中国成立后，国家为了实现工业化，号召农民"勒紧裤腰带支援城市"以及1984年城市改革启动，城乡差别快速拉大[①]。由于我国长期以来在经济社会发展方面实行的是城乡分治制度，工业化过程中的传统城乡二元结构还没有得到有效解决，信息化过程中新的城乡二元结构便接踵而来[②]。城乡社会经济文化结构的不平衡、城乡公共信息资源建设投入的失衡、传媒资源分配的不均、大众传媒在受众和市场分层中的地区和身份歧视，以及农村居民经济实力、文化程度、信息素养低于城市居民等[③]，均导致了城市与农村之间的信息不平等。

我国自1998年开始，互联网进入公共传播领域。同年起，中国互联网络信息中心每年1月和7月发布《中国互联网络发展状况统计报告》。

---

① 张志华：《"新地球村"的想像——赵月枝谈传播研究新实践》，《国际新闻界》2016年第10期。

② 谢俊贵：《城乡信息分化的新态势及其因应策略——基于CNNIC互联网普及率统计数据》，《学海》2018年第1期。

③ 赖浩锋：《农村传播生态失衡研究——"江西省农民致富与传播状况"调查后的思考》，《当代传播》2005年第1期；李江冬：《城乡公共信息资源分配不均的原因及对策研究——扶青社区和梓龙乡的案例分析》，硕士学位论文，成都理工大学，2016年；赵志立：《缩短"信息沟"与建设新农村》，全民科学素质与社会发展——第五届亚太地区媒体与科技和社会发展研讨会，2006年11月。

2006年之前，该统计报告没有提供“农村网民”专门数据，只是在“网民职业”分析中，将“农民”归为其中的一类，且仅有数据的简单统计。这是因为当时农村网民规模较小，不具有分析意义。随着我国农村互联网建设的推进，自2006年起，统计报告开始对城乡网民分布状况进行统计分析。第17—47次《中国互联网络发展状况统计报告》（2006—2020年）对城乡网民普及率的描述，呈现了城乡信息不平等在接入层面上的演变趋势。具体见图5-1。

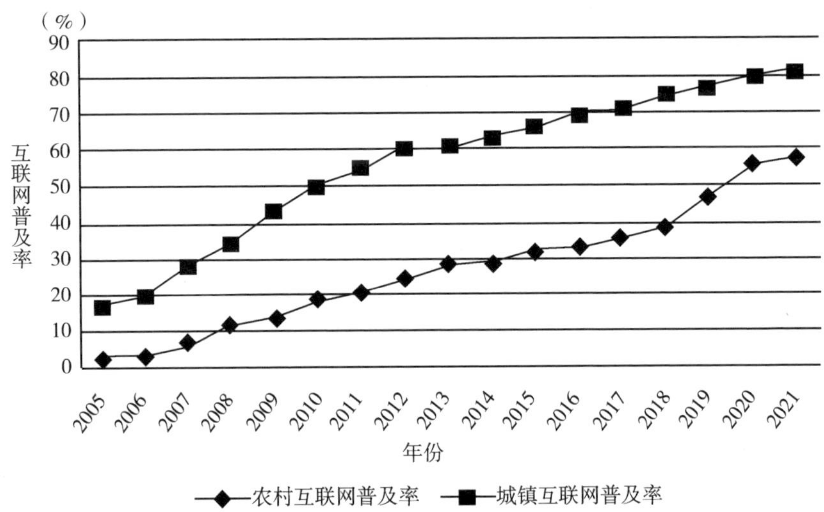

图5-1 我国城乡网民普及率（2005—2021年）

从图5-1可以看出，2005—2012年我国城乡网民普及率差异一直呈扩大趋势；2013年略有缩小，但2014—2017年仍不断扩大。随着农村地区信息化建设工作初见成效，自2018年起，城乡网民普及率差异略有下降，城乡信息不平等呈缩小态势。这是从信息接入层面呈现的城乡信息不平等，而更为深刻的信息不平等则潜存于信息利用之中。相关研究显示，农村居民的信息设备使用行为较为单一，信息检索、信息评价、信息处理分析与利用能力总体水平偏低①；城市居民对公共信息资源的利用度更

① 杨雨琪：《信息化建设环境下农村居民信息素养现状及建议——以武陵山片区为例》，《农业图书情报学报》2020年第4期。

高，农村居民则是把公共信息资源作为一种娱乐消遣的产品与服务来使用[①]。总体来看，城市居民对信息资源的利用能力更强，信息利用的质量和效率更高。

二 城乡信息不平等的新态势

传播学者丹尼斯·麦奎尔（Dennis McGuire）和斯文·温德尔（Sven Wendell）指出，大众媒介在很大程度上使信息流的日益增长成为可能，从理论上说，这种增长应该有益于社会中的每一个人，但实际上信息流的增长往往产生负效果，即"信息沟"[②]。丹尼斯·麦奎尔和斯文·温德尔依据媒介特性、受众群体性质及"信息沟"的变化，提出了"信息沟"的两种模式——"信息沟合拢模式"指某些媒介的普及可缩小不同群体之间的信息差距；"信息沟非合拢模式"指有些媒介的普及可能会拉大不同群体之间的信息差距[③]。那么，网络信息技术的普及究竟是带来信息沟的"合拢"，还是进一步加剧了不同社会群体之间的信息不平等？

根据 CNNIC 历次互联网普及率统计数据（见图 5-1），可以发现农村互联网普及率与城市互联网普及率仍有一定差距，城乡在接入层面的信息不平等呈缩小态势，但仍未消弭。2021 年 3 月，中国社会科学院信息化研究中心发布的报告中，测量了城乡居民的手机、电脑等的使用能力（图 5-2），发现城乡居民得分差距较大的 5 项依次为：数字安全意识、电脑使用、数字化增收、电脑工具开发、手机工具开发，差值依次为：43.2%、31.7%、27.7%、25.6%、23.8%[④]。报告还指出，随着我国乡村基础设施加速数字化、网络化，城乡之间数字化基础设施环境和网络接入条件的差距在进一步缩小，但城乡居民的数字化素养仍有较大差距——以《全球数字素养框架》为测量指标，农村居民数字素养平均得分比城市居

① 李江冬：《城乡公共信息资源分配不均的原因及对策研究——扶青社区和梓龙乡的案例分析》，硕士学位论文，成都理工大学，2016 年。

② ［英］丹尼斯·麦奎尔、［瑞典］斯文·温德尔：《大众传播模式论》，祝建华、武伟译，译文出版社 1987 年版，第 95 页。

③ ［英］丹尼斯·麦奎尔、［瑞典］斯文·温德尔：《大众传播模式论》，祝建华、武伟译，译文出版社 1987 年版，第 100 页。

④ 中国社会科学院信息化研究中心：《乡村振兴战略背景下中国乡村数字素养调查分析报告》，2021 年 3 月。

民低 37.5%，这将成为新时代城乡数字鸿沟问题的主要矛盾所在①。

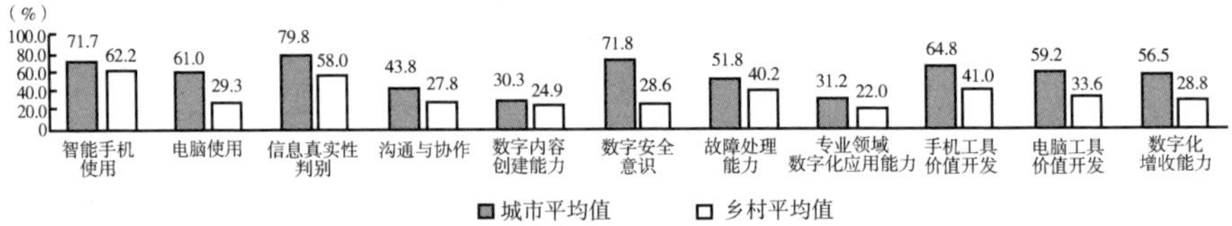

图 5-2 城乡居民数字化能力得分

历时来看，网络信息技术对城乡信息沟具有“合拢效应”，但“合拢”效果不仅受多种社会、经济、文化因素的影响，还与媒介本身的特性、媒介应用情境密切相关。这也是为何城乡信息沟虽有缩小但一直难以完全消弭的原因。以手机媒体为例，手机属于阶层赋权的技术，这类技术由于可以被应用于不同生活空间中的多样化目标而弥补了心理、社会和文化的各种差异。农村居民利用手机成为信息获取的积极实践者，这使得他们更容易打破“信息沟”，与其他社会经济地位的群体之间实现信息的网络化平等②。

但需要指出的是，手机作为一种赋权技术在逐渐填平城乡之间的接入沟、使用沟的同时，另一种新的数字沟——“驯化沟”不可避免地出现。国内最早提出这一概念的韦路指出，“驯化沟”这一概念是指个体驯化数字技术为我所用、保持与数字技术理性关系方面的差距，包括“智连鸿沟”和“断连鸿沟”两个方面。“智连鸿沟”指个体如何更加智慧地使用数字技术方面的差异，“断连鸿沟”指个体如何更加克制地使用数字技术方面的差异③。手机的随身携带和移动互联功能，使得它最容易成为人们深度依赖进而产生“驯化沟”的媒介。收入较高、受教育程度较高的城市居民，更可能驯化智能手机及应用，如熟练使用手机媒体的社交功能和隐私设置；而农村居民则更可能沉溺于智能手机的娱乐功能，无法自主掌控使用时间，或因不当使用而泄露隐私。

① 中国社会科学院信息化研究中心：《乡村振兴战略背景下中国乡村数字素养调查分析报告》，2021 年 3 月。

② 李红艳、牛畅、汪璐蒙：《网络时代农民的信息获取与信息实践——基于对北京市郊区农民培训的调研》，《新闻与传播研究》2019 年第 4 期。

③ 韦路：《从接入沟到驯化沟：数字鸿沟的新挑战》，“技术、社会与想象：第一届未来媒体研究论坛暨 ICA 第 72 届学术年会北京分会”论文集，北京，2022 年 5 月 27 日。

数字信息技术使用上的"驯化沟"，成为城乡信息不平等的新形态，为消弭城乡信息沟带来了新变数。"驯化沟"背后的根源，是城乡教育、收入、财富分配的不均衡、不平等造成的城乡社会差距。警惕"驯化沟"及其影响，应是削减城乡数字鸿沟和信息不平等的题中应有之义。

三　城乡信息不平等的反思

2021 年 8 月 19 日，在中央财经委员会第十次会议上，习近平总书记强调，共同富裕是社会主义的本质要求，是中国式现代化的重要特征。在推动共同富裕的过程中，保证城乡居民收入差距的实质性缩小，是衡量共同富裕的一个重要指标。从时间上看，我国全力推进共同富裕的时代，与以大数据、云计算、物联网、人工智能等为代表的信息技术带来的数字化转型、数字经济快速发展时期相吻合。从目标上看，实现城乡共同富裕需要解决城乡发展不均衡、贫富两极分化的问题，而数字信息技术的去中心化和分享性特征，可为城乡均衡发展提供共享机制。推动城乡共同富裕需要嵌入和依托于数字经济，通过数字信息技术缩小城乡差异，实现城乡融合发展。

（一）城乡信息不平等影响共同富裕

"十四五"时期是农村全面脱贫后实施乡村振兴战略、实现共同富裕的关键时期。在这一关键时期，既要不断创造和积累社会财富，又要防止两极分化。推动城乡共同富裕与社会数字化转型、数字经济快速发展同步，数字平台已成为创造和分配社会财富的主要场域①。未来的城乡共同富裕，必然是以数字经济为依托的共同富裕。但数字经济具有鲜明的技术偏向特征，数字革命在创造财富、带来经济增长的同时，亦导致中低技能劳动力大规模失业，数字化水平不同的群体收入差距进一步拉大，城乡收入分配失衡。相关研究发现，数字技术扩散的城乡差异以及由此带来的城乡信息不平等，造成了数字化减贫的城乡差距，数字普惠金融对城市相对贫困的缓解效应强于农村②。信息不平等是实现包容性发展和城乡共同富裕面临的新挑战。

在一些偏远农村和经济欠发达地区，因数字信息技术的不均衡扩散和

---

① 孙晋：《数字平台的反垄断监管》，《中国社会科学》2021 年第 5 期。

② 刘魏、张应良、王燕：《数字普惠金融发展缓解了相对贫困吗?》，《经济管理》2021 年第 7 期。

不均衡应用造成的信息不平等，已经成为降低社会流动性、影响人们获得发展机会的障碍，非但没有缓解原有的贫富差距，甚至产生新的不平等。信息不平等与落后的经济、文化、社会情境等因素交互作用，形成对部分群体的权利排斥和限制，因信息接入机会的差异、信息资源占有的多寡、信息技术能力的强弱而形成的信息贫困群体、信息中产群体和信息富裕群体，进一步拉大了社会分化。信息不平等与社会不平等互相作用，加剧了数字经济下财富分配的不均衡，进而影响城乡共同富裕的经济基础。

（二）实施城乡数字包容政策

如何规避城乡信息不平等对既有城乡差距的进一步分化，发挥数字信息技术的赋能和赋权效应，尚需更具包容性的数字化政策予以支持。数字包容政策的框架设计，应包括包容性接入、包容性利用和包容性发展三大模块。

第一，包容性接入。伴随移动数字信息技术的普及和推广，多数乡村和城镇社区已经接入互联网，但仍有少量信息贫困群体尚未与信息社会发生连接。数字包容政策的“包容性接入”，应将信息贫困群体纳入重点服务对象，推出面向贫困和偏远乡村的技术普惠政策，根据不同地区的收入水平，制定差异化的资费方案；在普惠性提速降费的基础上，减少电信服务收费项目并降低资费标准，保障所有信息贫困群体都能接入和使用数字信息技术。

第二，包容性利用。信息包容政策的“包容性利用”，是指城乡居民人人皆可接触和使用数字信息技术，并从技术利用中获益。这需要政策设计者重视和尊重社区居民的个性化、差异化信息需求，对信息弱势者给予接入机会并在接入之后持续提供技术援助。这包括基于社区成员需求开展数字化技能培训，培育社区成员的数字技术利用能力；开发信息技术在城乡社区深度应用的数字化项目，如将数字技术应用于村务管理、农产品销售、培训就业等，避免技术资源的闲置和浪费；推动信息素养教育走进农村中小学课堂，阻断信息贫困的代际传递。

第三，包容性发展。数字包容政策的终极目标，是通过信息技术的应用而赋能乡村社会和城镇贫困社区，实现每个社区、每个个体的全面发展，为所有信息贫困者创造参与全球互联网信息消费、生产与创造的机会。包容性发展意味着，发展是以城乡个体和城乡社区为中心的全面发展——不仅仅是信息获取的自如，还包括信息能力的提升和信息资本的积累，以及信息与知识增长、信息阶层地位的跃迁等。数字包容政策应以信息传播打破阶层固化，实现信息阶层的流动与跃迁，最终以数字信息技术赋能城乡融合发展。

（三）构建和谐的城乡信息关系

在数字包容政策的支持下，数字信息技术在城乡社会生活中实现全面普及与渗透，以及多元信息主体之间的信息交换与协同共享，也催生出更为复杂的社会互动和信息关系。信息关系，意指个体之间、社会阶层之间通过信息应用和信息交互而形成的关系，是信息时代社会关系的一种类型①。信息关系因"信息"而生，随"信息"而维系，并在信息主体的交流互动中进一步巩固和发展。

以信息技术为依托的城乡数字经济发展，必然催生一系列的信息关系，包括信息主体之间的关系、信息主体与其所处信息阶层之间的关系、信息主体与社会之间的关系。在信息时代，信息意味着资源、知识与权力，信息关系则在信息转化为资源、知识和权力的过程中扮演桥接角色。和谐的信息关系，包括信息互惠与信息共享、信息资本在信息阶层之间的自由流动、信息通过"关系"的连接而转化为有价值的资源或知识。信息关系将以一种非制度化的、柔性的力量，在城乡融合发展中扮演调节器的角色，是数字化政策的有益补充。

基于信息关系的信息分化柔性治理，应体现治理的包容性和人文关怀。这包括强化城乡信息连接，激励城乡信息互惠与信息共享；构建和谐信息关系，以信息关系调节城乡认知分歧、凝聚共识、强化信任。但和谐信息关系的构建，离不开数字信息技术的工具性功能的发挥。对于处于信息弱势的个体而言，信息技术应是赋权和平权的工具，帮助个体获取作为信息时代合格公民应拥有的信息和知识，融入日新月异的数字化社会；对于信息阶层而言，信息技术应是阶层流动和阶层跃迁的工具，调节和平衡阶层结构，既要避免阶层固化，亦要防范阶层分化；对于城乡社会而言，信息技术作为一个重要的行动者，以创新驱动数字经济快速发展，助推城乡融合发展和数字化转型。

---

① 徐丹丹、鞠英杰：《"互联网+"环境下信息关系对知识形态的影响研究》，《图书馆理论与实践》2020 年第 3 期。

第六章

信息减贫行动：从技术逻辑转向行动者逻辑

中国自古以来就有“劝课农桑”的传统——政府通过各种手段在农民当中推广农业技术，鼓励和督促农民采纳新技术、尝试现代化的农业生产。秦汉时期，政府为推动“劝课农桑”，采取了纳粟拜爵、提职晋官、赏赐钱物、免除罪罚等激励手段，渎职或不作为的官吏将面临罚金和免官；毁坏农具、伤害牛马的百姓将被处以罚金和刑事处罚[①]。“劝课农桑”政策的实施，保证了百姓口粮和军事行动中的粮食供应，为社会稳定和文化发展奠定了经济基础。

利用现代科技改造传统农业，一直是中国农业的发展理念。中国现代农业30余年的发展历程，已经形成了明显的技术依赖路径，从本质上看是一个科技理性不断扩张的过程[②]。依循这一技术路径，信息减贫一开始便具有明显的技术输入特征。自20世纪末开始的“村通工程”，到近几年的“互联网+”扶贫，无不带有鲜明的技术依赖特征。本部分回顾信息减贫背景下现代通信技术自上而下进入乡村社会的政策途径，审视这种自上而下的技术输入逻辑的限度，在此基础上提出信息减贫应从技术逻辑转向行动者逻辑的观点，并以行动者网络为理论框架，提出以激发乡村内生动力为目标的信息减贫思路。

---

① 金爱秀：《论秦汉“劝课农桑”的形式》，《南都学坛》2013年第6期。

② 李小云、唐丽侠、陆继霞等：《新发展的示范：中国援非农业技术示范中心的微观叙事》，社会科学文献出版社2017年版，第42页。

第一节　信息减贫的政策推进历程

自20世纪90年代以来，为农民送设备、送技术，实现“村村通电话、乡乡能上网”的民生工程在全国得到推广和普及。通过行政力量推动信息传播技术下沉至乡村，并将其作为贫困治理的一个重要手段，是信息减贫政策实施的初衷。信息减贫政策的推进，在农村经历了以基础设施建设为主的“村通”工程、以信息服务为主的“送信息下乡”和“送教下乡”、以发展现代化农业为目标的“互联网+”扶贫3个阶段。

一　“村通”工程与农村基础设施的改善

“村通”工程是一个改变农村地区落后面貌的系统工程，包括公路、电力、生活和饮用水、电话网、有线电视网、互联网等公共基础设施在农村的铺设、改造和普及。

2004年1月，信息产业部下发《关于在部分省区开展村通工程试点工作的通知》，同时出台《农村通信普遍服务——村通工程实施方案》。根据通知中分步实施的计划，中国电信、中国移动、中国网通、中国联通、中国卫通、中国铁通六家基础运营商首先在陕西、内蒙古、四川、广西、河南5省区先行试点；到2005年底，在全国至少有95%的行政村开通电话，每个行政村至少开通两部以上电话，其中至少有一部电话作为有人值守的公用电话，以提高电话利用率和设施安全性，并避免因交不起月租费而被停机。

截至2004年底，“村村通”取得阶段性进展，在5个试点省区共完成9357个行政村的通电话工程①。2005年底，全国96%的行政村已经开通了电话，原来确定的到“十五”末全国95%行政村通电话的目标提前实现②。

2009年初，工业和信息化部发布《关于2009年度实施“村村通电话”工程推进“信息下乡”活动的意见》，部署2009年“村通工程”主

① 奚国华：《“村通工程”，一场助力脱贫的攻坚战》，《人民邮电报》2018年12月4日第2版。

② 《全国电话村通工程“十五”目标提前实现　黄菊与全国村通工程现场会通话并提出要求》，《人民日报》2005年11月28日第1版。

要的工作，包括完善农村通信设施，完善农村信息服务平台，推进“信息下乡”活动①。

2010年1月，中共中央、国务院《关于加大统筹城乡发展力度　进一步夯实农业农村发展基础的若干意见》中提出要“推进农村信息化，积极支持农村电信和互联网基础设施建设，健全农村综合信息服务体系”②。为贯彻落实上述意见提出的要求，工业和信息化部制定《2010年村村通电话工程及信息下乡活动实施意见》，提出2010年底要完成“村通”工程的目标包括：

（1）实现“双百”目标——100%行政村通电话、100%乡镇能上网，完成1.3万个偏远自然村的通电话项目，全国20户以上自然村通电话比例由93.4%提高至94%以上。

（2）完善农村信息平台建设，提高农村信息服务能力。对中国电信“信息田园”、中国移动“农信通”、中国联通“金农通”三大惠农信息平台进行升级扩容，增加业务种类、丰富信息资源。

（3）全面推进信息下乡活动，健全农村信息服务体系。在全国范围内推进信息下乡活动，2010年内争取东部省份90%的乡镇、西部省份50%的乡镇，实现“四个一”目标，即一乡建一个信息站，一村建一个信息点，一乡建一个信息库，一村建一个农副特产品信息栏目品牌。

在保障措施上，该意见指出要减轻农户购置手机、电脑等信息终端的费用负担，促进信息终端和服务进村入户；推出面向农村的更加优惠的通信资费政策，包括装机和入网费、电话费、上网费等，降低农村使用信息通信的消费成本；通过经济激励手段为信息下乡提供补贴支持，包括为自然村通电话和乡镇通互联网等基础设施项目运营维护提供财政补贴；通过乡村信息服务场所发放农村信息化方面的通俗易懂的使用手册、培训资料、宣传资料等，培育农民使用信息的观念、提高农村利用信息的能力③。

① 工业和信息化部：《关于2009年度实施“村村通电话”工程推进“信息下乡”活动的意见》，2009年4月。

② 中共中央、国务院：《关于加大统筹城乡发展力度　进一步夯实农业农村发展基础的若干意见（中发〔2010〕1号）》，2010年1月。

③ 工业和信息化部：《2010年村村通电话工程及信息下乡活动实施意见》，2010年3月。

二　从“送信息下乡”到“送教下乡”

2010年前后，作为“村通”工程的一部分，由电信企业、互联网企业参与的电话下乡、手机下乡、电脑下乡、互联网下乡等工程在乡村社会的推进，完善了乡村信息传播的基础设施，将乡村逐步与信息社会连通。截至2010年11月，中国电信在南方20个省建成了省级“信息田园”平台，发展信息化乡镇4000多个，建立了18万个乡村综合信息服务站；中国移动在全国31个省开通了农信通服务，建成了全国最大的综合信息网，有5600万用户；中国联通也在各地推广了大量的农业信息化项目，包括“12316”农科在线、3G视频专家热线、平安农村、农村党员远程教育、农机远程控制系统等①。“村通”工程的信息传播基础设施建设任务已经完成，农业信息化的网络建设和信息资源开发取得初步进展，重心开始由基础设施建设转向信息服务。

2011年，全国各地开展了信息服务培训，如：四川电信以“通信与信息技术让农村生活更美好”为主题，组织动员暑期返乡大学生参与“送信息下乡”活动，对17个市州366个乡镇的基层干部、企业主、种养殖大户、农技人员等进行农村信息化应用和3G应用培训②。

送“信息下乡”后，信息如何更好地服务于农业生产？“送教下乡”成为对接“送信息下乡”的信息服务新形式。自2011年开始，“送教下乡”作为信息服务的一种新形式，由职业教育学校参与，面向农村居民开展实用性信息技术培训和农业知识讲座，在全国多个省份得到推广。“送教下乡”根据生产季节安排教学内容，用先进的农业科技信息和知识教化农民，一些省份如河北省还尝试将培训效果与技能证书挂钩，为考核合格农民发放“职业技能等级证书”，为农村培养“持证下田”的“职业农民”③。为克服农村交通不便、农民学习时间零散的问题，一些职业教育学校探索出了“以家庭为单位的项目教学法”——学员完成基础知识学习后，根据家庭种植结构确定下一步要接受的培训项目，运用所学知识

① 杨志杰：《从信息下乡到物联网下乡　农业信息化向前冲》，《通信产业报》2010年11月29日第24版。

② 刘行：《四川电信联合社会各界启动“信息下乡”暨大学生暑期实践活动》，《通信与信息技术》2011年第4期。

③ 耿卫民、苗慧芳：《河北送教下乡催生“持证下田”新农民》，《农民日报》2011年3月23日第5版。

与全体家庭成员一起完成农事活动，实现“一人在校全家学习，一人上学全家致富”①。

“送教下乡”作为一项以信息反哺乡村的行动，整体上提升了农村居民的文化素质和水平，巩固了农村“普九”义务教育成果。接受继续教育的青年农民，较为系统地掌握了现代农业知识和农业生产技能，初步具备了职业农民的素质，为农业现代化储备了后备人才。

三 “互联网+”助力精准扶贫

自2014年开始，精准扶贫、精准脱贫方略在全国贫困地区实施。通过信息下乡推动“互联网+现代农业”，发展农村电商、互联网金融和现代农业，让贫困群众享受数字化的智能生活，让信息为精准扶贫赋能，成为信息社会减贫新思路②。

2016年10月，中央网信办、国家发展改革委、国务院扶贫办联合印发《网络扶贫行动计划》以“五大工程”——“网络覆盖工程”“农村电商工程”“网络扶智工程”“信息服务工程”“网络公益工程”助力脱贫攻坚，全面提升农村，特别是贫困地区的宽带覆盖率和信息服务覆盖率，拉动贫困地区经济发展，将贫困地区从农业社会直接带入信息社会。

2016年11月，农业部发布《关于全面推进信息进村入户工程的实施意见》，提出通过“民建公补、公管民营”的方式，按照“有场所、有人员、有设备、有宽带、有网页、有持续运营能力”的标准，重点建设好益农信息社③。作为推进信息进村入户的“村级信息服务站”，益农信息社提供的服务包括：（1）农业公益服务，如向农民免费提供“12316”远程专家诊疗动植物疫病、政策技术市场信息咨询类服务等；（2）便民服务，包括水电气、通信、金融、保险、票务、医疗挂号、法律咨询等；（3）电子商务，包括农产品、农资及生活用品电子商务，农村物流代办等；（4）培训体验服务，包括农业新技术、新品种、新产品培训，提供信息技术和产品体验。截至2018年底，全国共建成益农信息社20余万

---

① 杜广彦、叶秀奎、付忠仿：《以家庭为单位的项目教学法在“送教下乡”教学中的应用》，《现代企业教育》2021年第14期。

② 张思坚：《信息文化下乡对农村全面脱贫作用的几点思考》，《山东行政学院学报》2016年第5期。

③ 农业部：《农业部关于全面推进信息进村入户工程的实施意见》，2016年11月。

个，覆盖了三分之一以上的行政村[①]。通过益农信息社这个平台，农民开始体验到信息社会的数字化便利，享受到“互联网+农村”带来的信息化成果，并在现代信息技术应用水平的应用中提升了自身的信息素养。

2019年5月，在精准扶贫已经到了“啃硬骨头”阶段，中共中央办公厅、国务院办公厅印发《数字乡村发展战略纲要》，并提出2020年的发展目标：全国行政村4G覆盖率超过98%，农村互联网普及率明显提升；农村数字经济快速发展，建成一批特色乡村文化数字资源库，“互联网+政务服务”加快向乡村延伸；网络扶贫行动向纵深发展，信息化在美丽宜居乡村建设中的作用更加显著。数字乡村战略的实施，为推动信息减贫和农业信息化、消弭城乡数字鸿沟，实现城乡融合发展提供了难得的机遇。

除了“互联网+现代农业”助推农业实现信息化、现代化之外，阻断贫困代际传递的“互联网+教育”扶贫，满足贫困人口精神文化需求的“互联网+文化”等减贫思路相继被提出。

“互联网+教育”和“互联网+文化”的扶贫思想，源于贫困文化理论。贫困文化理论的提出者美国人类学家奥斯卡·刘易斯（Oscar Lewis）指出，穷人独特的居住方式和生活方式，使得他们与其他人在社会生活中相对隔离，并产生出一种脱离主流文化的亚文化。这种贫困的亚文化在相对封闭的交往圈里会得到加强，并通过代际传递而延续[②]。“互联网+教育”通过改善农村基础教育的办学条件、培训师资队伍、更新教育内容等，提升贫困家庭子女的知识和文化素养，阻断贫困的代际传递。“互联网+文化”通过向贫困地区输送公共文化服务，如开办乡村图书馆、网络中心，送戏下乡、送电影下乡等，丰富贫困人口的精神文化生活，开阔贫困人口看待外部世界的视野，帮助他们走出贫困的亚文化圈。

通过对信息减贫政策推进历程的梳理，我们可以发现，自2000年以来启动的“村通”工程，是一场改变农村地区信息基础设施匮乏、信息技术落后的信息援助运动。在这场信息援助运动中，援助的内容由传统信息基础设施（电话、手机、电脑）逐步向现代化信息传输设备（智能手

---

① 温靖、郭黎：《20多万个益农信息社让数亿农民受益》，《农业工程技术》2018年第33期。

② ［美］奥斯卡·刘易斯：《五个家庭：墨西哥贫穷文化案例研究》，丘延亮译，世界图书出版公司2004年版，第96页。

机、高配置电脑、宽带互联网、4G/5G 技术）转变，向农业信息、农业知识和农业服务转变；援助方式由最初努力实现乡村社会的信息技术接入，逐渐转向信息技术接入与农民能力培训、知识教化并重。在国家政策的强力推动下，信息减贫具有鲜明的自上而下、政府主导特征，但农民的信息意识、信息需求以及信息搜寻的内在动力尚需得到充分的重视和激发。

第二节 信息减贫的技术逻辑及其限度

任何信息传播技术的扩散都有赖于所处的社会情境。信息减贫所依托的现代技术逻辑以及决策者对技术的美好想象，与小农经济和乡土社会情境相遇之后，会碰撞出怎样的火花或故事？本部分在梳理信息减贫政策推进历程的基础上，通过在前述贫困县开展的田野调查，审视信息下乡自中央—地方—基层 3 个层级逐级推进过程中的技术逻辑，以及这一技术逻辑在乡村遭遇的困境，反思如何通过乡村行动能力的重建，弥合城乡之间的信息断裂，建设数字化乡村。

一 信息减贫的技术逻辑及其表现

基于广大农村信息传播基础设施落后、信息资源匮乏的现实，信息减贫行动自开始之初便带有明显技术逻辑，即通过自上而下的技术输入，实现在较短时间内改变农村地区信息技术和信息服务贫乏的目标。在行政手段强有力的推进下，技术逻辑在较短时间内取得了一定的治理效益，实现了贫困地区的网络覆盖和信息抵达。但自上而下的行政推进，忽略了根植于乡村社会内部的信息需求，同时也因硬性的逐级落实和绩效考核要求，难以避免基层部门的“精心应付”和数据形式主义。

（一）中央—地方：政策推动下的技术输入

为充分发挥信息在减贫与脱贫中的作用，以信息传播打破乡村的“原子化”状态，激活乡村内在活力，自 2016 年开始，中央网信办、国家发展改革委、国务院扶贫办等部委联合实施网络扶贫行动计划。2018 年 5 月，工业和信息化部印发《关于推进网络扶贫的实施方案（2018—2020 年）》的通知，进一步聚焦深度贫困地区，以宽带网络缩小城乡“数字鸿沟”，为打好精准脱贫攻坚战提供信息与网络支撑。2019 年 5 月

16 日中共中央办公厅、国务院办公厅印发《数字乡村发展战略纲要》，绘制了数字乡村建设的路线图和时间表；2020 年，“数字乡村发展工作要点”将开展深度网络扶贫行动列入其中，与网络扶贫工程形成合力。数字乡村建设旨在通过数字技术和信息传播，缓解城市化扩张带来的乡村“原子化”“空心化”难题，推动农村数字经济快速发展，将原本游离于信息社会边缘的乡村置于信息网络的节点之中，成为参与信息社会的一员。

截至 2020 年底脱贫攻坚胜利收官之前，中央及各部委发布的与“网络扶贫”有关的文件共 10 个（见表 6-1），有关网络扶贫工作整体部署的文件，多有涉及信息扶贫专项工作。通过这些来自中央及各部委的行政文件，信息及技术以“输入”的方式自上而下地进入乡村社会。

表 6-1　　2016—2020 年国家网络扶贫文件

发布时间	发文部门	文件名称	主要内容
2016 年 10 月	中央网信办、国家发展改革委、国务院扶贫办	《网络扶贫行动计划》	以“五大工程”——“网络覆盖工程”“农村电商工程”“网络扶智工程”“信息服务工程”“网络公益工程”助力脱贫攻坚
2016 年 10 月	科技部、教育部、中国科学院、中国工程院等 7 部门	《科技扶贫行动方案》	贫困地区技术攻关；向贫困地区推广先进适用技术成果；开展科技特派员创业扶贫行动、脱贫带头人培养行动、进乡入村科普行动
2016 年 11 月	国务院扶贫办、发展改革委、中央网信办、商务部、工业和信息化部等 16 部门	《关于促进电商精准扶贫的指导意见》	对有条件的贫困县实现电子商务进农村综合示范全覆盖；对有条件发展电子商务的贫困村实现电商扶贫全覆盖；第三方电商平台对有条件的贫困县实现电商扶贫全覆盖
2018 年 5 月	工业和信息化部	《关于推进网络扶贫的实施方案（2018—2020 年）》	推进贫困村通宽带进程；加强贫困地区网络应用；优先支持深度贫困地区 4G 网络建设和信息化建设
2018 年 6 月	中央网信办、国家发展改革委、国务院扶贫办、工业和信息化部	《2018 年网络扶贫工作要点》	进一步发挥互联网、大数据等在脱贫攻坚中的作用，着力弥合贫困地区“数字鸿沟”，发展农村电商、网络扶智、互联网+医疗等
2018 年 11 月	工业和信息化部、国务院扶贫办	《关于持续加大网络精准扶贫工作力度的通知》	对全国建档立卡贫困户选择使用光纤宽带和移动手机等基础通信服务资费套餐，给予折扣优惠

续表

发布时间	发文部门	文件名称	主要内容
2019年4月	中央网信办、国家发展改革委、国务院扶贫办、工业和信息化部	《2019年网络扶贫工作要点》	支持深度贫困地区发展“互联网+旅游”；推进农村电商工程和“快递下乡”工程；加快数字乡村建设；普及信息技术知识，帮助贫困人口提升信息技能
2019年5月	中共中央办公厅、国务院办公厅	《数字乡村发展战略纲要》	加快乡村基础设施建设；发展农村数字经济；建设智慧绿色乡村；繁荣发展乡村网络文化；推动网络扶贫；统筹城乡信息化融合发展
2020年3月	中央网信办、国家发展改革委、国务院扶贫办、工业和信息化部	《2020年网络扶贫工作要点》	2020年底前，全国行政村通光纤、通4G比例达到99%，贫困村通宽带比例达到99%。电商服务通达所有乡镇，快递服务基本实现乡乡有网点，电商帮扶贫困户增收作用更加明显
2020年5月	中央网信办、农业农村部、国家发展改革委、工业和信息化部	《2020年数字乡村发展工作要点》	推进乡村新型基础设施建设；推动乡村数字经济发展；促进农业农村科技创新、提升乡村治理信息化水平；建设绿色智慧乡村；开展网络扶贫深度行活动

信息下乡打破了乡村原有的宁静，原本对即将到来的信息社会几乎一无所知的乡村，在“村村通网络”工程的强力推动之下，迅速越过工业社会而进入信息社会。截至2018年9月底，全国行政村通光纤比例达到96%，贫困村通宽带比例超过94%，提前实现国家“十三五”规划提出的宽带网络覆盖90%以上贫困村的目标①。截至2020年12月底，农村地区互联网普及率为55.9%，较2019年底增加11.7%；农村网民数量为3.09亿，较2019年底增加5400万人，占全国网民总数的31.3%，增幅为21.2%②。

上述数据表明，在国家政策和行政命令的强力推动下，信息减贫行动带有明显的技术输入特征——通过自上而下的技术援助行动，信息传播技术覆盖了乡村社会的大多数地区和人口，实现了对乡村社会的“强制性

① 2018年10月17日，工业和信息化部在“2018年扶贫日系列论坛”之一——“网络扶贫”平行分论坛上发布的信息。

② 根据中国互联网络信息中心发布的第45次、47次《中国互联网络发展状况统计报告》，2020年4月28日、2021年2月3日。

嵌入”，将乡村与瞬息万变的信息社会连通。但是，这种“强制性嵌入”是一种单向的、缺乏互动的技术输入，并未考虑乡村社会内部真正的信息技术需求为何。

（二）地方—基层：逐级发文与行政推广

信息减贫政策由中央和各部委以文件的形式下发后，地方政府如何向地市级及以下的基层推进？通常，针对中央文件的部署和要求，省委省政府或相关部门要制定实施方案，将实施方案以红头文件的形式下发至各地市。各地市重复省政府或相关部门的做法，结合本地实际，继续制定实施方案，继续下发；县级、乡镇均要制定相应的实施方案，每个级别的“实施方案”，都是对上一级“实施方案”的落实。逐级落实的过程中，常伴随一次又一次的开会、讨论、请示等行政流程。层层落实下来，约需要半年的时间，政策才算可以真正抵达要服务的对象。在逐级落实的过程中，信息减贫的技术逻辑得以充分显现。每一层级的推进会，讨论、决定的议题，主要关注技术层面如何落实上一级的指示和通知，而信息主体——信息利用者一方的现状和需求则不是政策执行者所关注的。

2017 年陕西省 Q 县开全国之先河，创建“新时代农民讲习所”，通过“讲习所”向农民宣讲党的十九大精神，普及科学种田、科学养殖知识，为农民脱贫致富指点迷津。为推动讲习所在较短时间内实现省、市、县、乡、村“五级联动”、全省“开花”的格局，省委书记批示尽快召开推进会。2017 年 11 月中旬，由省委宣传部负责召开“讲习所”布点工作推进会，会上宣布成立联席会议领导小组，省直有关部门为成员，联席会议领导小组下设办公室在省委宣传部，负责全省“讲习所”布点及活动开展等工作的统筹协调、督查指导。推进会同时要求，11 月底各市、县、乡、村都要完成讲习所的挂牌工作。讲习所工作推进半年之后的 2018 年 7 月，陕西省省委宣传部召集国务院扶贫办、中国社科院、中国人民大学、中央媒体等单位联合举办现场观摩研讨会。10 余名专家学者观看了“讲习所”举办的技术讲座、法律咨询、文艺演出后，在接下来的研讨会上，专家们从理论的高度，对“讲习所”的重要意义进行了高度评价。专家们高屋建瓴的观点和评价，通过新闻媒体的宣传报道，令讲习所工作获得了前所未有的政治认可。

但专家们对讲习所的高度评价，能否得到农民的认同？农民们没有被邀请参加研讨会，没有听到专家的评价，也较少主动去看媒体的报道。电视上专家们的高谈阔论，或许还不如一段相声带给他们的快乐来得实在。“讲习所”在推动信息下乡、传播知识和技术方面是否真正起到了效果，应由“讲习所”服务的对象——农民来讲，而不是由到讲习所观摩一番就下结论的专家们来讲。在类似“农民讲习所观摩研讨会”这样的活动中，作为“讲习所”的受益者——农民的声音缺席，意味着信息减贫仍未摆脱技术逻辑的窠臼，“长官意志”为农民代言，信息自下而上的反馈渠道遇阻。由此导致这样一个结果：政策信息在逐级向下传播过程中不仅遭遇信息损耗，政策是否真正落地、实施效果如何仍缺少反馈渠道。更有甚者，在政策考核环节，基层干部在技术手段上的精心应付，令政策实施的效果“雾里看花”。下面对这一现象详细分析。

（三）基层—村户：精心应付的数据统计

自上而下、逐级批示的政策落实流程，决定了政策执行者把对“上级”批示的落实作为工作重心，“上级”因离基层的区隔较远而主要通过检查“下级”落实情况来判断政策的实施效果。特别是进入2019年，脱贫攻坚进入最后的冲刺阶段，告别贫困的时间表基本确定，各贫困县都立下了“军令状”，省、市、县三级开展了接二连三的检查，不仅检查各项扶贫工作是否有序开展，还要检查以统计数据反映的扶贫效果。上级的频繁检查和有些农民的消极配合，催生出基层干部的“精心应付”。

陕西省Q县创办的“新时代农民讲习所”曾引发媒体竞相报道，媒体评价“讲习所”创新了教育群众、普及知识、传播信息的新手段，是培育新时代职业农民的创新之举。该县B镇委员会印发给本镇7个行政村支部的红头文件上，明确规定了讲习内容重点为“讲思想，干有方向；讲感恩，干有激情；讲政策，干有思路；讲法律，干有标线；讲技术，干有本领；讲道德，干有精神”，要求讲习所“讲给群众听，做给群众看，带着群众干”，而且“每周开展讲习或实践活动不少于1次”，但“讲习所”开展的实际情况如何呢？S村支书这样讲：

> 上面要求每场讲习都要留存现场图片、讲习内容记录，并附上主讲人介绍。这些材料都要装订成本供检查。但农民召集不来，他们不愿意来，不想参加。每次都挨家挨户喊，很多时候靠人情，关系好的会碍于情面过来一下。我们（村委会）后来商量了一个方案：凡是来参加一次讲习所的（村民），讲习结束后可以领到30块钱。

至于村民参加“讲习所”热情不高的原因，我们通过访谈村民，找到一些“答案”：一是对讲习内容提不起兴趣，如听村干部讲“党建”。二是讲习内容跟当前农业生产关系不大，如村民正忙于蘑菇种植而专家讲养蜗牛的技巧。三是讲习语言刻板、不生动，如从县上或镇上请来专家使用文绉绉的书面语，令村民听得昏昏欲睡。四是讲习时间不合适，如晚上讲习，干了一天农活的村民只想睡觉；农忙时讲习，农民的心思在田地。

研究者在村委会看到，档案柜里整齐摆放着“讲习所”每周讲习活动统计，讲习的时间、地点、讲习员、参加人员、讲习内容、效果评价等，都做成了详细的表格，表格上方盖上村支部的鲜红印章。

在J村考察“讲习所”培训工作开展情况时，研究者看到村委会办公室6名工作人员都在忙碌，有的在用电脑填写各种统计表格，还有的在用钢笔很工整地填写表格，用修正液很小心地涂掉写错的地方，重新再来。村主任指着案头堆放着厚厚的统计报表，说：

> 9月份我们（县）要宣布脱贫了，现在（全县都）要“大干100天”，争取顺利脱贫。我们搞的这些技术培训，（统计数字上）也不能有任何错误和解释不清的地方。我都58（岁）了，快退休啦，以前不知道这电脑怎么用。这几年统计报表很多，你看，现在我学会了用电脑，还学会了用这个软件（指Word软件）打字和做报表。

黄仁宇认为，对于一个人口众多的国家而言，以道德治理国家和社会则缺乏原则，以法律治理则缺乏创造性，而基于理性的“数目字管理”，则是中国走向现代化所需要的①。黄仁宇所说的“数目字管理”，就是基于统计数据的技术治理。这种技术治理，主要指治理手段的技术化，目标是提高治理效率。信息减贫政策输入至乡村之后，如何超越基层社会的那些具体、特殊甚至琐碎的治理情境，高效推进并产生效果，且确保上级政府能够直观有效地监督下级的政策落实效果，这种报表、统计、数据形态的技术治理，可以发挥一定的作用，减少因信息不对称、变通和舞弊而导

① 黄仁宇：《资本主义与二十一世纪》，生活·读书·新知三联书店1997年版，第27页。

致政策走样的几率[①]。但一旦数据统计不再生产自乡村真实情境而“悬浮”于乡村社会，这种技术治理难免落入形式主义的窠臼，仅仅作为上级考核基层的一个指标而存在，而无法提高治理绩效。

二 信息减贫技术逻辑的限度反思

信息减贫政策自上而下逐级落实的过程中，依靠行政力量驱动的技术输入模式，能够在较短时间内有效改变乡村信息传播设施不足、信息资源匮乏的不利境况。但这种模式比较适合乡村信息化的初期阶段，即信息技术的普及阶段。信息技术普及之后，面临着信息应用和信息的深度渗透问题，即信息如何被乡村社会所利用，融入乡村居民的日常生活，成为乡村实现信息化的有力工具。本部分对信息减贫政策推进的技术逻辑进行反思，探讨其限度和改进思路，为信息传播技术更好地服务信息减贫和乡村信息化提供启示。

（一）“嵌入”与“悬浮”的矛盾

“信息下乡”作为一项重要的信息减贫工程，在中央和各级政府以政策的手段逐级推动之下，以技术输入的方式进村入户，深深“嵌入”了乡村社会。在追求治理效益的扶贫大背景下，这种政府主导的、行政手段推动的“强制性嵌入”，可以调动各级部门的积极性，在较短时间内取得理想的、以各种指标考量的效果。但技术性过强、与本地资源不匹配、对农民信息需求的忽视和相关培训不到位等问题依然存在，导致信息技术下乡后并未获得充分利用。如：一项针对天津市蓟州区 56 个村的 908 个益农信息社的问卷调查发现，所有村级益农信息社的硬件基础设施均较为完备，都有计算机、打印机、电视等设备，而且都具备宽带上网条件，部分站点已布设无线网络；但应用情况不甚理想：6 个村的村委不了解益农信息社，不知道益农信息社可以用来干什么，占比约 10.7%；20 个村的村委知道益农信息社，但从来没用过，占比约 35.7%；22 个村的村委或村民偶尔打开电视或电脑观看节目或查找资料，占比约 39.3%；只有 8 个村经常使用益农信息社[②]。

由此可见，信息下乡追求治理效益而忽略乡村现实的技术逻辑，一定

---

① 王雨磊：《数字下乡：农村精准扶贫中的技术治理》，《社会学研究》2016 年第 6 期。

② 杨靖峰：《如何提高“益农信息社”应用效果》，《中国信息界》2021 年第 7 期。

程度上造成了信息“悬浮”于农民日常生活。在农民信息需求的内生动力尚未被充分激发的情况下，信息传播技术尽管已经进村入户，但仍有相当一部分农民拒绝采纳；而且，囿于现有知识、能力和见识，农民无法充分利用触手可及的信息，更无从传播、分享和创造信息——尽管他们已经身处信息社会，被弥散的信息所包围，但仍是“信息穷人”。在农民看来，花半天时间学习如何上网和查找种植养殖技术，不如直接给他 200 元来得实惠。尽管技术人员会反复强调和展示掌握信息和技术之后的美好前景，但农民会认为那样的前景过于遥远，而且实现的过程充满风险和不确定。这说明，信息“嵌入”乡村之后，仍“悬浮”于农民日常生活之上；信息从乡村到农民日常生活，仍面临“最后一公里”的难题。

（二）“看材料”与“做材料”的张力

上级部门对脱贫和信息减贫绩效考核的硬性要求，也带来了基层干部的精心应付。前面提到的陕西省 Q 县 J 村、S 村的村委会，在脱贫攻坚收官之年到来之前，整天忙于填写各种统计报表、撰写汇报材料，脱贫工作成了“数目字管理”；“新时代农民讲习所”的每期材料图文并茂，贴上标签后被整整齐齐封装在文件盒里，为的是“便于来检查工作的领导翻阅”（村委会成员，男，38 岁）。

脱贫攻坚即将收官之时，对于扶贫管理部门来说，督战、检查任务繁重，除了在村干部的带领下进村入户走访若干贫困户代表之外，“看材料”成为短时间内掌握脱贫进展和成效的便捷手段；对于学历不高且忙于扶贫任务的基层干部而言，“做材料”成为一种巨大的压力和考验。基于统计数据的技术治理所需要的“做材料”的人手，成为基层工作面临的人力需求，“做材料”就顺理成章地成为基层考核新进选调生的一个手段。“上面派来的选调生，来基层后首先就要学习如何做这些材料。看年轻人能不能在基层沉下心来，能不能认真工作，就看他做材料的表现啦。”S 村村委会主任坦言。

中国广大农村地域辽阔，文化传统、风土人情各异，因此中央对基层的治理过程中，面临着信息不对称的压力。作为解决信息不对称和精细化管理的一种手段，各种表格、统计数据、文字总结等近几年被运用到网络扶贫的基层治理之中，“做材料”与“看材料”成为政策执行者（基层干部）与政策制定者（上级政府）之间完成行政督察和例行检查的常规动作，材料本身是否完整、规范、精细，成为评估政策执行效果的一个重要方面，这就不难理解为何一些乡镇基层将“做材料”的任务交给新进的受过高等教育的大学毕业生（选调生），并将“做材料”的能力和态度作为考察选调生能否胜任基层工作的隐性尺度。但“做材料”的过程中，基层干部拥有绝对的信息垄断权，控制了相关数据的收集和形成方式，这为信息失真埋下了伏笔；对于上级政府而言，“看材料”是弥补基层治理中信息不对称的必要手段，但材料是否来源于乡村内部真实的生产生活过程，是否具备现实的决策价值，则需要政策制定者费心思量。信息减贫绩效考核中，决策者的“看材料”与执行者的“做材料”之间形成的张力，是当下普遍存在于基层社会治理中“技术治理”的一个缩影。如何使技术手段真正服务于乡村社会治理，告别徒有形式而无实际意义的材料报表，增进基层治理绩效，是信息减贫决策者和基层执行者应共同思考的问题。

（三）“输入式”向“参与式”的转换

通过技术输入改善贫困地区的基础设施，为贫困地区送去信息、知识和文化，是信息减贫初期阶段行之有效的策略。信息下乡通过政策力量的强力推进、完成在乡村社会的“行政型嵌入”后，则需要考虑下一步如何避免信息仍“悬浮”于农民日常生活的问题。这需要决策者调整信息减贫的策略，由“技术输入式”转向“信息参与式”，激励农民参与信息技术的落地和生根过程，打通信息落地的“最后一公里”，实现信息减贫的美好愿景。

首先，舍弃追求治理效益、自上而下的政策输入模式，转向基于农民需求、自下而上的信息参与模式。信息减贫项目推进过程中，应充分尊重农民的信息主体地位，吸纳农民参与信息减贫政策的决策和推广；基于乡村社会情境和乡村现实需求设计信息减贫项目，让信息“来自农民、为了农民、回馈农民”，让农民真正成为信息生产和信息利用的主体。

其次，充分调研农民的信息需求和现有行动能力，以乡镇或行政村为单位开展面向农民的信息素养培训。信息素养培训的重点是互联网应用能力、信息加工和利用能力，以及参与信息创造和信息生产的能力，帮助农民成长为信息社会的新型职业农民。2020 年 5 月中央网信办、农业农村部、国家发展改革委、工业和信息化部联合印发的《2020 年数字乡村发展工作要点》，就将培育高素质农民、加强农村实用人才信息技术和电商技能培训作为激发乡村振兴内生动力的举措之一。

最后，探索信息下乡的本土传播模式。信息减贫政策完成“行政型输入”后，需要依据乡村现实情境调整政策传播策略，探索适合乡村社会的本土传播模式，实现政策的在地化。在传播渠道上，将大众传播与乡村人际传播相结合，利用新乡贤、“新农人”等群体的影响力，带动信息的扩散、下沉并深嵌于农民的日常生活；传播载体上，根植于乡土情境的大喇叭、扶贫广播，以及乡村公共空间的标语、文化墙，长期以来在乡村社会发挥着不可低估的传播效力，仍是传播信息减贫政策的有效工具。

第三节　基于行动者网络的信息减贫思路

20 世纪 80 年代中期，以法国社会学家布鲁诺·拉图尔（Bruno Latour）、米歇尔·卡龙（Michel Callon）、约翰·劳（John Law）为核心的科学知识社会学的巴黎学派，提出了一种新的理论，即行动者网络理论（Actor Network Theory，ANT），旨在从科学技术与社会互构这一全新的视角来解释科学技术的发展路径问题。尽管学界尚未对“行动者网络”形成一致的概念解读，但大多数学者将其视为彼此异质的“行动者”，通过“转译”活动而共同建构动态网络关系、形成稳定秩序的实践过程，“行动者”“转译”和“网络”是该理论应用时的主要分析要素①。作为分析科学技术与社会如何相互建构的方法论②，行动者网络理论对分析信息传播技术在农村贫困地区的推广和应用具有一定的适用性。已有研究运用该理论分析信息沟通技术的社会不平等效应③、电信基础设施的共建共享④、农村信息化工程建设⑤、扶贫信息传播等议题⑥。信息减贫作为一项关系 7 亿农民福祉的社会事业，由人和非人要素（自然环境、文化传统、社会

① 戴祥玉、杜春林：《行动者网络视域下农村公共服务的多元合作供给》，《西北农林科技大学学报》（社会科学版）2017 年第 5 期。

② 王增鹏：《巴黎学派的行动者网络理论解析》，《科学与社会》2012 年第 4 期。

③ 赵万里、谢榕：《数字不平等与社会分层：信息沟通技术的社会不平等效应探析》，《科学与社会》2020 年第 1 期。

④ 何欣：《基于行动者网络理论的我国电信基础设施共建共享策略研究》，硕士学位论文，北京邮电大学，2012 年。

⑤ 高芙蓉：《从行动者网络理论看我国农村信息化工程建设》，《沈阳农业大学学报》（社会科学版）2013 年第 3 期。

⑥ 张学波、马相彬、张利利、郭琴：《嵌入与行动者网络：精准扶贫语境下扶贫信息传播再思考》，《新闻与传播研究》2018 年第 9 期。

习俗结构、人际关系网络等）共同联结成的行动者网络来推动[①]。本部分利用行动者网络理论，探讨如何整合人与非人元素，在激发乡村内生动力和尊重贫困人口信息主体性的前提下，以共同联结的行动者网络推进信息减贫，战胜信息贫困。

一 行动者网络的构成

2019年5月，中共中央办公厅、国务院办公厅印发的《数字乡村发展战略纲要》指出，要大力培育新型职业农民，实施新型职业农民培育工程，到2035年农民数字化素养显著提升[②]。如何提升贫困人口的信息能力，成为战胜信息贫困、实现贫困地区可持续发展的关键。行动者网络理论有助于我们理解贫困人口的多元、异质行动者网络对其信息能力的影响，为实现信息减贫政策的有效传播、消减信息贫困提供理论启迪。其中，“行动者”一词在行动者网络理论中有着广泛的内涵，它不仅指行为人、企业、组织等人类行动者，还包括物体、技术、制度、资金、观念、关系等许多非人元素。行动者的“能动性”并不是人类主体具有意识和行为的能动性，而是指在科学事实的形成过程中，被“卷入”到行动者网络之中的行动者通过自身“特性”影响网络的动态演变过程。在某种程度上，行动者既被网络所塑造也塑造着网络本身，行动者能够在行动中“制造差异”[③]。依据行动者网络理论对“行动者”的定义，任何影响贫困人口信息能力的要素都应纳入“行动者”这一概念之中。每个“行动者”都是网络中的一个结点，任何行动者的失控与缺失都有可能导致整个网络的坍塌。基于研究者前期在贫困村的调研，以及参考井西晓[④]、余姣萍[⑤]、詹晓凤[⑥]等人的研究，贫困人口信息能力的行动者网络中，人类行动者包括政府扶贫工作人员、社会帮扶主体及贫困人口，非人类行动者

① 张学波、马相彬、张利利、郭琴：《嵌入与行动者网络：精准扶贫语境下扶贫信息传播再思考》，《新闻与传播研究》2018年第9期。

② 中共中央办公厅国务院办公厅：《数字乡村发展战略纲要》，2019年5月16日。

③ 张进、李日容：《物性存在论：海德格尔与拉图尔》，《世界哲学》2018年第4期。

④ 井西晓、曾瑞峰：《少数民族地区农牧民信息能力的外部影响因素分析》，《民族论坛》2018年第1期。

⑤ 余姣萍、许阳奎、段尧清：《我国中部地区农民信息素质调查分析及对策研究——基于湖北省部分地区调查数据的分析》，《图书情报知识》2007年第5期。

⑥ 詹晓凤：《农民信息素养的培育研究》，硕士学位论文，山西大学，2014年。

包括信息环境、信息服务、信息意识、信息需求。

（一）人类行动者

政府扶贫工作人员包括驻村第一书记、驻村扶贫工作队干部、村党支部书记等，他们不仅是上级政府政策的传达者、执行者，更是脱贫攻坚战的一线工作人员，承担着上传下达的“桥梁”作用。政府扶贫工作人员的工作效率极大地影响着信息贫困的治理效果，在行动者网络的形成和发展中扮演征召和动员的角色。

根据《“十三五”脱贫攻坚规划》中对社会扶贫主体的界定，社会帮扶主体包括扶贫企业、定点帮扶人、社会工作专业人才及志愿者等。社会帮扶主体已是中国农村贫困治理中的一支重要力量，是信息减贫行动者网络不可或缺的组成部分，但他们必须与其他行动者紧密连接才能充分发挥作用。

贫困人口是行动者网络中的核心行动者，是信息贫困治理的主体。信息贫困治理应以贫困人口为主体，充分尊重贫困人口的意志，满足贫困人口的需求，实现贫困人口的自身发展。贫困人口的发展愿望和参与积极性是提升自身信息能力的关键，在行动者网络的运转中处于中心位置。

（二）非人类行动者

在非人类行动者中，信息环境是指贫困人口所处的信息接入状况，包括手机、电脑、互联网等通信设备的接入，是承载网络运转的基础；信息服务是指贫困人口所能享受到的信息内容供给、信息技术培训等方面的状况，是维系网络正常运转的“官方”力量；信息意识包括信息重要性意识、信息敏感意识、信息寻求意识、信息分享意识，是保证网络运转的“个人”（贫困人口）力量；信息需求包括：中央及地方政策信息、扶贫及脱贫信息、农资供应信息、农产品市场信息、农业科技信息、农技培训信息、气象与灾害预报防治信息、新闻时政信息、医疗保健信息、农村金融信息、文化教育信息、劳务就业信息等，是提升农村贫困人口信息能力的动力源，是行动者网络运转的助推器。

行动者网络理论认为，非人类行动者和人类行动者具有相同的能动性。非人类行动者通过有资格的“代言人”（agent）来获得主体的地位、资格和权利，进而与人类行动者共同营造一个相互协调的行动之网。非人类行动者自身的“特性”也影响着网络的动态运转，比如：信息接入或传播不畅、信息供给错位、信息意识低下、信息需求动力不足，均对贫困人口信息能力发展的行动者网络产生影响。

在由人类行动者和非人类行动者构成的行动网络中，没有所谓的中心，也没有主、客体的对立，每个结点都是一个主体和可以行动的行动者；主体间是一种相互认同、相互承认、相互依存又相互影响的平等关系。

二 网络行动者之间的转译过程

在拉图尔所称的行动里，人类行动者和非人类行动者都是转译者，他/它们的行动过程就是转译过程；行动产生转译，转译相连成点，点进而构成网络①。转译是行动者网络得以形成的原因，也是维系行动者网络的动态机制，反映了行动者之间能动性的对等以及他们在符号学意义上的相互作用；通过不断进行的转译，网络中的各个行动者之间建立了联系和关系，并且这种联系和关系也使行动者网络时时处于变化之中②。因此，对贫困人口信息能力的行动者网络分析，就是描述信息贫困治理中的行动者应如何通过转译形成彼此关系相连的结构性网络，并在网络的不断运转中逐步实现减贫目标。卡龙认为，转译过程包括问题化、引起兴趣或利益相关化、招募成员和动员 4 个关键环节③。问题化是指将不同行动者的关注对象聚焦，从而使网络建构者的问题成为其他行动者要达到目标的“必经之点”，这是建构异质网络的关键步骤。引起兴趣或利益相关化意味着强化行动者在问题化过程中界定的角色，其结果是被招募为成员。至于动员，它对网络建构者而言就是调动相关资源，并使这些资源在即将形成的网络中充当各自的角色④。在贫困人口信息能力的行动者网络中，人类行动者和非人类行动者通过转译，聚焦“如何提升贫困人口信息能力”这一问题，调动各方面的人员和资源，从而达成信息贫困的治理目标。

---

① ［法］布鲁诺·拉图尔：《科学在行动：怎样在社会中跟随科学家和工程师》，刘文旋、郑开译，东方出版社 2005 年版，第 222—238 页。

② 贺建芹：《行动者的能动性观念及其适当性反思》，博士学位论文，山东大学，2011 年。

③ 赵万里：《科学的社会建构——科学知识社会学的理论与实践》，天津人民出版社 2002 年版，第 287 页。

④ 郭明哲：《行动者网络理论（ANT）——布鲁诺·拉图尔科学哲学研究》，博士学位论文，复旦大学，2008 年。

（一）问题化：如何提升贫困人口的信息能力

行动者网络理论认为，核心行动者的问题是其他行动者要达到目标的“必经之点”。在贫困人口信息能力的行动者网络中，核心行动者为贫困人口，而目前贫困人口面临的主要问题为“如何提升自身的信息能力”。目前我国仍有4亿多非网民，以农村地区人群为主，其中“使用技能缺乏”“文化程度限制”是非网民不上网的主要原因。研究者在河南省民权县的调研也发现，57.1%的受访者不能独立完成开关电脑的操作；68.2%的受访者不会下载和安装软件；68.3%的受访者不会使用浏览器查找信息；仅有13.2%的受访者会保存、下载和利用农业信息。仅有22.6%的受访者在微信群或论坛中愿意积极参与讨论，表达观点；仅有36.7%的受访者常将自己认为有用的信息通过微信/QQ/邮箱等分享给老乡、朋友。此外，在访谈中，很多受访者表示自己不能独立辨别信息的真实性，认为“亲戚朋友说得更可信”，而网络上的信息“不能相信”。信息能力低下使得农村贫困人口信息世界狭窄、封闭，无法利用信息实现自身的可持续发展，并逐渐与信息社会脱节。因此，战胜信息贫困的“必经之点”为“如何提升贫困人口的信息能力”，人类行动者和非人类行动者均应围绕该“必经之点”构建行动者网络。

（二）利益相关化：强化行动者的角色

异质性是行动者网络最基本的特性，即不同的行动者在利益诉求、行为方式等方面不同，因此行动者网络理论也称为异质建构论①。强大的异质行动者网络会努力把其他行动者的利益同核心行动者的利益相关联或一致，从而使其他行动者对由其主导构建的网络认可并参与②。在贫困人口信息能力的行动者网络中，核心行动者（贫困人口）的利益为提升信息能力，其他人类行动者与核心行动者的利益相关性分别为：政府扶贫工作人员希望通过提升贫困人口的信息能力达成贫困治理的目标，完成“帮扶”职责，实现升职加薪、事业抱负等；社会力量帮扶如扶贫企业希望通过参与扶贫环节提升企业知名度和美誉度，分享扶贫利益、享受优惠政

① 郭明哲：《行动者网络理论（ANT）——布鲁诺·拉图尔科学哲学研究》，博士学位论文，复旦大学，2008年。

② 谢元：《基于行动者网络理论视角下的村支书乡村治理研究》，博士学位论文，南京大学，2018年。

策等。而非人类行动者与核心行动者的利益相关性体现为：贫困人口信息能力的提升，智能手机或电脑的普遍应用，可促进信息环境的改善，刺激贫困人口产生新的信息需求，并反哺信息服务，提升信息服务的实效。深度访谈表明，信息能力越强的贫困人口，信息意识越强，信息需求也越丰富多样，并由此构建和改善了自身所处的信息环境。人类行动者和非人类行动者彼此利益相关，相互作用，共同构成稳定的网络结构关系的关键节点。

（三）招募成员：构建合适的行动者网络

《中国农村扶贫开发纲要（2011—2020年）》中明确指出，要广泛动员社会各界参与扶贫开发，大力倡导企业社会责任；鼓励社会组织和个人通过多种方式参与扶贫开发；积极倡导扶贫志愿者行动，构建扶贫志愿者服务网络；鼓励工会、共青团、妇联、科协、侨联等群众组织以及海外华人华侨参与扶贫①。政府扶贫工作人员在贫困人口信息能力的行动者网络中担任着征召和动员的角色，社会帮扶力量则是被招募和动员的主要对象。在信息贫困治理方面，政府联合三大运营商推动农村网络“提速降费”，并引导网信企业与贫困地区开展网络扶贫结对帮扶等，是社会力量参与信息扶贫的典型。此外，帮助贫困村完善文化设施、举办文化科技活动、义务培训贫困人口等，也是社会帮扶工作的主要内容，包括丰富“农家书屋”的藏书量，配备新书柜、桌椅以及举办“科技下乡”等公益活动。如：在某贫困村，一职业技校免费送技术下乡，开展电脑培训、面点制作培训以及家政培训等，学习地点就在本村，培训时间为10天，为参加培训的农民提供免费午餐，吸引众多村民踊跃报名。因此，社会帮扶力量是网络转译过程中的积极参与者和推动者，是招募的重要对象。

（四）动员：行动者形成一致目标

政府通过政策文件、制度规范等行政手段以及税收优惠等财政手段，可以较为有效地动员社会帮扶力量参与信息扶贫。在动员贫困人口方面，政府扶贫工作人员在行动者网络运转中起主导作用，应引导贫困人口积极参与，激发贫困人口的主体性与能动性。但在调研中，研究者发现，贫困人口只是被动的承受者，在行动者网络中的主体性缺失。贫困人口“不敢参与”（担心经济损失）、“不愿参与”（供给与需求错位）以及“形式

---

① 中共中央、国务院：《中国农村扶贫开发纲要（2011—2020）》，2011年11月2日。

参与”（迫于行政指令被动参与），影响了信息减贫项目的有效开展。另外，在自上而下的扶贫动员模式下，基于上级政府指令安排的信息服务与贫困人口的信息需求相脱节，并忽视了贫困人口的信息素养培育。贫困人口信息意识低下、信息需求动力不足。政府扶贫部门推出的信息减贫项目如“数字农家书屋”“技术培训”等未能被贫困人口高效利用，没有达成改善贫困人口信息条件和信息环境的目标。传统乡村精英（村支部书记、养殖/种植大户、农民企业家等）凭借着地缘或亲缘优势，在村落中具有较高的号召力，且熟悉乡情民情，能够协助扶贫部门更准确地了解当地的情况，为信息减贫工作助一臂之力。因此，明确贫困人口主体地位，借助乡村精英的力量，可以更为有效地动员贫困人口参与到行动者网络之中。

三　行动者网络中的转译策略

ANT 强调平等、连接和变化，是 worknet，而不是 network。转译是将行动者网络连接起来的基本方法，所有行动者都处在这种转换和被转换之中，因此 ANT 也被称为“转译社会学”。成功的转译有助于行动者之间建立稳定的关系，形成彼此关系相连的结构性网络，并推动网络不断运转，以实现网络建构的目标。那么，在开展信息减贫的行动者网络中，农村基层政府扶贫工作人员（驻村第一书记、驻村扶贫工作队干部、村干部、帮扶责任人等）是网络的主导者，如何通过转译使不同的行动者聚焦“必经之点”，并使他们彼此利益互联，成为网络中的积极参与者？这是消减信息贫困必须面对的重要环节。其中，与农村基层政府扶贫工作人员转译活动相关联的行动者主要有上级政府、贫困人口及社会帮扶主体。通过分析农村基层政府扶贫工作人员面对某一行动者的转译，可以帮助我们更好地理解信息贫困治理中多元主体并存的现实，以及各行动主体间的能动性及行动中的结构关系。

（一）面对上级政府的转译

我国扶贫开发实行中央统筹、各省负总责、市县抓落实的工作机制，省级党委和政府对脱贫攻坚负总责，县级党委和政府负责规划的组织实施工作，市（地）党委和政府做好上下衔接、域内协调和督促检查等工作，农村基层党组织则在扶贫攻坚战中发挥战斗堡垒和先锋模范的作用。在开展信息减贫的行动者网络中，与农村基层政府扶贫工作人员紧密关联的上级政府为乡（镇）政府及县政府。中国社会治理以国家为主导，村级

“两委”与县镇政府之间是一种“类科层”体制的行政管理关系，“村两委”执行上级政府的行政指令，这是基层党组织对上转译行为的政治环境和背景①。而驻村第一书记虽然统筹乡村的贫困治理，但也仅是政策执行过程中的一个行动者，驻村第一书记需要处理同派出单位、上级政府、乡镇干部、村干部等多重行为主体之间的关系，不同行动者在扶贫网络中的行动逻辑共同决定着扶贫成效。“第一书记”在同以上4个主体互动的过程中面临两层排斥关系：第一层排斥是由作为委托方的上级政府和派出方的原单位所组成，上级目标设置权责不匹配与原单位资源条件的限制，束缚了第一书记的日常工作；第二层排斥在乡村社会这一层级，因乡镇包村干部与村干部之间的“共谋”与乡村关系的闭合而形成的对扶贫“第一书记”的排斥②。河南省民权县Y村驻村第一书记认为，“大家都是一条绳上的蚂蚱”，处理好彼此的关系只要知道他们的“目的”以及明确自己的“定位”：

> 我一直强调的就是看他们的目的，比如村干部的目的就是靠第一书记来带来一些扶贫资金，包村干部的目的就是把第一书记当成村干部使唤，责任组长的目的就是想把“锅”推给你③。我认为，第一书记是帮扶责任，主体责任是乡镇和村委。我一直跟村支书说我们没有上下级关系，不能说我领导你，你也不能说领导我，我只是指导而不是领导，要引导和鼓励他们把所有的管理都步入正轨，该开村联委会就开村联委会，我主动让他们说了算。我就在这待两年，不能把所有的工作都推给我们干，即便我们能干过来，但是我们走了之后呢，你们怎么开展工作？我们主要是引导他们把工作捋顺，工作应该怎么做，哪些是触犯法律的，哪些是合理合情的。啥工作都是让他们商量应不应该，要让他们熟悉整个流程，提前立好规矩。我们就在这儿干三年，其实也做不了啥，主要帮他们把基础打牢。（河南省民权县Y村驻村第一书记蔺某某）

① 谢元：《基于行动者网络理论视角下的村支书乡村治理研究》，博士学位论文，南京大学，2018年。

② 许汉泽、李小云：《精准扶贫背景下驻村机制的实践困境及其后果——以豫中J县驻村“第一书记”扶贫为例》，《江西财经大学学报》2017年第3期。

③ 河南省本地方言，指推卸责任的意思。

驻村第一书记不仅承担扶贫责任，另有提升乡村治理水平、加强基层组织建设等工作任务。由此，依据“转译”的4个关键环节，面对上级政府的转译，应首先确立“驻村第一书记”核心行动者的地位，其面临的问题是如何处理好农村扶贫场域中各行动者之间的关系，顺利完成上级政府的工作安排，即具体行为实施时的“必经之点”；其次是将各行动主体的利益相关化，即在政策传达时结合村庄的具体事务及行动者的具体职责，使每位行动者都能够明确这一政策与自己的相关性及自己的角色定位；最后是利用好乡（镇）、村干部的本土关系和资源，既凸显对他们的重视，有助于建立和谐关系，也能够征召和动员更多的行动者参与贫困治理，更好地开展信息减贫工作。面对上级政府的成功转译，使各行动者“各司其职”“联合发力”，充分发挥他们的主动性和能动性，带领广大贫困人口共同战胜信息贫困，实现脱贫致富。

（二）面对贫困人口的转译

2020年中央一号文件强调，要动员群众参与乡村治理，增强主人翁意识[①]。在开展信息减贫的行动者网络中，贫困人口居于主体地位。但研究者调研发现，贫困人口普遍缺乏主体意识，较少发表个人意见，对信息减贫项目的参与积极性也不高。究其原因，一方面是贫困人口文化程度较低，对信息的理解和解读能力较弱，不能准确表达自己的信息需求；另一方面是信息减贫工作有时忽视了贫困人口的信息需求特点，贫困人口从扶贫项目中获得的有价值信息有限。贫困人口在信息减贫中主体能动性的发挥，需要行动者网络中人类行动者和非人类行动的有效组织、协调、引导，即“转译”。

在“转译”的4个环节——“问题化”“引起兴趣或利益相关化”“招募成员”“动员”中，“必经之点”为提升贫困人口的参与主体性和积极性。但调研发现，信息减贫项目推进过程中，面向贫困人口的“转译”过程存在诸多问题，包括：尽管减贫目标明确，但并没充分激发贫困人口的参与兴趣；征召和动员贫困人口参与扶贫行动者网络的效果不理想；等等。转译不畅导致网络运转效果不佳，许多信息扶贫项目使用者/参与者寥寥，使其形同虚设，无法达成信息贫困治理的目标。

---

① 新华社：《中共中央、国务院关于抓好“三农”领域重点工作确保如期实现全面小康的意见》，http://www.xinhuanet.com/politics/zywj/2020-02/05/c_1125535347.htm，2020年2月5日。

为提升行动者网络的运行效率，拉图尔曾提出如下转译策略①：

（1）“我想要的正是你想要的”，主动去迎合他人的兴趣。

（2）“我想要它，你为什么不”，改变他人的兴趣。

（3）“如果你稍微迂回一下……”，诱使他们进行一个小迂回，即并不试图把人们从他们的目标上引开，只是试图给他们指出一条捷径。

（4）“重组兴趣和目标”，置换目标、发明新目标、创造新群体、隐秘的引起兴趣的转移。

（5）“变得不可或缺”。

参考拉图尔的上述转译策略，研究者提出面向贫困人口的转译策略如下：

（1）了解贫困人口的“兴趣”。包括他们需要的信息有哪些，他们习惯于通过什么渠道获取信息，他们急需提升哪方面的信息能力。

（2）培养信息意识，转变“兴趣”。贫困人口由于信息意识较弱，不能够认识到信息的重要性，对信息的需求程度低。政府扶贫工作人员应培养贫困人口的信息意识，改变他们的“兴趣”，使他们能够意识到信息的重要性。

（3）置换目标，迂回前行。贫困人口文化水平低，一般只相信看得见、摸得着的现实回报。政府扶贫工作人员可以采取“迂回”“重组兴趣和目标”的方式，展现参与信息减贫项目所能够获得的现实利益，通过树立典型发挥激励效应。

（4）持续开展培训服务，使“信息”变得不可或缺。信息素养越高的贫困人口，信息需求度越高，对信息的依赖越强。政府扶贫工作人员可联合乡村精英、社会专业人士开展面向贫困人口的信息技能培训，提升贫困人口的信息意识，让信息变得“不可或缺”。

（三）面对社会帮扶主体的转译

在贫困治理中，社会力量尤其是民间组织力量，凭借其自身的优势，如针对性强、扶贫方式多样化、管理民主化等，可有效弥补政府贫困治理的不足，是贫困治理的重要力量②。但研究者调研发现，社会帮扶主体如

---

① ［法］布鲁诺·拉图尔：《科学在行动：怎样在社会中跟随科学家和工程师》，刘文旋、郑开译，东方出版社 2005 年版，第 185—202 页。

② 丁越峰：《民间组织参与农村贫困治理的理论与实践研究——以仪陇县乡村发展协会为例》，博士学位论文，华中师范大学，2014 年。

扶贫企业和乡村体制外精英（经济精英或社会精英）在参与扶贫治理时，存在着明显的利益取向，他们往往借助扶贫资源，努力为自己谋取更多的利益，而这与扶贫治理的预设目标相偏离。政府开展信息减贫的目标是帮助贫困人口脱贫致富，而扶贫治理中社会帮扶力量的参与使得各方利益变得纷繁复杂。如何平衡好各方利益，既不损害社会帮扶力量的参与积极性，亦不有损贫困人口的利益，是面对社会帮扶主体转译的“必经之点”。“真诚”，是政府扶贫工作人员征召和动员社会帮扶主体时应有的态度，如对扶贫企业要表现出“诚意”：积极向上级政府为扶贫企业争取更多的优惠和支持政策，如实告知村里劳动力水平和经济状况，以及本村能够提供的便利条件，并提前“约法三章”，做好相关的制度安排等。而面对乡村体制外精英以及社会专业帮扶人员，政府扶贫工作人员的“真诚”应体现在尊重他们的劳动所得和社会地位，积极动员贫困人口与他们交流互动，在一次次成功的信息减贫行动中彰显他们的人生价值，从而有效激发他们的社会责任感。

第四节　农民信息能力的行动者网络及其改进

由前文分析可知，信息减贫效果受制于贫困人口的信息利用和信息加工能力，提升农民信息能力是信息减贫的重要一环。特别是在巩固脱贫攻坚成果与乡村振兴有效衔接的今天，提升农民信息能力是推进农村农业现代化、培育新型职业农民的关键环节。但提升农民信息能力面临多重制约因素，既有宏观的结构性因素，又包括中观的政策性因素、市场性因素、社会性因素，以及微观的个体性因素①，这些因素既涉及人类行动者，也包括非人类行动者。如何整合多元行动者网络的力量以提升农民的信息能力，进而发挥乡村行动者网络在信息减贫和乡村振兴中的作用？本书结合研究者于 2020 年 6—8 月在河南省项城市官会镇下辖的 Y 村、L 村、Q 村与高寺镇下辖的 H 村的田野观察和深度访谈，分析行动者网络视角下农民信息能力发展的困境，探讨如何改进行动者网络中多元行动者的连接与关系，进而提升农民的信息能力。

---

① 吴玲、张福磊：《精准扶贫背景下农村数字化贫困及其治理》，《当代世界社会主义问题》2018 年第 2 期。

一　行动者网络视角下农民信息能力困境

由行动者组成的网络通过“转译”实现连接，转译表明了行动者之间的互相作用[①]。但转译具有不确定性，所有的转译都不被保证，它也可能是失败的[②]，行动者网络理论要求深入到事件内部，去追踪导致事件发生或失败的转译过程。参与农民信息能力发展的多元行动者，由于所处立场不同，转译行为具有“价值倾向性”，不同的“价值倾向”可能导致网络连接不畅，这正是农民信息能力发展面临的困境。

（一）政府信息供给与农民信息需求错位

由于自主意识与信息能力发展迟缓，以政府为主导的信息供给对农民仍十分重要。调研发现，农民一定程度上知晓自身信息需求所在，但信息供给体制不成熟，导致供给效能低下。具体表现为信息针对性缺乏、可利用性不足以及无法解决实际问题等。限于人力、物力的不足，村委会也很少了解到具体情况。“说实话，村里工作比较忙，培训具体讲的啥，我没有亲自坐那儿去听，但这是上级安排好的，对农户肯定有好处。”（于某某，男 52 岁，小学文化）

面对这种境况，村民很少向村干部反馈，他们通常认为“这是上头的事儿，我说了也没用”。不少受访者认为村委会的决策与自己关系不大，“他们只是为了保住‘乌纱帽’”。这种无奈与麻木，不仅源于信息意识与能力的匮乏，也因为长期自上而下的政治传播模式加剧了他们的无力感。村民信息需求长期得不到满足，无法与其他行动者形成动态博弈。政府的信息供给与村民的信息需求无法有效对接，实则是政府与村民的信息行为立场各异，无法通过充分的连接对行动产生正向作用。

（二）农民信息意识滞后于信息技术更新

在信息技术的接入方面，广大农村地区已逐步跟上互联网时代的步伐，但信息意识的落后，将一部分村民阻滞于信息化的大门之外。访谈发现，惠民政策类信息、社会保障类信息及就业类信息是受访者普遍关心的，而对于技能提升类信息，农民有一定的获取意愿，却不愿意付出时间

---

① 郭俊立：《巴黎学派的行动者网络理论及其哲学意蕴评析》，《自然辩证法研究》2007 年第 2 期。

② 王增鹏：《巴黎学派的行动者网络理论解析》，《科学与社会》2012 年第 4 期。

与精力成本。“要是真能致富的技术，那肯定也想学，但我每天干完地里活干家里活，还得管孙女上学，有点空儿就想休息休息，时间上不太允许。”（吴某某，女，59 岁，未接受正规教育）这说明农村居民对信息的认知局限于基本生存需要的范畴，而对发展性信息兴趣寥寥。

在使用手机上网时，“刷小视频”是受访者提到最多的行为，而能利用网络提高自身能力的人少之又少，有的受访者甚至在工作中只用老年机，智能机被用来专门观看娱乐类视频。“老年机的铃声大，干活儿的时候听得清……现在我（干活儿）也只收现金，没现金我就等几天再去拿，一直都是这。”（王某某，男，61 岁，初中文化）较弱的信息意识，导致信息参与行为与集体目标相背离，成为多元行动者网络连接的一大障碍。

（三）通信企业与政府间的有效利益联结缺失

“政府搭台，企业唱戏”，近些年政府通过出台一系列税收优惠等政策，动员通信企业参与农村地区的信息减贫和农村农业信息化建设。调研发现，目前信息技术在农村的推广政策主要针对贫困户，具体举措是为贫困家庭提供电视、电脑购机优惠，免互联网络安装费用，降低网络使用资费等。但对于贫困户而言，信息能力的缺失使信息硬件的援助效果大打折扣，不会用、不善用成为常见情形，移动互联网的价值并未充分显现。“手机联网了，光用它看个视频啥的都中了。要是天气预报、新闻啥的，还是看电视。”（程某，女，43 岁，小学文化）

在被问到通信企业是否举办过面向村民的信息能力培训时，一位在“豫广网络”负责安装网线的工作人员表示：“现在竞争太激烈了，各个大公司都在抢市场，俺公司都快破产了，工资还不一定发出来嘞（笑），没有那个资金搞培训，最多是客户有问题了跟他们简单说说。”（王某某，男，58 岁，高中文化）企业的制度惯性使其形成了固定的价值偏好，在缺乏政府组织合理规制的情况下，相关企业基于利己导向的转译行为，难以生产出有效的能力帮扶模式。政府与通信公司之间缺乏有效的利益联结，未能形成牢固的利益联盟，无法在行动中实现自身最大价值，也可能造成其他行动主体的力量损耗。

（四）非体制精英与农民的社会网络脱节

农村发展机会的缺乏已使得诸多非体制精英渐渐逃离，基本脱离了乡土社会“守望相助”的社会网络。当前我国大多农村社会的精英为“细小琐碎型”，他们的影响力仅限于自然村内的局部区域，难以与其他村民产生广泛联结。原子化的乡村社区和村民之间狭窄的互动渠道，限制了非体制精英异质性作用的发挥。

承包近300亩土地的徐某某（女，52岁，初中文化），是十里八村的种粮大户。作为农作物种植方面的“能人”，她很少跟村民们交流种粮经验。“我们都是同行之间交流相关知识。承包土地的农户有个群，群里有技术专家、有同行，可以互相学习。其他的散户，都不考虑收益，他们不问，我也不聊。”可见，非体制精英的个人网络中逐渐加入了以业缘为主的新型社会关系，他们依循互惠互利原则进行信息交流。农民无法与非体制精英结成平等的利益交换关系，无法与他们建立平等交流的社会网络，这严重削弱了二者的积极互动。

二　农民信息能力多元行动者网络的改进

根据行动者网络理论，在提升农民信息能力的过程中，应充分调动网络中所有行动者的能动性，建立一个尊重农民主体地位、多元主体参与的异质行动者网络，保持网络的长效、稳定运行。对于非人类行动者而言，人能够代表它们发言，它们却无法代表人发言，强对称性无法实现，应将它们保持一种弱对称性的态度，即不主张两者的能动性完全等同[①]。因此，下文将不单独考虑非人类因素的问题应对，但会在分析具体策略时将其作为重要考量因素。

（一）发挥政府主导作用：调动多元行动者

政府部门是信息减贫和乡村建设行动的决策者，他们拥有政治权力与资金保障，是理所当然的核心行动者，负责征召、动员其他行动者参与网络。当前需要发挥政府作为核心行动者的作用，提升政策的执行力和效力，让政策真正有效落地，而非层层布置下来后仍悬浮于乡村社会，无法抵达“最后一公里”。首先，政府要明确自身的责任与目标，做好相关支持与协调工作，积极调整、细化、推行相关政策。其次，各级政府之间必须建立有效连接，高效解决政策实施过程中的问题。乡镇政权与村级组织要互相协助，在对上的博弈与对下的博弈中保持一种平衡，避免“好经

---

① 贺建芹：《弱对称性：人与非人行动者关系之辩正》，《山东科技大学学报》（社会科学版）2012年第2期。

被念歪”。最后，为真正提高农民的数字素养，政府必须通过有效规划叠合多元行动者，将其作为政策制定的导向，使各主体共同致力于“农民信息能力提升”这个强制通行点，结成稳固的行动者网络。

（二）凸显农民主体地位：激发信息意识

构建网络的关键是行动者的积极配合，然而在信息减贫行动中，长期以来农民一直处于被动的承受者地位。调研访谈发现，农村居民面对数字化技术常常产生退缩心理，但是当信息能力贫乏妨碍到家庭利益或家庭成员间的情感联系时，他们会对信息价值形成更为准确的认知，产生一定的学习动力。如谈及家中为何安装网络时，许多受访者表示亲人之间的情感联系是最直接的原因。因此，应对普通农村居民的转译困境，关键在于激发其信息意识，找回其主体地位。为此，政府要推进电子政务、电子商务、电子教育网络等在农村地区的覆盖，让数字化信息技术浸入农民日常生活的各方面，使农民切身感受到数字乡村的便利。通过整合农村信息资源、搭建农村数字化发展平台，让个人利益与集体利益产生关联，唤起农民主动配合行动的欲望。

（三）召唤非体制精英回归：给予成就动力

在非体制精英与普通农村居民社会网络脱节的情况下，面对这类群体进行协商，首先要让非体制精英与普通农村居民重新建立联系。其次，要对非体制精英进行利益赋予，给予他们成就动力值，让他们感受到参与家乡建设的价值所在——累积社会声望和提升地位，更好地实现人生价值。为实现这一目的，基层干部可以借助互联网赋权非体制精英，使他们通过微信等网络平台成为意见领袖。通过政府和网络赋权，农民有了参与公共事务的平台，非体制精英就能获得更多展示权威的机会，进而增强情感回馈的动力。一旦非体制精英带领其他村民成功参与村庄公共行动，原子化的村民便极易结为团结的共同体。最后，通过非体制精英与村庄成员的紧密连接，顺利完成对非体制精英的召唤，使他们在实现更高个人价值的同时，为农民的信息能力提升贡献力量。

（四）唤醒通信企业能动性：完善市场激励机制

通信企业是农村地区信息设施改善的重要参与者，但它们尚未在农民信息能力提升上充分发挥能动性。政府促使通信企业的行为与数字化政策的导向保持高度一致，让其成为积极的行动者之一，是解决问题的关键。

为此，政府需要找到通信企业最关心的因素并进行利益赋予，即让其获得与参与社会服务相对均等的经济收益，通过“政府牵头、企业参与、市场运作”的模式，维持政府与企业稳定的利益联盟。政府需鼓励、引导通信企业凭借平台与技术资源，长期开展针对性的信息服务与技能培训，切实提升村民数字化素养。这一举措不仅能提高企业的信息产品服务在农村的覆盖率，还能通过赢得良好口碑与村民建立长久的信任关系。同时，政府对企业的社会服务提供相应回报，包括提供税费补贴和奖励，能让通信企业在政府与市场的双重激励下嵌入农村社区，深入参与乡村数字化发展，并与其他行动者形成有效连接。

第七章

超越信息减贫：数字包容语境下数字乡村建设

2020 年脱贫攻坚胜利收官、全面消除农村绝对贫困取得历史性成就之后，我国仍面临巩固脱贫攻坚成果与乡村振兴有效衔接、消除乡村内部相对贫困以及城乡相对贫困的新任务。为相对贫困的地区提供信息援助，消弭可能加剧城乡数字鸿沟和城乡信息分化的一切不利因素，应成为实施反贫困新战略的题中应有之义。特别是在信息平等和数字包容成为全球议题、乡村振兴成为新时代“三农”工作总抓手的今天，超越信息减贫层面，以建设数字乡村为契机，实现乡村从脱贫到振兴的蜕变，是当下和今后相当长一段时期内面临的新任务和新使命。

第一节　数字乡村的时代语境：数字包容

迅猛发展的信息传播技术，在深刻改变人类社会和生产生活，为人人皆可创造、获取、利用和分享信息提供机遇的同时，亦在经济社会地位不同的群体之间制造了新的不平等。信息传播技术扩散而带来的信息流动、知识获取和知识积累在不同群体之间产生差异，数字鸿沟由此产生。伴随信息传播技术在社会各领域的扩散、全球信息化程度的加深，世界各国都意识到数字鸿沟可能带来的信息分化和信息不平等，纷纷将消弭数字鸿沟、实现信息公平作为国家发展议题。为应对全球日益加深的数字鸿沟问题，“数字包容”作为一个学术性概念被提出，并成为信息传播技术全球扩散背景下实现信息公平的指导性理念。

一 “数字包容”及其发展理念

21 世纪初，伴随信息技术的全球化扩散和应用，“数字包容”的理念开始为人们所关注。2000 年 7 月 22 日，在日本冲绳举行的美国、日本、德国、英国、法国、意大利、加拿大和俄罗斯八国首脑会议上，通过了旨在促进信息通信技术发展，缩小国家之间、地区间信息技术发展差距，建设全球信息化社会的《全球信息社会冲绳宪章》。“冲绳宪章”虽没有明确使用“数字包容”这一概念，但提出了与“数字包容”理念相一致的包容性发展理念——世界各地的人都应参与信息社会的发展，共同分享信息技术进步所带来的益处，以缩小国际社会中的信息与知识差距①。当年 10 月，美国国家通信与信息管理局发布了《在网络中落伍》系列报告的第四部——《在网络中落伍：走向数字包容》，指出“数字包容”这一概念指的是“无论年龄、收入、种族、宗教信仰、残疾与否、性别和地理位置，保证每一个美国人都能获得新型经济环境中所需的技术工具和能力”“每个人都融入数字经济中去”②。这一定义强调所有社会成员均应享有平等接触信息传播技术的机会，并可以从中获益和发展自我。

国际电信联盟认为，数字包容就是通过 ICTs 赋予人们权利，数字包容活动就是提升土著居民、农村人群、残疾人、妇女儿童等有特殊需要的人群使用 ICTs 的机会，并以此来促进社会和经济发展。

2019 年 2 月 25 日，在西班牙巴塞罗那召开的世界移动通信大会上，华为技术有限公司副董事长胡厚崑代表中国信息通信行业，做了“重新定义数字包容”的主题演讲，发布“全球数字包容行动计划”的行动倡议——Tech4ALL（Technologies for All），呼吁政府、企业和社会各界积极行动，以技术创新持续降低信息传播技术的使用成本和覆盖障碍，推广信息传播技术的普及和应用，提高全社会成员的数字应用能力，让科技普济天下，实现数字包容③。2019 年 6 月 10 日，联合国数字合作高级别小组

---

① Kyushu - Okinawa Summit 2000, “Okinawa Charter on Global Information Society” (2019), http://www.mofa.go.jp/policy/economy/summit/2000/documents/charter.html.

② The National Telecommunications and Information Administration (NTIA), “Falling through the Net: Toward Digital Inclusion”, http://www.ntia.doc.gov/files/ntia/publicaitons/fttn00.pdf.

③ 胡厚崑：《重新定义数字包容，未来 5 年再让 5 亿人受益于数字技术》，hhttps://www.huawei.com/cn/huaweitech/publication/winwin/33/redefining-inclusion，2019 年 7 月 28 日。

在全球奔走调研 9 个月、访问了 104 个国家和地区的 4000 余人，发布了"数字包容"报告，呼吁让人人接入互联网、人人都有能力负担数字网络接入费用及数字化金融和健康服务，保证边缘群体被数字社会充分包容，同时建立国际公认的评价数字包容性的方法①。

"数字包容"所倡导的以数字技术消弭数字排斥、确保人人可以享受数字红利的理念，已经成为世界各国实现包容性发展的共识。从近几年发达国家开展数字包容的实践来看，数字包容的实施框架包括数字准备、数字就绪、数字参与 3 个层面，每个层面的实施路径和目标如表 7-1 所示②。

表 7-1　数字包容的实施框架

步骤	实施路径	目标
数字准备	跨越进入数字世界的第一道门槛，唤醒公民的数字意识和数字观念，并在物理连接和经济负担方面给予支持，达到外部环境相对公平的基准，解决接入层面的鸿沟	搭建数字环境
数字就绪	通过普及数字教育、增强数字技能、完善数字服务、保护数字隐私等策略，增强公民对数字技术的信心，提升自我效能，进而解决使用层面的鸿沟	获取数字能力
数字参与	构建利益相关者的合作体系，帮助社会公众更好地运用数字技术参与社会发展，实现数字技术在经济、行政、服务等领域的赋权和赋能效应，解决效果层面的鸿沟	融入数字实践

二　"数字乡村"的包容性意涵

近些年来，有关信息化建设的议题多聚焦于城市，智慧城市、数字城市、生态城市等一系列城市发展新主张的提出与推广，将城市推向信息化浪潮的最前沿，而为城市发展做出巨大牺牲的农村，亟待享受到包容性发展的红利，在信息化浪潮中重获新生。2017 年 10 月，党的十九大报告中指出乡村振兴战略，强调要把乡村作为一个相对独立的主体、保持和尊重乡村的独特优势、激发乡村内在活力，通过乡村信息化建设实现城乡要素的双向流动，这是乡村发展的重大战略性转变。为进一步发挥信息传播技

① 新华网：《联合国数字合作高级别小组首份报告呼吁数字包容》，2019 年 6 月 11 日。

② 杨巧云、梁诗露、杨丹：《数字包容：发达国家的实践探索与经验借鉴》，《情报理论与实践》2022 年第 3 期。

术在乡村振兴中的潜力，促进农业全面升级、农村全面进步、农民全面发展，2019 年 5 月 16 日中共中央办公厅、国务院办公厅印发了《数字乡村发展战略纲要》，提出全面建设数字乡村，并绘制了数字乡村建设的路线图和时间表。数字乡村建设的“四步走”战略目标和重点任务如表 7-2 所示。

表 7-2　　数字乡村建设的战略目标与重点任务①

数字乡村建设	具体内容
“四步走”战略目标	2020 年：数字乡村建设取得初步进展。全国行政村 4G 覆盖率超过 98%，农村互联网普及率明显提升。农村数字经济快速发展，建成一批特色乡村文化数字资源库，“互联网+政务服务”加快向乡村延伸。网络扶贫行动向纵深发展，信息化在美丽宜居乡村建设中的作用更加显著
	2025 年：数字乡村建设取得重要进展。乡村 4G 深化普及、5G 创新应用，城乡“数字鸿沟”明显缩小。初步建成一批兼具创业孵化、技术创新、技能培训等功能于一体的新农民新技术创业创新中心，培育形成一批叫得响、质量优、特色显的农村电商产品品牌，基本形成乡村智慧物流配送体系。乡村网络文化繁荣发展，乡村数字治理体系日趋完善
	2035 年：数字乡村建设取得长足进展。城乡“数字鸿沟”大幅缩小，农民数字化素养显著提升。农业农村现代化基本实现，城乡基本公共服务均等化基本实现，乡村治理体系和治理能力现代化基本实现，生态宜居的美丽乡村基本实现
	本世纪中叶：全面建成数字乡村，助力乡村全面振兴，全面实现农业强、农村美、农民富
十大重点任务	1. 加快乡村信息基础设施建设。大幅提升乡村网络设施水平；完善信息终端和服务供给；加快乡村基础设施数字化转型
	2. 发展农村数字经济。夯实数字农业基础；推进农业数字化转型；创新农村流通服务体系；积极发展乡村新业态
	3. 强化农业农村科技创新供给。推动农业装备智能化；强化农业科技信息服务
	4. 建设智慧绿色乡村。推广农业绿色生产方式；提升乡村生态保护信息化水平；倡导乡村绿色生活方式
	5. 繁荣发展乡村网络文化。加强农村网络文化阵地建设；加强乡村网络文化引导
	6. 推进乡村治理能力现代化。推动“互联网+党建”；提升乡村治理能力

① 中共中央办公厅、国务院办公厅：《数字乡村发展战略纲要》，2019 年 5 月 16 日。

续表

数字乡村建设	具体内容
十大重点任务	7. 深化信息惠民服务。深入推动乡村教育信息化；完善民生保障信息服务
	8. 激发乡村振兴内生动力。支持新型农业经营主体和服务主体发展；大力培育新型职业农民；激活农村要素资源
	9. 推动网络扶贫向纵深发展。助力打赢脱贫攻坚战；巩固和提升网络扶贫成效
	10. 统筹推动城乡信息化融合发展。统筹发展数字乡村与智慧城市；分类推进数字乡村建设；加强信息资源整合共享与利用

基于前面提到的数字包容的实施框架（见表 7-1），结合表 7-2 可以看出，数字乡村的战略目标和逐步推进的建设任务，不仅包含数字包容的数字准备、数字就绪和数字参与三大步骤，并在这三大步骤中充分体现了数字乡村的包容性意涵。

在数字准备层面，提升农村互联网普及率、4G 网络在行政村的覆盖率，完善信息终端和服务供给，加快乡村基础设施数字化转型，缩小城乡数字鸿沟。目标是营造乡村发展的数字化环境，解决乡村数字技术设施的“接入沟”。

在数字就绪层面，建设乡村文化数字资源库，培育农村电商产品品牌，建成乡村智慧物流配送体系；激活农村要素资源，加强农业农村科技创新供给，推动农业装备智能化。目标是培养乡村发展所需的数字能力，解决乡村数字技术应用的“使用沟”。

在数字参与层面，推进乡村治理能力现代化，提升乡村治理能力；激发乡村振兴内生动力，培育新型职业农民参与数字乡村治理实践，建设人人共享的数字化乡村。目标是村民融入乡村数字实践，解决乡村数字化发展的“效果沟”。

第二节　数字乡村的理论基础：社群信息学

社群信息学（Community Informatics）诞生于 20 世纪八九十年代西方国家以信息传播技术推动社区发展的实践中。20 世纪 80 年代初，随着计算机与通信技术在北美、欧洲等地的兴起，学者们开始关注如何以 ICTs 的接入促进社区发展和社区振兴，以缩小欠发达社区与发达地区之间的数字鸿沟，帮助社群获得经济发展、社会公平和政治平等①。

尽管“社群信息学”这一理论被引介进中国较晚，2010 年才开始在图书情报领域出现，但与此相关的“社区信息化”和“农村信息化”实践为社群信息学在中国的成长提供了本土情境。近些年如火如荼的农村信息化建设中，“村村通”“家电下乡”“农村电子商务/电子政务”“农家书屋”“乡村图书馆”等项目的实施，为社群信息学在中国的应用提供了实践的土壤。社群信息学不仅关注 ICTs 在社区的使用，更关注 ICTs 如何推动社群信息、知识的形成与流动，进而为社群复兴带来机会与改变，最终实现公民权利。社群信息学可为数字乡村建设提供的理论启示有如下 4 个方面。

一 “自下而上”的社区发展理念

乡村数字化的传统路径，长期以来是由上级政府设计项目实施方案，通过政府行政管理系统自上而下地强力推进。自上而下的信息化模式能够通过行政的力量使信息技术在乡村实现全覆盖，但信息技术的开发往往出于政府愿望，而与乡村社区的发展需要难以完全匹配，造成了农村信息技术与资源的浪费②。社群信息学强调 ICTs 接入的自下而上的路径，即基于社区发展需求，开发本土化数字信息技术接入项目，实现信息技术与社区发展的最佳结合。不仅如此，社群信息学强调的“自下而上”接入理念还包括开展基于社区成员需求的技术培训。这启发数字乡村建设的设计者和执行者应以“自下而上”的理念布局和分配 ICTs 资源，重视和尊重村民的信息需求并在“接入”之后持续提供技术援助，避免 ICTs 资源的闲置和浪费。

二 信息交流激发社会资本的共享

个体层面的社会资本，体现为社区成员共同学习信息传播技术、接受技术培训、交流学习心得，在互动中获得技能的增长；社区层面的社会资本，体现为社区内部的协调与合作，是社群运转的润滑剂。社群信息学关

① M. Gurstein, *Community Informatics Enabling Communities with Information and Communications Technologies*, New York: Hershey Idea Group Publishing, 2000, pp. 5-8.

② 于良芝、于斌斌：《保障中国农村社区 ICT 接入的自上而下路径——社群信息学的机遇》，《中国图书馆学报》2013 年第 3 期。

注技术应用中社会资本的共享，以建立基于信任、认同、参与、互利互惠的社区交流与合作。无论是个体层面还是社区层面的社会资本，均有利于促成顺畅、高效的社区内部沟通与合作，以及社区与外部世界的交流。数字乡村建设中，除了为村民提供可以接入的信息传播技术外，还应为村民的信息传播和知识交流提供场所和空间——通过信息和知识交流，增进村民信任，形成社区认同，增强合作并积累社会资本。

三　ICTs 应用实现能力提升与赋权

社群信息学强调通过 ICTs 的应用实现能力提升。个体层面的能力提升，指掌握 ICTs 操作技能，能够将 ICTs 运用于个人生活，进而积极参与信息社会；社区层面的能力提升，指通过 ICTs 应用，形成社区发展的知识、氛围与情境，以及社区解决自身问题的能力、做出决定和计划、评估建设未来进程的能力。能力提升的结果，是“能够支配自己的生活，制定自己的生活议程，获得技能，建立信心，解决问题和能够自立”，即获得“赋权”[①]。赋权贯穿 ICTs 应用的整个过程，亦是 ICTs 应用的结果。社群信息学关注的能力提升与赋权，体现其“为了社区，成于社区”（for communities and by communities）的发展理念，这与数字乡村建设的目标不谋而合。数字乡村建设的战略目标，就是培育农民的自主性和自我发展能力，激发乡村发展的内在活力，实现乡村治理能力和治理体系的现代化。

四　以促进社区发展作为终极目标

只有当社区能够运用资源和技能为自己创造一个具有生机的未来时，社区才能达到真正的繁荣[②]。社群信息学关注 ICTs 在社区发展中的作用，目标不仅仅停留于技术引入和信息获取，而是落脚于社区的独立、自主、可持续发展，包括信息流通与电子民主、技能培训与人口素质提升，并形成基于正义、平等和相互尊重的社区氛围[③]。数字乡村建设应以传播畅通

① 加拿大国际开发署（CIDA）：《加拿大国际开发署性别平等政策》，1999 年，第 8 页。

② E. Nel，T. Binns，“Place Marketing，Tourism Promotion and Community - based Local Economic Development in Post-apartheid South Africa”，*Urban Affairs Review*，No. 38，2002，p. 208.

③ Community Development Exchange，“Definition of CD”，（2011 - 05 - 10），http：//www.cdx.org.uk/community-development/what-community-developmet.

社区内部、协调城乡关系，建立乡村与城市平等发展新格局为旨归，这与社群信息学关注的“社区发展”在终极目标上具有高度的一致性。

总之，社群信息学基于社区需求的“自下而上”的 ICTs 接入理念，是数字乡村建设中应予以重视的建设思路，即：信息传播基础设施及相关资源的接入和分配，应基于乡村现实和村民需求；而社群信息学提出的社会资本积累、能力提升和赋权的导向，以及实现社区发展的目标，正是数字乡村建设的过程目标和终极目标。

乡村振兴、数字乡村等国家战略为社群信息学的“西学东渐”提供了实践的途径。但社群信息学在中国大地的应用过程，将无法回避理论自身如何适应我国社会文化情境的问题，以及其中可能的冲突与磨合①，这是所有理论跨入“异域”时必须面对的问题。比如，社群信息学的关键概念之一——社区，其组织形态和治理传统在中国和西方国家就有较大差异②，但这不应成为影响社群信息学为中国乡村数字化发展提供理论资源和实践借鉴的阻力。以社群信息学作为数字乡村建设的理论基础，结合中国乡村社区的现实情境，探讨数字技术在乡村自下而上的推广与应用，可为解决我国乡村社区信息化问题寻求行动方案。

第三节　数字乡村的建设目标：“可沟通乡村”

通过数字乡村建设，实现农业产业信息化和乡村治理数字化，有望改变以往乡村发展从属于城市、依附于城市的现实，建立一种新型的平等、共生、融合发展的城乡关系，是乡村发展的重大战略性转变。那么，数字乡村建设最终要达成什么样的目标？通过数字乡村建设，乡村最终要实现

---

① 于良芝：《Community Informatics 的“西学东渐”——期待与思考》，《中国图书馆学报》2013 年第 3 期。

② 英文中的“社区”（community）这一概念，最早由费孝通等学者翻译而来。费孝通认为，“社区是若干个社会群体（家庭、民族）或社会组织（机关、团体）聚集在某一地域里所形成的一个生活上相互关联的大集体”（《社会学概论》，天津人民出版社 1984 年版）。在中西方语境下，社区的功能并无实质性区别——人们以聚居、合作的形式分享公共服务体系，并在共有、共享的生活中获得利益，形成互助和依赖的关系。但组织形式和治理传统上，中西方社区则有较大差异。西方国家社区多因地理区域、种族信仰或利益团体而形成，社区运行以自治模式为主；中国乡村社区因地缘关系而形成，以村落为自然单位，由村民委员会这一带有行政色彩的组织作为社区治理的主体。

什么样的图景？一些研究者提出以“可沟通城市”作为城市生活新主张[①]的观点，在城乡融合发展的背景之下对数字乡村建设颇具启发意义。本书认为，在城乡融合发展已经成为中央决策、乡村数字化势在必行的今天，建设“可沟通乡村”，以信息传播缓解城市化冲击造成的乡村“原子化”“空心化”难题，为信息主体（农民）的信息传递、社会交往和意义生成等提供多重传播实践空间，应成为数字乡村的建设目标和未来图景。

一 “可沟通乡村”的评价指标

“可沟通乡村”，意味着信息传播技术要从信息提供和参与机会两方面来保障乡村的“可沟通性”，通过传播工具形成信息流动的物理空间、信息空间和文化空间，进而创造地方认同感、参与感与获得感。从这个意义上看，“可沟通乡村”的实质性评价指标应包括物理网络、信息网络、文化网络和能力网络 4 个方面。

（一）物理网络建设

物理网络的建设，指通过加强信息传播基础设施建设，为村民的日常交往、沟通、对话与合作提供物理空间。“可沟通乡村”的物理网络包括村民开展公共活动所需的公共交通、公共活动设施，公共交通如汽车站、火车站；公共活动设施如上网中心、图书馆、博物馆、村史馆、文化礼堂等。完善的物理网络是建设“可沟通乡村”的物质基础。

（二）信息网络建设

信息网络是村民开展信息沟通和信息交流活动的平台。信息网络建设包括为村民的信息传播、意见表达、公共参与搭建媒介平台，保障村民可以运用各类信息传播媒介，包括传统媒体电视台、报社、电台，服务于地方政务的官方微信、微博，各类 APP，村务微信群等。

（三）文化网络建设

文化网络建设意在为村民营造充满活力的文化共享与价值认同空间，包括各种开展多样化的文化娱乐活动，如电影放映、运动会、文化保护活动；以及富有特色的民俗活动，如清明节扫墓祭祖活动、重阳节敬老爱老

① 复旦大学信息与传播研究中心自 2012 年以来开展了系列“传播与‘可沟通城市’”的研究。

活动等。文化网络是村民参与公共文化活动、积累社会资本，进而获得认同感和归属感的空间。

（四）能力网络建设

能力网络建设是指构建常态化乡村社区学习机制，培育社区发展能力。如成立教育和培训部门，设置与农业生产需求相匹配的信息教育和能力培训项目，提升农民的数字化能力，这些能力包括与城市居民交往、互动的能力，将新媒介技术运用于生产生活的能力，享用、分享知识与信息的能力等。通过乡村社区能力网络建设，培育能够适应信息社会生存和发展需要的新型职业农民。

二 “可沟通乡村”中的传播角色

乡村的“可沟通性”体现为，以媒介和传播连接乡村内部诸要素，以及乡村与城市，将原本游离于信息社会边缘的乡村置于全球化网络的节点之中，成为参与信息社会的一员。“可沟通乡村”的目标和图景，涉及村庄治理、农业现代化、农村信息化、农民素质提升等，其中暗含乡土情结的维系、乡村文化的传承、村民认同感的凝聚、乡村自主性的激发等议题。在这其中，大众传播将扮演不可或缺的工具性角色，具体包括以下 4 点。

（1）以畅通的信息流动打破乡村的“原子化”“空心化”状态和乡村“传播失灵”困局，形成合作、互动、畅通的乡村关系，助力乡村治理。

（2）以传播推动农业信息的扩散与推广，促进传统农业向现代农业转变，实现农业、农村的现代化。

（3）通过知识与文化的传播，营造乡村价值共享与文化认同；搭建媒介传播平台，为村民参与乡村公共事务提供公共空间。

（4）以媒介勾连乡村内部，以及乡村与城市之关系，促进城乡信息互动与融合，推动新型城乡关系的建立。

总之，信息充分、传播通畅、沟通有效的“可沟通乡村”，离不开大众传播的参与；媒介与传播将在“可沟通乡村”中扮演关键角色。

第四节 数字乡村的中国实践：正在进行的试验田

2020 年 2 月 5 日，中共中央、国务院发布的中央一号文件《关于抓好“三农”领域重点工作　确保如期实现全面小康的意见》（以下简称《意见》）中强调，要依托现有资源建设农业农村大数据中心，加快物联网、大数据、区块链、人工智能、第五代移动通信网络、智慧气象等现代信息技术在农业领域的应用，开展国家数字乡村试点。《意见》将数字乡村建设工作提上议事日程。事实上，早在21世纪初，云南省就开始了数字乡村的探索；贵州省自2015年开始探索以“大数据”助力脱贫攻坚；腾讯公益慈善基金会作为一个公益组织，以“互联网+乡村”的模式推广“腾讯为村”项目，在西南贫困地区选择若干贫困村开展了数字乡村试点。本书选取云南省、贵州省以及“腾讯为村”作为研究案例，考察它们在数字乡村建设上的探索之路，剖析建设数字乡村面临的问题与挑战，以期为国家数字乡村试点工作提供启发。

一　云南：从乡村信息化到“数字云南”的曲折探索

云南省是一个多民族多文化交融的边疆省份，属山地高原地形，山地面积占全省总面积的88.64%，地理交通有诸多不便。为探索以信息化带动乡村发展的路子，云南省自2007年开始实施“数字乡村”工程，成为全国农村信息化建设起步最早的省份。云南省的“数字乡村”工程计划利用2007—2010年共3年时间投资3.5亿元，完成1.34万个村委会、10万个自然村的基础信息采集、网页制作和信息上网发布，并逐步完成全省农村工作信息化建设。作为全国第一个提出以信息化手段建设社会主义新农村的创新性工程，云南数字乡村工程有望改变传统农村经济社会管理模式，为全面建设社会主义新农村发挥示范作用。

（一）乡村信息化的早期探索

因在农村信息化建设方面的领先性创新，在2008年国家工业和信息化部等部委联合举办的中国“数字化创新奖”评选活动中，云南“数字乡村”工程荣获“推进中国城乡数字化进程杰出贡献奖”“中国数字化创新人物奖”和“中国数字化创新管理奖”3个奖项。2010年底，云南“数字乡村”工程建设完成了“数字乡村”工程信息网络中心和村级基础信息数据库，以及覆盖全省16个州、129个县、1348个乡共1494个“数字乡村”网站集群和13.7万个村级网页，形成了协同合作、上下联动的农业农村信息服务网络。

数字乡村工程的实施，为信息进村入户带来曙光。2016年云南大理州宾川县和玉溪市红塔区率先完成信息进村入户工作，并被农业部列为全国信息进村入户示范点。农业物联网、农业电子商务和电商平台陆续建成，农业信息化网络初具雏形。

但这项惠及云南广大乡村的信息化建设工程，自 2016 年以来出现了网站日常信息更新不及时，甚至没有更新，乡村基础数据更新缓慢等问题，背后原因不得而知。人民网的“地方领导留言板”中，针对网友关于数字乡村信息网络平台缘何“停运关闭”的疑问，云南省农业厅 2018 年 11 月 8 日的答复是，因云南省“深化财政预算体制改革，各级网站缺乏更新和维护经费”而导致“数字乡村”无法正常运转；“经研究，云南‘数字乡村’网站下一步将由 . gov 政府网站变更为 . net 互联网公益服务网站，并长期开放历史数据为社会各界提供互联网公益服务”①。截至 2022 年 12 月，云南“数字乡村”网站 http：//www. ynszxc. gov. cn（旧址）和官方宣布的新址 https：//www. ynszxc. net 均无法打开。

（二）“数字云南”扬帆起航

2018 年 6 月，中华人民共和国农业农村部将云南省列为第二批信息进村入户工程整省推进示范省之后，云南省的数字乡村工程再度扬帆起航。2019 年 1 月，云南省《政府工作报告》中，强调要推动数字乡村建设，开展“数字小镇”试点；抢抓数字经济机遇，全力建设“数字云南”，把“云上云”行动计划落地落实②。

2019 年 5 月，由云南省发展和改革委员会牵头起草、多家政府部门参与、涉及 210 个示范项目、预计三年总投资 1033. 44 亿元的《“数字云南”三年行动计划（2019—2021 年）》开始着手实施，面向广大农村地区推出“百兆光纤进乡村”工程，全面打造数字化乡村。主要内容包括以下 5 点。

① 人民网“地方领导留言板”（2018 年 10 月 19 日）网友留言如下：尊敬的阮省长，您好！我是一名研究“三农”问题的一名在读博士，2007 年底云南省投资 3. 5 亿率先在全国建成覆盖省、州、市、县、乡的数字乡村信息网络平台，包括了村域的自然资源、人口经济情况、文教卫生、农村经营管理等 10 项内容，对于了解农村现状，开展乡村振兴具有重要信息价值。然而由于最近几年减少投资，整个数字乡村网站处于停运关闭状态。希望政府部门继续开展数字乡村建设，解决和发展好“三农”问题，因地制宜，统筹城乡发展，促进生活空间宜居适度、生产空间集约高效、生态空间山清水秀。

② 云南省人民政府：《云南省人民政府工作报告（2019 年）（云南省第十三届人民代表大会第二次会议审议通过）》，2019 年 1 月。

（1）开展全省统一数字乡村综合公共服务平台建设，整合已有美丽乡村建设数据以及“12316”信息进村入户的服务内容，丰富和完善平台中的信息、产品、培训数据，服务农村发展需要。

（2）构建农村能源项目、秸秆资源化利用、农业废弃物资源化利用等项目的数字化监管能力。

（3）着力打造省、市、县联网的种业数据库，全面支撑涵盖种业审批登记、质量安全、追踪溯源等功能的种业大数据建设。

（4）构建农资产品信息溯源标准规范与监管服务，提供产品安全空间上实时全程监控、质量安全追溯。

（5）打造土地确权和流转管理服务体系，推进农村土地承包经营权交易管理信息化、现代化、规范化。深化乡村网格化管理，整合人、地、物、事、情、组织等要素信息，全面提升乡村管理精细化、智能化水平①。截至 2019 年 10 月 31 日，云南全省完成益农信息社建设 9523 个，覆盖率达到 79%②。

为弥补信息通信基础设施发展的短板，扩大网络覆盖范围，支持“数字云南”建设，2019 年 11 月，云南省人民政府出台了《“数字云南”信息通信基础设施建设三年行动计划（2019—2021 年）》，为数字乡村建设助力。该计划拟在三年时间内，完成乡村百兆光网的建设，同时引导电信企业逐步降低贫困地区开展农村电商、产业扶贫等信息化应用业务宽带接入资费，提高贫困地区宽带网络资源利用率。“行动计划”对 2019—2021 年的信息通信基础设施建设内容进行了详细分解，如表 7-3 所示③。

表 7-3　　云南乡村信息通信基础设施建设计划（2019—2021 年）

年度	建设任务	建设内容
2019	补齐信息通信基础设施发展短板	100%行政村宽带网络接入能力达百兆以上，自然村 4G 网络有效覆盖率达 80%

① 云南省发展和改革委员会：《“数字云南”三年行动计划（2019—2021 年）（征求意见稿）》，2019 年 5 月 31 日。

② 王淑娟：《数字农业推动高原特色农业再跨越》，《云南日报》2019 年 12 月 13 日第1 版。

③ 整理自云南省人民政府办公厅关于印发“数字云南”信息通信基础设施建设三年行动计划（2019—2021 年）的通知，http：//www.yn.gov.cn/zwgk/zcwj/zxwj/201912/t20191212_185551.html，2019 年 11 月 21 日。

续表

年度	建设任务	建设内容
2020	建设高质量信息通信基础设施	“百兆乡村”扶贫及打通光纤接入“最后一公里”，引导电信企业降低农村用户宽带接入资费；实施电信普遍服务4G网络覆盖项目，并向农村偏远地区延伸，自然村4G网络有效覆盖率达88%；分步推进5G专项工程，优选具备建设条件的特色小镇，实现5G网络连续覆盖
2021	整体提升信息通信基础设施能力	完善少数民族聚居区域和自然村的4G网络覆盖，自然村4G网络有效覆盖率达90%；边境沿线0—3公里人口聚居区、巡逻路线、学校、村卫生室全部实现4G网络覆盖；5G基站达到5.6万个，5G网络实现县城及各类行业领域的连续覆盖

从2007—2020年，从乡村信息化到“数字云南”，云南省的数字乡村建设取得了初步的进展，但亦经历了曲折的历程。以建设数字乡村为突破口，全面建设数字云南，将云南打造成“云上云”，是云南省在“数字中国”这一宏伟蓝图下的乡村数字化建设目标。

二 贵州：“大数据、大扶贫”带动下的数字乡村建设

贵州省是近海内陆省份，92.5%的面积为山地和丘陵，73%的面积为喀斯特地貌，是全国唯一没有平原支撑的省份。贵州全省交通相对闭塞，经济发展较为落后，是全国贫困人口最多、贫困面最大、贫困程度最深的省份，脱贫攻坚的难度较大。贵州省对数字乡村的探索，起步于将大数据技术应用于精准扶贫；之后继续探索将信息传播技术应用于乡村治理和乡村现代化，开启数字乡村的美好生活。

（一）大数据技术助力脱贫攻坚

早在2015年12月，贵州省开始探索建设“扶贫云”，依托“云上贵州”数据共享交换平台，尝试将大数据应用于精准扶贫。“扶贫云”关联公安、教育、工商等12个扶贫相关行业部门数据，实现对全省贫困户家庭状况的实时监测与精准定位，为精准扶贫和精准脱贫提供数据支撑。

“扶贫云”还对贫困家庭开展了分类帮扶，以种植养殖业、旅游加工业为抓手，大力发展产业扶贫。“扶贫云”以大数据助力产销对接，重点打造绿色农产品产销对接体系，为全省涉农产品生产和销售决策提供数据依据，统计正常经营的种植养殖基地、合作社等4723家，累计采集、清

洗、加工、分析 1.3 亿条数据，服务 6500 多家企业，推动 5 亿元贵州产品上行①。

在 2019 年 5 月举办的中国国际大数据产业博览会上，“贵州修文农投猕猴桃大数据融合产业项目”“罗甸县郎当合作社火龙果大数据项目”入选“大数据+扶贫”十大应用案例。“贵州修文农投猕猴桃大数据融合产业项目”通过建设大数据物联网可追溯云平台，对贵州省修文县 495 家猕猴桃种植户的基础信息、施肥、用药、生长、采摘等进行信息化数据采集、监测，并通过果园二维码实现全程可追溯管理，成为将大数据应用于精准扶贫的成功案例。“罗甸县郎当合作社火龙果大数据项目”通过搭建完善的基地基础物联网，建立数据生产模型和网络溯源销售平台；通过完善火龙果种植体系，提高火龙果产量和品质，拓宽销售渠道。在贵州的铜仁市石阡县大屯村，种植茶叶的村民掌握了新技术后，用大数据智能监测茶叶品质，通过手机就可以掌握茶叶的实时数据，并根据这些数据对茶叶的种植做出相应调整。

截至 2019 年 6 月，贵州省已经培育 70 个国家级电子商务进农村示范县和 23 个省级电子商务进农村示范县，建成县级电商运营服务中心 60 余个、村级电商服务站点 10220 个，快递物流覆盖全省 80%的乡镇②。通过电商平台，众多农产品进入大市场，销售到全国各个地区。

（二）信息传播技术实现乡村治理现代化

大数据应用于精准扶贫取得初步进展后，贵州省探索将信息传播技术应用于乡村治理，提升乡村治理的现代化水平。2019 年下半年，由贵州省住房城乡建设厅牵头，自主开发了全省农村住房信息管理系统——贵州数字乡村建设监测平台。该平台通过结合脱贫攻坚农村危房改造和住房保障工作的开展，收集和储存了贵州农村现有住房的完整信息，改变了之前纸质存档、线下收集和管理的传统工作模式。政府部门的工作人员可通过该平台实时查看某一辖区农村住房总量、危房总量、四类对象数量等信息，监测辖区住房保障核实进度。

贵州数字乡村建设监测平台目前为贵州全省农村居民提供了手机

① 刘久锋：《“农业云”结出智慧果——数字乡村建设的贵州探索》，《农民日报》2019 年 6 月 4 日第 1 版。

② 刘久锋：《“农业云”结出智慧果——数字乡村建设的贵州探索》，《农民日报》2019 年 6 月 4 日第 1 版。

APP 下载，开通的模块有“农村住房信息核查”“村镇生活垃圾收运”“农村危房改造工程”“乡镇生活污水处理”“共同缔造励志超市”“传统村落建设管理”共 6 个模块，将农村危房改造和住房保障工作与乡村治理、乡村文化传承与传播工作结合起来。

在乡村文化的传承与传播上，手机 APP 设计了“传统村落数字博物馆”模块，用户通过此模块可以体验贵州乡村原生态的景象，包括汉族、苗族、布依族、侗族等各民族木结构、石结构、生土结构等多样式的建筑风情，碉楼、祠堂、山寨，村志族谱、民族服饰、自然生态等民俗文化。

三 “腾讯为村”：为“失连”乡村开启美好数字生活

腾讯公益慈善基金会一直致力于乡村互联网能力建设，并于 2015 年 8 月启动“腾讯为村”项目，开始了“互联网+乡村”的探索。该项目设立的背景，是腾讯公益观察到信息化浪潮中的中国乡村长期处于“失连”状态——不仅表现为“信息失连”，还表现为“财富失连”和“情感失连”，尚未进入便捷的移动互联网智慧生活，并与城市社会拉开了巨大的数字鸿沟。“腾讯为村”项目创办为村公众号、为村课堂、为村资源平台，探索“互联网+”模式下的数字乡村建设，为推进乡村社会治理、激发乡村振兴的内生动力做出努力。

（一）“腾讯为村”公众号及其功能

“腾讯为村”构设的数字乡村模式如图 7-1 所示。

上述模式下数字乡村功能的发挥，主要通过腾讯为村公众号的运行实现。“腾讯为村”公众号的功能模块有：为村学习、党建之家、乡村振兴、为村课堂，为来自全国各地的村民提供掌上智慧生活。

截至 2021 年 4 月，全国已有 16317 个村庄入驻“腾讯为村”，通过身份认证的村民有 253.2304 万人，党员 18.8533 万人①。“腾讯为村”为全国众多村民提供了移动生活的共享平台，同时指导、激励各村村委、党员使用平台功能，带领村民实现跨村交流。“腾讯为村”的“热门话题”为村民提供了交流平台，村民可以发起话题，亦可参与感兴趣话题的讨论。如 2020 年 2 月，正是新冠病毒肆虐之时，“热门话题”的讨论主题是：加油！为村抗“疫”人。

---

① “腾讯为村”公众号提供的即时数据。

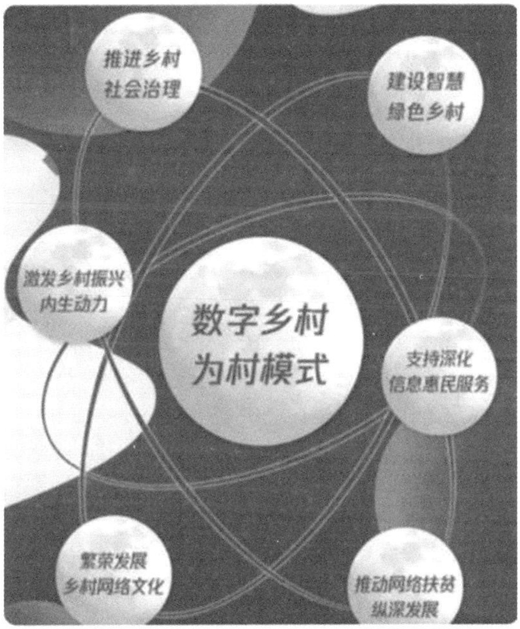

图 7-1　数字乡村的"为村模式"

"腾讯为村"还开设微店"为村市集",利用为村平台的社交功能宣传农产品，扩大农产品的销售渠道——村民将购买链接分享给其他人之后，每成交一笔，就能获得佣金提成。

(二)"腾讯为村"的数字村庄试点[①②]

自 2015 年以来，腾讯公益在中国西部贫困山区选取典型村庄，投入资金、人力开展重点帮扶，以互联网接入、信息惠民、改善乡村社会治理、提升村民信息能力为目标，支持西部贫困乡村发展。6 年多来，腾讯为村开展了多个数字村庄的试点建设，其中贵州黎平铜关村为试点村，为其他村庄的互联网实验提供了样本。

贵州黎平铜关村位于黔东南苗族侗族自治州黎平县，由 4 个自然村寨组成，群山环绕，交通不便。4 个自然村寨共有居民 460 户，村民 1863 人，其中侗族占 93%，青壮年劳动力多外出打工，村中多为留守儿童和

① 《一个贫困乡村的移动互联网实验》,《潇湘晨报》2015 年 8 月 15 日第 10 版。

② 陈圆圆、庄婉聪、郑碧燕：《"腾讯为村"：为乡村发展接上互联网》,《民生周刊》2019 年 9 月 10 日。

老人。2014 年 11 月铜关村在腾讯公益基金会的帮助下接入互联网；2015 年 8 月腾讯公益在铜关村举办“腾讯为村开放平台”发布会，正式宣布铜关村为“腾讯为村”开展数字乡村探索的首个试点村。腾讯公益基金会联合中国移动和中兴公司在铜关村建立 4G 通信基站，并为接受互联网技能培训的村民提供价格优惠的智能手机。留守老人可以用手机听侗歌、看侗戏，还可以与在外地打工的儿子视频聊天。随着智能手机在村民中的普及，村委会还创建了村务交流微信群，通过微信群发布村务通知、种植养殖信息、招工信息、买卖信息、低保公示等关涉村民切身利益的实用信息。除了村务交流微信群外，村民还自发创建了兴趣爱好交流微信群，如：侗歌爱好群、快乐群、亲子交流群等。

为保护和传承侗族传统建筑文化，腾讯公益投资 1500 万元，带领村民用传统的建筑风格和技术修建“铜关侗族大歌生态博物馆”，包括侗族大歌音乐厅、花桥、戏台、客房、办公楼、长廊、民俗文化展示厅，还为来访者提供互联网体验区。博物馆不仅成为向游客展示侗族传统民俗文化的窗口，亦是村民开展公共活动、使用移动互联网的重要场所。

目前，铜关村已经在“腾讯为村”平台上开通了自己的公众号，村民关注公众号、完成身份认证后，就可以通过“村友圈”了解村里的最新通知、热门话题，参与村务话题的讨论；“党务”板块为党员提供了组织学习的平台，“村务”板块让村民及时了解村务公开信息，或者就村务管理提出意见和建议等。截至 2021 年 4 月，“铜关村”公众号已通过认证村民 547 人，认证党员 21 人。通过公众号上的“为村一起卖”，村民们足不出户，就可以将当地特产香禾糯、红豆、黎平茶等销往全国各地。

继贵州黎平铜关村试点之后，腾讯公益还建设了多个数字乡村试点，包括以下 5 个。

（1）甘肃陇南冯家峡村

冯家峡村是甘肃省陇南地区一个贫困落后的村庄。加入“腾讯为村”后，167 户 583 名村民中，除了老人和儿童外，拥有智能手机的村民全部接通互联网，在本村公众号上认证身份的村民达 347 人，认证党员 26 人，每日村民公众号上活跃次数 2000—3000 次，分享、交流村务信息。原本民风彪悍的冯家峡村，正在成为充满正能量的美丽乡村。

（2）湖南湘西的“青年为村”

湖南湘西共八县市的多个村庄，通过“腾讯为村”平台汇聚见过世面、掌握知识与技术的青年人，鼓励他们返乡创业，加入为村管理团队，为乡村发展奉献青春和智慧。目前多个村庄都拥有自己的青年管理团队。

（3）四川邛崃陶坝的智慧村务

在四川邛崃的陶坝村，村委会用活用好“为村”平台，开展智慧村务。村委会将党建服务、产业发展、政务服务、便民服务等村务工作搬到了为村平台上，让村务信息更加透明，村务管理更加高效。2017 年 5 月发起的“全村秀・最好人缘”网络评选活动，不仅展示、传播了陶坝村的文明村风，更调动了村民参与村务管理的积极性。

（4）内蒙古巴彦社区的智慧党建

草原牧区地域辽阔，牧民居住较为分散，当地社区开展党建工作面临“最后一公里”难题。内蒙古巴彦社区利用“为村”平台，实现党的组织资源开放共享、党的组织生活开放互动、党的基层组织开放共建，突破了因地域辽阔和居住分散带来的难以发动和组织党员活动的难题。

（5）四川广汉的“为村评三农”

四川德阳广汉市依托“为村”平台，2018 年 1 月开展了“为村评三农”活动，鼓励村民充分借助互联网手段对村务开展民主评议。在“为村”平台上开通公众号的 115 个村（社区）的村民，可以在本村（社区）的“为村”平台上查看市委农工委、农业局、水务局、林园局、粮食局 5 个农口部门的年度工作报告，对这些部门的工作进行评价。

第五节　国家数字乡村试点：河南鹤壁淇滨区“岗坡模式”

2020 年 10 月，中央网信办、农业农村部等七部委联合公布了国家数字乡村试点名单，河南省鹤壁市淇滨区入选。截至 2021 年 3 月研究者赴淇滨区调研之时，该区 94 个行政村共建设基站 672 个，已全部实现宽带、4G 网络全覆盖，并加快了“互联网+”工程建设步伐，全区 663 项行政审批和服务项目全部上线河南政务服务网，建设益农信息社 110 家，扶持各类农民专业合作社 93 家，家庭农场 11 家，现代农业产业化龙头企业 17 家，培育了中国（鹤壁）农业硅谷园、饮马泉薯业合作社，以及桑园村、岗坡村、白龙庙村、许沟村等 20 多个农业信息化和数字乡村建设典型。

鹤壁市的岗坡村位于淇滨区钜桥镇东部，是城市规划区外的保留村庄。该村曾是明朝中期兵部尚书、监察御史王越的故里。全村共有 320 户 1537 人，耕地 2419 亩，岗地 1800 亩，是河南省新农村建设先进单位，省级生态农业示范村。获批国家数字乡村试点之后，鹤壁市淇滨区政府以岗坡村为示范点开展建设工作，计划待经验成熟后向区内其他村庄复制、推广“岗坡模式”。

一 “岗坡模式”及其运营

（一）政府主导、企业承建

岗坡村的数字村庄建设采取政府主导、企业承建的合作模式。具体而言，淇滨区政府提出建设总体框架，承建企业——新农邦集团作为全国领先的农业农村信息化、数字化解决方案提供商，负责架构商业模式、数据运营、推广合作等。淇滨区政府与新农邦集团的合作方式为：政府作为发起方，提出建设数字乡村的愿景、运作框架和数据整合需求；企业围绕数字乡村建设的数据需求搭建合作框架，并持续完善；数字乡村数据库初步搭建完成后，政府根据现有数据，提出推进数据在民生民政方面的应用，企业则持续收集数据和推进商业模式建构，根据市场需求调整、更新数据库。在合作过程中，企业在市场开拓上拥有较大的自主权，但数据运营和数据更新，则需通过政府审核。上述合作方式，可用图 7-2 表示。

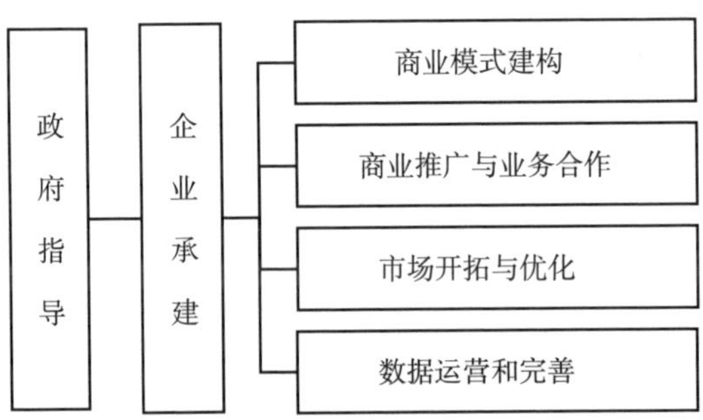

图 7-2 政府、企业合作示意图

（二）“5+12+N”运行框架

在政府指导、企业承建的合作方式下，数字乡村“岗坡模式”中的商业运营由新农邦集团承担。“岗坡模式”的运行框架可概括为“5+12+N”。

“5”是指构成“岗坡模式”的五大基础：数字乡村大数据库、数据管理服务平台、数字乡村服务中心、三方运营机制、四级合作体系。这五大基础要素解释如下。

数字乡村大数据库是数字乡村的数据基础。新农邦集团采集乡村人口、土地、财产等全方位的数据，整理、建立类目后形成数字乡村大数据库。

数据管理服务平台负责大数据的应用和管理，并根据村民的应用反馈，完善数据的持续更新和内容配置。

数字乡村服务中心在“岗坡模式”中扮演了“四器一中心”的角色，包括：党在农村政策法规的增强器——向村民传播和解读党的有关政策法规；农业科学技术推广的转换器——向村民展示和讲解新技术；村情民意及信息数据的采集器——收集民意，便于政府和企业更好地完善数字乡村建设；现代服务、新模式新业态的连接器——提供新鲜资讯与新应用在农村的推介平台，如无人驾驶车进村镇、自助洗车等项目；数字乡村村级信息中心——向村民和总平台展示该村镇的数据，便于各方了解村庄概况，发现并解决问题和促进与其他地区协同合作。

三方运营机制，是指政府、企业、村镇共同秉持“合作共享、生态赋能”的理念，三方资源合作共享，发挥村镇自身的生态天赋，共创价值。

四级合作体系，是指致力于促进省、市、县、村 4 个层级的有效合作体系。为协调四级合作，数据运营服务站在各层级设立了特色部门。省级：设有省级数字乡村数据库、大数据管理服务总平台；市级：设有市级数字乡村数据库、合资合作机构资源集成与支撑服务分平台；县级：设有县级数字乡村运营服务中心；村级：设有乡镇数字乡村示范村镇服务站带点。不同级别的部门负责不同体量和不同领域的工作，实现了信息流通和资源互补。

“12”是指岗坡数据运营服务站提供的 12 条“服务专线”，分别是公益便民、健康医疗、金融保险、双创就业、呱呱农服、神州居易、呱呱牧易、生态生活、新农商城、智慧三农、文旅教育、云仓物流。

最后的“N”是指，以“5+12”基础，数据运营服务站开展 N 个应用，如：“园司令”（帮助村民管理菜园、果园等农作物的 APP）、“小微权力”（帮助村民办理村务的 APP）、益农电商等。

（三）数据运营六大模块

岗坡数字乡村的数据运营包括如下六大模块。

第一，资产资源数字化。对岗坡村的耕地面积、种植业规模、农业机械拥有量等作统计分析，明确岗坡村的集体资源，并将集体资源数字化，录入数字乡村大数据库。

第二，村务管理数字化。将数字技术管理应用于岗坡村的村务管理，公开“三资”（资金、资产、资源）管理，发布村情变动、招人招工、教育培训等信息。村集体经济的收益和支出，及时公布统计数据，接受村民监督，保障村民的知情权、监督权和参与权。

第三，农业产业数字化。将数字技术应用于农业产业，以提高农业生产效率。以岗坡村著名农业产业饮马泉薯业为例，将人工智能技术应用于红薯种植，对土壤、温度、光照等要素进行综合分析，匹配出利于红薯生长的最佳条件，以提高红薯产出效率。在销售环节，运用大数据分析不同季节的红薯在全国各地的市场行情，以指导红薯的生产与销售，如：春季应种植什么品种的红薯，秋季应将红薯运往哪些地区销售（效益最佳）。

第四，生态环境数字化。将数字技术应用于岗坡村生态环境治理，为村民提供一个“看得见”的优质生活环境。人居环境监测数据，包括岗坡村生态宜居监测站数量、天然气接入户数量、垃圾分类站数量、厕所改造数量等数据动态更新。像生态宜居监测站，可以实时监测到空气温湿度、风速风向、二氧化碳含量等数据。

第五，便民服务数字化。将数字技术应用于岗坡村的便民服务，包括培训就业、健康水站、共享打印机、金融保险、“益农拼购”等，旨在帮助村民“进一扇门，办百件事”。

第六，农业经营数字化。将数字技术应用于农业经营，建立农产品质量安全追溯体系和农产品交易数据库。消费者扫描农产品的二维码，即可追溯农产品从种植到餐桌的全过程；农户可根据交易大数据实时变动调整农产品经营策略。

（四）信息服务站嵌入乡村生活

在岗坡村国家数字乡村运营服务站，综合便民服务区、益农服务合作社、快递站和信息公开区服务于村民日常生活，为村民解决“急难愁盼”问题。

综合便民服务区为村民办理服务数字化领域的业务提供了便利，包括：小额存取款与转账查询、益农管家（生活缴费，水、电、燃气充值缴纳等）、呱呱就业、金融保险等业务，以及新基建共享打印机、碧水源健康饮水站等业务。

> 综合便民服务区实实在在地帮助村民解决了许多生活中的小难题。以小额存取款、转账查询为例，不少老人在每月养老金发放后都会前来查询余额，而之前老人们都是乘坐公交到镇子里查询。现在不用跑那么远了，（便民服务区）帮助不少老人解决了心头大事。（2021年4月14日访谈运营服务站王某）

在益农服务合作社，村民使用微信扫码激活医保电子凭证，看病住院时不用带医保卡，便可网上医保购药、医保缴费、医保查询。截至2021年4月研究者开展调研工作之时，岗坡村已有110名村民成功激活医保电子凭证，开启“线上医保”体验。

岗坡村还设有“益农拼购”合作快递站，实现了快递进村。村民通过“益农拼购”小程序下单购买产品后，即可来快递站点取货，无须再跑到镇上或者县里的快递点。2021年春节期间，“益农拼购”与岗坡村“人文小镇”景区开展合作，在“益农拼购”平台上以全网最低的价格进行门票推广销售，销售门票1000多张，使“人文小镇”成为岗坡村春节期间最受网友欢迎的“益农产品”。

在运营服务站的信息公开区，展示了岗坡村乡村振兴概况、党政服务信息和鹤壁市气象台提供的一周内天气预报，以帮助村民了解正在推进的乡村振兴战略，获取党务政务资讯，以及根据天气变化及时做好农业生产安排。

二　“岗坡模式”的问题及改进

作为国家数字乡村试点，河南省鹤壁市淇滨区以岗坡村作为试点村庄，探索出数字乡村的成熟模式后再向周围村庄“复制”的做法，值得推广。岗坡村经过一年多的数字乡村试点建设，已经完成了基础数据库的搭建，初步实现了农业数字化，并逐步实现了乡村的数字化治理。但通过深度访谈鹤壁市乡村振兴局相关领导、岗坡村运营服务站工作人员和当地村民，研究者发现“岗坡模式”仍面临一些有待解决的问题，需要政府各级部门和数据运营商共同努力。

首先是现有合作模式的僵化。“岗坡模式”下的数字乡村试点推进，由地方政府提出功能要求，企业负责搭建数据平台，以及平台数据的运营和维护。研究者在对新农邦集团派来的运营项目经理访谈时，他坦言：

> 数字乡村建设的进度首先受到政府推进速度的制约。不管是淇滨区目前的数字乡村重点岗坡村，还是新拟定的下一个重点牛横岭村，每一步推进都需要向政府汇报，并获得政策支持。但是，政府的行政审批流程烦琐且漫长，有的审批下来可能就是半年之后啦。这导致数字乡村建设只能小步前行。（2021 年 4 月 14 日访谈项目经理于某）

依靠行政“指挥棒”自上而下推进数字乡村，企业无自主设计的权力，更不可能基于村民需求去设计数字村庄的功能。长期以来的行政逐级审批制度，一定程度上制约着数字乡村试点推进工作的进度，带来了鹤壁市淇滨区数字乡村发展“只看岗坡村”的窘境。

其次是村民信息能力有待提升。因大量青壮年进城务工，现阶段岗坡村的常住人口仍以中老年人、儿童为主，这些群体的互联网使用技能欠缺，信息能力不足。在村务管理信息化领域，岗坡村近七成的老人因年迈体弱、不掌握数字化技术，需要服务人员到家里协助他们完成网上办理社保认证的操作；在经营信息化领域，一些村民不会操作数字化管理平台，不能及时了解和获知村务信息，甚至导致对基层政府有怨言或误解。比如政府征用岗坡村土地的公开信息和补偿方式已经发布，但一些村民并没有通过信息公开平台查看，而认为土地流转资金“迟迟不到账”，是政府想“赖账”；但被问及是否知道申诉方式渠道或方式，或者查看村务信息的渠道，这些村民们摇头，一脸茫然。

最后是对历史文化传承的忽略。鹤壁市是历史名城，岗坡村也有自身的文化底蕴，一些历史文化资源可以也应该成为数字乡村的建设内容之一。但调研发现，岗坡数字乡村建设中缺少对本地历史文化的数字化再现、保存和传承。接受访谈的政府工作人员和新农邦集团岗坡项目负责人均表示，合作初期首先要考虑企业的经济投入和收益，暂未开展文化建设项目。因文化资源开发的投入成本较高，建设周期较长、效益前景不确定，导致数字乡村的前期规划和建设尚未将其纳入考量范围。

针对调研发现的问题，研究者提出如下思考和建议。

第一，现有合作模式下，“政府指一步，企业落一步”的层层审核、步步为营，在试点建设初期稳定地构建了“岗坡模式”这一示范点，但这样的思路很难适用于下一步数字乡村建设的快速推进工作。笔者认为，在数字乡村建设已有试点成效、已有具体典型的情况下，以点带面，快速扩张——政府、政策、企业三方应以新的试验村作为基点同步发力，由各级政府部门审核后再层级行动的单核心启动模式，转换更为有效的多核心联动循环模式，在政策实施、资金扶持、项目推进等方面，边试点、边总结、边推广。

第二，基层政府联合社会力量、农村社区持续开展信息化培训和科技下乡活动，加强对农村留守儿童、妇女、老年人网络知识普及和教育；加强农民信息素养培训，提升农民网络安全防护意识和技能。充分发挥第一书记、驻村工作队员、大学生村官、科技特派员、志愿服务者以及回乡创业人员在信息传播、知识扩散中的“意见领袖”作用，培育农民信息能力，提升农民信息素养。

第三，数字乡村建设的终极目标，不在于乡村里的数据增加多少，而在于数据为乡村保留并传承了什么。每个乡村积淀多年的历史与文化，是最珍贵的民间瑰宝。要建设好数字乡村，需要在发展经济的同时关注文化的保护与传承、良善民俗民风的保留与流传。发展数字乡村的目标，不是一座座千篇一律的网红小城市，而是一座座风景各异、美丽舒适、充满温馨回忆和文化底蕴的家园。在这个过程中，建设者应一方面以新技术、新手段对非物质文化遗产进行数字化转化和传承；另一方面通过各种形式开展对村民，特别是青少年群体的文化保护知识宣讲，使所有村民都参与到地方文化的保护和传承之中，增强青少年群体对地方文化的认可与认同。

第八章

他山之石：全球数字乡村建设的实践与启示

信息传播技术在全球的扩散，将不同区域、不同群体带入信息社会的同时，亦带来了新的信息分化和信息不平等。世界各国在大力发展信息化、数字化的同时，城乡差距和城乡数字鸿沟亦是难以回避的问题。作为城乡信息分化和数字鸿沟的治理方案，数字乡村建设成为近几年世界各国推进的一项国家战略。本部分将梳理全球各国治理信息贫困、建设数字乡村的经验，以期为我国开展国家数字乡村试点工作提供启示。

第一节　联合国教科文组织的信息减贫行动①

联合国教科文组织于 1996 年在米兰成立地中海与世界文化视听传播观测站（Observatory for Cultural and Audiovisual Communication in the Mediterranean and in the World，OCCAM），主要关注数字革命为全球发展带来的变革，致力于推动信息传播技术在贫困地区的扩散与应用，为处于弱势的社区和穷人提供知识和信息传递，协助联合国实现可持续发展目标。OCCAM 现任主席是联合国信通技术和发展联盟高级顾问 Pierpaolo Saporito，委员会成员来自埃及、法国、英国、美国、阿尔巴尼亚、洪都拉斯、意大利等诸多国家。

一　开展信息减贫研究

OCCAM 于 2001 年启动信息减贫的相关研究，并在洪都拉斯选择一个

① 此部分文字及图片整理自地中海与世界文化视听传播观测站（OCCAM）网站提供的介绍资料，https：//www.occam.org/.

村庄作为实验研究的个案，关注如何通过信息传播技术的普及来消除贫困和促进发展，致力于将村庄建设成为“数字乡村”。

2003 年，OCCAM 正式成为联合国的一个分支机构，并在纽约的联合国总部设有常设秘书处。OCCAM 在俄克拉荷马大学建立了信息贫困研究中心（Info-poverty Research Center），在美国学术界传播信息减贫的理念，并在非洲、拉丁美洲、亚洲和欧洲四大洲开展行动研究，通过信息传播技术的普及改善贫困人口的生活境况。2005 年 11 月，在联合国于突尼斯举办的信息社会世界峰会上，OCCAM 提交的“数字乡村”建设方案被大会推广。

OCCAM 每年在纽约联合国总部举办“信息与贫困”世界大会（图 8-1 为会议场景），呼吁全球关注数字革命及其在减贫中的作用。通过举办会议，旨在为信息与贫困研究项目汇聚智慧，应用于全球的信息减贫事业。OCCAM 还不定期举办信息技术研讨会，作为“信息与贫困”世界大会的前期工作会议，为世界大会筹备议题；同时举办信息技术展览会，展示信息减贫的实践案例，以及信息传播技术的前沿创新。

图 8-1　“信息与贫困”世界大会现场

自 2001 年以来，OCCAM 每年举办的“信息与贫困”世界大会均会审议通过一项信息减贫计划，用以帮助发展中国家和地区处境不利的贫困人口。表 8-1 是 2001 年以来每年的信息减贫计划主题和当年推广的技术应用。

表 8-1　　OCCAM 信息减贫计划（2001—2021 年）

年度	减贫计划的主题	推广的技术应用
2001	探索信息贫困解决方案	全球卫星互联网
2002	从解决方案到具体行动	维基百科
2003	减贫新工具与最优方法	Skype 网络电话
2004	用于发展的 ICTs 前沿技术	Facebook
2005	数字减贫：行动者及其策略	谷歌地图
2006	战胜贫困，为所有人创造繁荣	Twitter
2007	面向推进 ICTs 应用	iPhone
2008	推广低成本智能技术	个人化医疗设备
2009	千年发展目标背景下 ICTs 的善用、滥用与拒用	手机拍照技术
2010	数字革命如何战胜贫困	iPad
2011	电子服务：发展的新范式	可插入式太阳能板
2012	数字革命的驱动力	3D 打印
2013	技术创新、国家发展与赋权人民	传感器和机器人设备
2014	新数字革命启动并加速千年发展目标的实现	全球数字平台
2015	可持续发展目标：数字时代的挑战	全球连接技术
2016	ICTs 服务于所有个体的自由和尊严	世界粮食安全数据中心
2017	知识、技术的传播与转化	物联网
2018	集体创造力与数字革新	区块链
2019	智能城市何以对抗贫困	3D 打印壳体
2020	迈向千年发展目标引领下的数字社会	东非—西非农业带
2021	创建更加公平和更具包容性的数字社会	—

二　探索 ICTs 村庄建设

OCCAM 将建设 ICTs 村庄（Information & Communication Technologies Village）作为“数字乡村”实践，在一些新兴（工业）国家的欠发达社区普及现代信息技术及相关服务，以实现农村社区的现代化。建设 ICTs

村庄的初衷，OCCAM 总结为：（1）为年轻人提供接受教育和培训的机会，提升村民就业能力，增加村民就业机会；（2）确保村民享受基本的健康和医疗保障；（3）为所有农村社区提供互联网接入，以增强农村社区的社会经济发展能力。

ICTs 村庄的建设，经历了诸多波折。OCCAM 在洪都拉斯创建的第一个 ICTs 村庄，创建不久便遭到毁灭性的飓风米奇（Hurricane Mitch）的破坏。经过多次调整方案后，2003 年 11 月，OCCAM 在世界信息安全峰会上提出以突尼斯的 Borji Ettouilat 村作为试验项目，重建 ICTs 村庄。这个实验性项目得到了突尼斯一些基金会的支持，所推进的远程医疗、在线学习和社区互联网连接工作得到周边国家的认可，秘鲁、埃塞俄比亚、多米尼加共和国、莱索托、加纳、马达加斯加等一些国家的乡村社区建设项目，采纳了 ICTs 村庄的方案和模式。美国战略与经济司令部全球创新与战略中心在拟定乡村基础设施建设方案时，亦参考了 ICTs 村庄的建设思路。

在黎巴嫩南部的 Meissal-Jabal，OCCAM 援建了一个 ICTs 村庄，为难民聚居的社区提供了两个信息化教室、卫星通信设备，以及用于远程咨询和远程帮助的专用设备。OCCAM 还为难民社区提供了儿童教育和培训，为失学儿童重燃希望。见图 8-2、图 8-3。但不幸的是，2006 年的黎巴嫩战争中，ICTs 村庄与许多村庄一起遭到破坏。尽管如此，OCCAM 还是与

图 8-2　ICTs 村庄为难民社区带来希望

图 8-3 ICTs 村庄的研究者与专家和村民在一起

文化部和国际电影电视协会一起，创办了贝鲁特电影节（Beirut Film Festival），并为黎巴嫩重建了国家电影档案馆，为黎巴嫩人民送去知识和信息。

第二节 亚洲的数字乡村探索

亚洲面积 4457.9 万平方公里，约占地球总面积的 8.6%，占地球陆地总面积的 30%，是七大洲中面积最大、人口最多的一个洲。亚洲不仅以其庞大的总面积和人口而闻名，还以密集的大型定居点以及广阔的人口稀少地区而著称，其 45 亿人口（截至 2019 年 6 月）约占世界人口的 60%。韩国和日本同为亚洲为数不多的发达国家，它们的数字乡村建设是亚洲数字乡村建设的典型。印度作为亚洲的中低收入国家，近几年通过“智慧乡村”的建设来改善农村的信息落后面貌，取得了一定的成效。

一 日本

日本是东亚的一个岛国，位于太平洋西北部，从北到南的 5 个主要岛屿是北海道、本州、四国、九州和冲绳。日本是世界第十一人口大国，也是世界上人口最稠密和城市化率最高的国家。信息通信行业在日本的经济发展和文化繁荣中发挥着重要作用，技术发展已在移动通信领域得到广泛认可。日本当局将 ICTs 行业视为未来经济增长的主要支柱之一，其国家信息技术战略与智慧乡村建设规划走在前列，对国际数字乡村建设具有借鉴意义。

（一）农业信息化发展特点

（1）由点及面推进信息化

日本农业信息化采取了自下而上的推动方式——先在关西地区局部实验，成功之后再将经验向全国范围内推广。计算机技术的运用开始并不是大规模的，主要是在农户与农协之间传递市场信息，方便农户与农协、农户与农户之间联系，逐步探索并向全国推广，建立全国联机网络。近些年，日本的农业情报技术网络逐渐整体化，通过专用、公共等无线通信网络，将计算机处理数据库和大型农业数据库、网络气象数据库、温室管理数据库以及个人计算机进行连接。在连接的过程中，农业管理人员、农业技术人员、农户、农协均可以随时查询、利用这些网络数据，这些数据将农业最新技术、农业重要文献资料、市场信息、病虫害预报、天气预报等融为一体，极大地方便了农民的使用。同时，日本政府还十分重视计算机在乡村的普及，针对农村人口老龄化的严峻现实，专门开发了老人界面，政府出资培训老人相关技术，促进了农业信息化与老龄化的结合①。

（2）开发农业市场信息系统

日本是人多地少式农业，也是自给自足式农业，加之其特殊的地理形态，农业流通领域的信息化建设显得尤为重要。日本建立全国联机网络，最重要的网络体系在流通领域，一个是日本农产品中心批发市场主导的农产品市场销售服务信息系统，实现了日本国内 85 个中央批发市场及覆盖全国的 560 个地区批发市场，包括海关进口农产品信息的即时共享；另一个是日本农协主导的全国 1800 个综合农业组合关于农产品产量及价格行情走势预测信息系统。这两个系统的信息量大，更新及时，为日本农户及时了解国内外各类农产品市场行情提供便利。日本农业在流通领域面临着巨大的压力，为了促进流通信息化的发展，相关部门开发了农产品网上销售系统，如 2007 年建设的"生鲜系统电子交易平台"，平台中不仅有交易和市场信息，还有订货、发货、结算等标准，完善了农产品物流体系②。

---

① 杨艺：《浅谈日本农业信息化的发展及启示》，《现代日本经济》2005 年第 6 期。

② 何迪：《美国、日本、德国农业信息化发展比较与经验借鉴》，《世界农业》2017 年第 3 期。

(3) 推广农业科技信息系统

日本重视科技的转化与运用，在农业科技中也不例外。自 1994 年开始，日本政府陆续实施了家庭农业管理、农业经营专家支持、农业生产科技指导等多个科技信息系统建设，实现了与全国农业科研机构、地方农业推广部门和农业改良部门之间的信息共享。日本将 29 个国立农业科研机构、381 个地方农业研究机构及 570 个地方农业改良普及中心全部联网，便于农民及时了解最新农业科技的发展。此外，日本政府在信息化网络构建中，还非常重视农民的计算机、网络知识培训，尤其是重视对偏远山区农民的培训，日本各国立大学、农林水产省的农业学校每年会定期举办信息网络技术培训工作①。

(二) 农业信息化发展举措

(1) 夯实 ICTs 基建助推 "Society 5.0"

早在 2001 年，日本政府将多个信息相关的职能部门整合，提出首个国家信息技术战略 "E-Japan 2001—2005"，意在创建高速、廉价的互联网络环境，健全电子商务相关法律环境，建设方便国民行政服务的电子政务系统，培育一批优秀的 IT 和相关行业人才。2005 年底，这些目标全部达成。2006 年，日本政府颁布了意在催生物联网的 "U-Japan 2006—2010"，虽然该计划因 2008 年金融危机而不了了之，但在政策指导下的宽带普及率和 ICTs 应用率大幅提升。而后，2009 年日本政府为应对疲软经济而出台了 ICTs 新政——以维持全球先驱的 ICTs 基建，并希望通过对 ICTs 相关行业的投资，为日本创造 3 年 100 万亿日元的市场需求。该政策摒弃了构建物联网的目标，回归 "E-Japan" 战略，除了继续推进 ICTs 基建和电子政务外，还提出了医疗和教育行业对 ICTs 的采纳建议，并鼓励数字产业的创新创业，打通国际市场。2013 年，安倍首相实施的 "Japan is Back" 战略，再次强调 ICTs 基建的重要性，宣言创建 "世界最尖端的 IT 国家"，同时也对制度改革相关配套政策提出了要求。2016 年，日本内阁正式提出发展深化 "Society 5.0" ——社会资源得到高度整合并可以智能地按需分配到每个人，这代表了继信息社会后日本的新一代社会

---

① 何迪：《美国、日本、德国农业信息化发展比较与经验借鉴》，《世界农业》2017 年第 3 期。

变革[①]。

（2）建设农业数据协作平台 WAGRI

为实现智慧农业，日本政府于 2020 年 3 月制订了《粮食、农业和农村地区基本计划》，该计划预估日本的农民人数将从 2015 年的 208 万人减少到 2030 年的 131 万人，农民人数的显著减少可能导致一些地区无法持续耕种。为了使农业在日本发展成为增长型、智慧型产业，日本政府建立了农业数据协作平台（Agricultural Data Collaboration Platform，WAGRI），用于在农民、私营公司、高校和政府之间交换有关智慧农业的信息，并在平台上展示促进共享服务等新服务的政策，以降低引入智慧农业的成本。WAGRI 自 2019 年 4 月开始运行，到目前为止，ICTs 供应商和农业设备制造商开发了各种各样的系统，并且拥有广泛的公共数据，例如农田、气候、土壤、肥料、农药数据，WAGRI 使用户在这些数据和系统之间进行协作成为可能[②]。

WAGRI 共有 3 种类型数据：一是公共数据（Public Data），即可完全公开查询的公共数据或公益性数据，如气象、土地使用和制图信息等；二是私有数据（Private Data），即农民和农业数据，数据提供者利用平台存储和管理的自有数据，不对外公开或仅向协议付费者提供[③]；三是主数据（Master Data），即公共数据和私有数据中具有公共属性的元数据，如行政区划代码、组织机构代码等。

WAGRI 通过会员身份认证服务系统（OpenID Connect），验证数据提供者和使用者的身份信息。WAGRI 采用两端收费模式，即同时向数据提供者和使用者收费，向数据提供者收费主要是因为其同时提供了可交易的私有数据；如需使用私有数据，使用者需与提供者签订合同并付费。无偿提供数据的会员单位，经运维机构确认其所提供的数据有效后，可以免费使用公共数据[④]。

---

① Yang Yan.，"Exploration on Development Strategy of China's Digital Economy from Perspective of International Comparison"，*Science and Technology Management Research*，No. 19，2019，p. 38.

② Open Access Government，"Current Efforts to Realize Smart Agriculture in Japan"（June 9，2020），https：//www. openaccessgovernment. org/smart-agriculture/88122/.

③ Wagri，"By Sharing Data，Agriculture can Move into a New Level"，https：//wagri. net/en-us/aboutwagri.

④ 董春岩、刘佳佳、王小兵：《日本农业数据协作平台建设运营的做法与启示》，《中国农业资源与区划》2019 年第 1 期。

二 印度

印度目前仍属于中低收入国家，但近年来减贫成就显著，并迎来了较快的经济增长。面对全球信息化浪潮，2015 年印度总理纳伦德拉·莫迪提出建设“数字印度”的倡议，号召全国行动起来，将印度建设成为信息型、知识型国家。为推进“数字印度”计划，政府斥资 1.13 万亿卢比（约 170 亿美元），重点投资如下 3 个领域：一是完善现有信息传播基础设施，建设宽带网络，全面提升国民信息和数字素养，努力实现信息和金融领域的公众广泛参与；二是建设安全可靠的网络空间，为国民提供网络及移动平台服务的实时共享；三是推进政府电子政务计划，提高政府行政效率。

在印度，68%的人口居住在农村，约 1/4 的村庄饱受贫穷、文盲、营养不良和失业的影响。在建设“数字印度”这一宏大目标背景之下，印度政府推出了一系列的乡村发展项目，其中“智慧乡村”是通过信息传播技术的引入来改善落后贫困地区人们的生活境况。在“数字印度”要完成的任务中，除了包括在全印度 21 个邦打造 100 多个智慧城市和 30—40 个智慧城市节点外，还包括将 62.5 万个村庄与互联网联通，解决农村的水、电力、住房、教育、培训、就业等领域的互联互通，即建设“智慧乡村”①。

（一）“智慧乡村”的信息传播基础

在印度，有线电话用户主要集中在城市地区，因为城市的基础设施更完备，可为有线电话用户提供必要的接入设施。无线/移动电话可克服农村地域偏远、连接不便的劣势，因此在印度农村地区，无线/移动电话用户增长迅速，2016 年农村电话普及率达 51.27%，无线/移动电话用户增长至 4.489 亿人，且以每月 0.24%的速度增加。这表明无线/移动电话是印度建设“智慧乡村”的一个重要的基础设施支撑，有望为消弭城乡数字鸿沟提供契机。

在互联网及宽带连接方面，2018 年 9 月印度互联网用户为 5.6 亿人，其中农村用户 1.94 亿人，农村地区的互联网普及率为 35%。农村用户使

① Shailaja Fennella, Prabhjot Kaurb, Ashok Jhunjhunwala, et al., “Examining Linkages between Smart Villages and Smart Cities: Learning from Rural Youth Accessing the Internet in India”, *Telecommunications Policy*, No. 42, 2018, pp. 810-823.

用的互联网服务主要集中于社交媒体和电子邮件这两大应用。无线网络和移动电话的普及，为“智慧乡村”提供了信息传播的物质基础。2016 年，“智慧乡村”列入国家信息发展计划后，印度计划于 2017 年底建成 1000 个搭配虚拟课堂和虚拟医疗室的数字化智慧乡村；2019 年春季，25 万个村庄可以享受光纤网络，电话连通；建立乡村基站，通过基站传播信息，为村民提供社会交往和在线学习，并开展政府电子政务。

（二）“智慧乡村”的建设框架

“智慧乡村”意味着通过互联网将村庄联成一个可以线上运行的内部网络。印度的“智慧乡村”包括如下建设框架，如图 8-4 所示①。

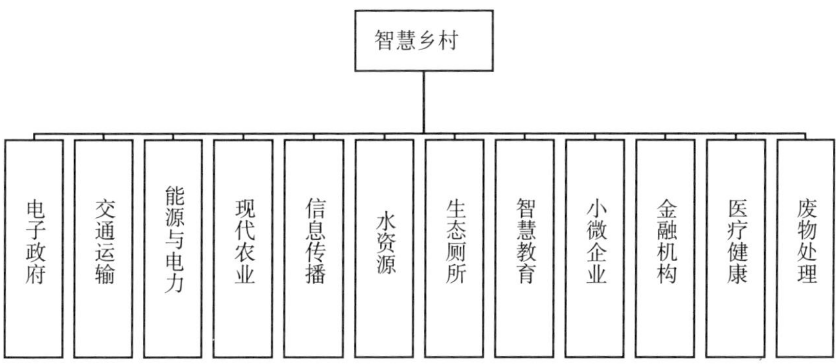

图 8-4　印度“智慧乡村”的建设框架

1. 电子政府。“智慧乡村”的正常运转，需要一个高效、透明的管理机构来处理各项公共事务，并向公众提供公共服务。电子政府的职能就在于此。电子政府的工作人员由地方政府任命，并邀请赞助商和合作伙伴为村庄发展提供资金赞助。

2. 交通运输。便捷、通达的交通运输是村庄发展的关键要素。“智慧乡村”在交通运输上的特性如下：（1）拥有灵活、便利、四通八达的交通设施；（2）公路网络通畅，能够满足极端天气情况下的通行；（3）可以便捷地到达周边任一个城市；（4）鼓励竞争性的私人企业进入公共交通服务；（5）与周边城市保持良好的物流状态，为小企业提供通畅的物流服务。

① P. Muralidhar and V. Srihari, “Strategic Approaches for Smart Village Implementation in India”, *Research J. Engineering and Tech*, Vol. 6, No. 3, July-September 2015, pp. 352-356.

3. 能源与电力。“智慧乡村”的电力不仅用于日常照明等家庭用途，还被用于农业机械化，如打谷脱粒、牧场挤奶和谷物储存。特别是在劳动力短缺的地区，电力可大大提高农业生产率、降低农业生产的成本。除电力外，农村的可再生能源如太阳能、风能、水能和沼气，亦是可利用的能源。在印度农村，众多的小型配电站可以将电能输送到偏远地区，节省传输成本。在能源与电力的管理上，“智慧乡村”主要采取了如下措施：（1）推广采用发光二极管照明系统（LED），最大限度地减少能源损耗，提高能源利用效率；（2）充分利用太阳能。在乡村推广太阳能热水器和太阳能电池板，公共场所、办公区域和路灯照明全部采用太阳能。

4. 现代农业。现代农业意味着将现代科学技术应用于农作物育种、栽培、饲养、土壤改良、植保畜保等领域，提高农业生产能力，以及应对自然灾害的能力，将传统农业改造成为科学化、现代化的农业。“智慧乡村”打造现代农业的措施有：（1）利用现代科学技术和现代化机械来降低农业生产成本、提高农作物产量，提升农业生产效率；（2）推广轮作、套种等技术，以提高土壤肥力和土地利用效率。

5. 信息传播。20 世纪 90 年代以来，印度开放了电信行业市场，电信行业迎来了高速增长，目前已成为世界上最具竞争力和增长最快的电信市场之一。电信覆盖率增加 10%，会为印度的 GDP 带来 0. 6%的增长。为了让信息传递到每个村庄和角落，“智慧乡村”采取了强制性电信覆盖措施：（1）偏远地区安装移动信号发射塔，确保移动信号覆盖每个村庄；（2）推广无线互联网设备，鼓励村民使用无线互联网。

6. 水资源。水，是“智慧乡村”必不可少的生活和生产资源。“智慧乡村”的水资源管理措施如下：（1）建立覆盖所有村庄的水输送网络，保证村民日常饮用水的供应；（2）充分发挥水坝和水库的蓄水功能，确保所有家庭、行业有充足的水资源供给；（3）宣传、强调雨水收集和污水循环再利用是每个企业应尽的义务；（4）举办各种宣传、教育活动，向公众传播节约用水的重要性。

7. 生态厕所。印度的“智慧乡村”中，大力推广使用生态厕所，以避免固体废物对环境造成污染，并且能充分利用各种资源，完成污染物自净和资源循环利用。移动厕所作为生态厕所的补充，亦在印度农村被推广使用。

8. 智慧教育。智慧教育即为将信息技术手段引入教育领域，实现教育信息化。“智慧乡村”要求村民识字率达到100%，所有儿童都接受义务教育，小学和中学阶段儿童的辍学率为零。智慧教育包括如下内容：（1）完善农村中小学教学设施，并设立奖学金制度；（2）将职业教育贯穿于1—12阶课程（即小学到高中课程）；（3）鼓励培训机构开发各类培训课程，为村民提供各种技能培训。

9. 小微企业。小微企业的作用是活跃农村市场，发展农村产业，与其他农村发展机构开展合作。在“智慧乡村”中，小微企业扮演了如下角色：（1）为村民提供就业岗位；（2）为农产品开发市场销售渠道，增加农民收入；（3）激励村民自力更生，培育村民团结协作的社区精神；（4）协助当地政府高效执行有关民生计划。

10. 金融机构。“智慧乡村”的金融和商业交易需要银行系统来完成。但在“智慧乡村”筹建之前，印度90%的农村没有银行及相关设施。“智慧乡村”惠及的村庄，每个家庭都开通了银行账户，并可以享受较低利率的定期银行贷款。

11. 医疗健康。“智慧村庄”更加关注农村的医疗健康问题，以及现有医疗设施缺乏的现实。“智慧村庄”鼓励非政府组织为农村医疗健康投入更多资金，开展相关研究，并为农村提供必要的医疗服务。印度政府启动了农村医疗支持项目，并将农村公共卫生和医疗保健纳入国家政策，在每个村庄建造社区医院，并配备急救中心；同时通过医疗保险制度的改革，保证所有村民都享有医疗保险。

12. 废物处理。“智慧村庄”按照安全要求及相关规定，对每日产生的固体和液体废物进行适当的处理，以保障村庄的环境卫生。为普及相关知识，“智慧村庄”为村民举办废物处理知识讲座，宣传废物处理的方法。

印度政府意识到，只有信息传播技术还不足以使村庄成为真正的、长期可持续发展的智慧乡村。通过教育和技能培训来提升农村人口的自我发展能力，让村民自身掌握的知识在乡村建设中充分发挥作用，才是智慧村庄发展的关键。

第三节　欧洲的数字乡村探索

欧盟委员会提出的农村发展新理念是“智慧乡村”，它主要针对因偏远和人口减少而被迫边缘化的村庄。根据欧盟的定义，智慧乡村是指在日常生活中使用数字技术和创新提高乡村公共服务水平，并确保村庄更好地利用当地资源。欧盟农村发展网络的文件强调，人们创造智慧乡村的主要目标是找到解决问题的切实可行的方案，并通过使用数字技术和创新来实现对乡村落后地区的支持。

一　英国

英国的“高速康沃尔”项目由欧洲区域发展基金（European Regional Development Fund）和英国政府资助，康沃尔发展公司（Cornwall Development Company）实施，目标是用高速宽带联结英格兰西南部的偏远地区，为这些地区送去技术和信息。项目实施的“数字包容计划”（Digital Inclusion），受益对象主要包括英格兰西南部偏远乡村及居民。现选取 2013 年该计划实施以来援助的数字乡村典型案例加以介绍。①

（一）互联网下乡：为偏远的佩迪恩村庄插上信息的翅膀

佩迪恩是一个偏远的小村庄，位于康沃尔的盘威斯半岛上，距离彭赞斯城约 7 英里，因拥有锡矿而闻名。在佩迪恩居住的当地族群，拥有较强的社区意识，经常参加的集体活动是由志愿者运行多年的社区集会，集会场所位于村中央的一个社区中心（见图 8-5）。社区中心为佩迪恩村民提供了一个生机勃勃的公共活动空间，村民在社区中心做普拉提操、瑜伽，打乒乓球、保龄球，下象棋等，还参加各种娱乐和兴趣团体。社区中心还有园艺俱乐部、每月举办两次的农产品交易市场，吸引了大量村民参加。

2015 年，“高速康沃尔”项目与康沃尔乡村社区理事会（Cornwall Rural Community Council，CRCC）合作，将互联网引进佩迪恩，将社区中心与互联网连接，教村民学习互联网基本技能。第一期的互联网技能培训班包括 7 天的课程，有 20 多名村民参加。培训班还将 55 岁以上的老龄村民纳入培训计划，教他们学习如何运用在线理财软件节省家庭开支。

2019 年，该项目的“数字包容计划”之子计划“在线佩迪恩”启动，佩迪恩社区中心有了三款最新的笔记本电脑，这为佩迪恩村民遨游互联网世界提供了最先进的设备支持。“在线佩迪恩”为村民提供了免费使

---

① 此部分文字及图片整理自“高速康沃尔”项目网站提供的介绍资料，https://www.superfastcornwall.org/case-studies/.

图 8-5　佩迪恩村的社区中心

用互联网的机会——周一到周五，村民可以在社区中心的网络中心免费上网，遨游网络世界。社区中心配备有志愿者，对上网村民实行信用管理，无不良信用记录的村民可持续免费使用网络。社区中心还安排志愿者每周走访村民，了解村民的互联网学习需求，为村民提供技术指导。志愿者还帮助、指导村民制作电子简历，通过互联网求职平台寻找工作，注册、申请政府福利补贴，等等。

为了让村民更多地了解科技最新发展前沿，培育村民的信息素养，2019 年 2 月，“在线佩迪恩”与英国普利茅斯大学合作，让村民亲身体验什么是虚拟现实技术，报名村民多达 150 人，远超出组织者的预期。2019 年秋季，“在线佩迪恩”举办 6 场系列活动，组织当地村民讨论如何应对气候变化及相关措施。村民关注的议题涵盖范围相当广泛，涉及可持续发展的相关主题，如电动汽车的推广等。

“在线佩迪恩”还打算与英国艺术理事会和伦敦三一学院合作，为儿童开设艺术课程。考虑到不是所有的孩子都能在家里上网，“在线佩迪恩”还计划成立家庭俱乐部，向无力为儿童提供互联网接入机会的家庭提供帮助。在英国伦敦学院的资助下，佩迪恩还拥有了大屏幕投影显示屏，村民们的各种活动，通过投影屏幕得以互动展示，让村民找到强烈的社区归属感。

在普利茅斯大学的支持下，“高速康沃尔项目”将佩迪恩村庄纳入英国“数字社区计划”（Digital Neighbourhoods）的一部分，将信息传播技术设施铺设至村庄的每一个角落，并将佩迪恩与康沃尔地区的其他几个村庄连接起来，不仅加强了村庄内部的联系，还打破了村庄在地理区域上的分割，为村民建立更多的社会联系创造了条件。2019 年 11 月，在佩迪恩的社区中心，普利茅斯大学将佩迪恩等 3 个村庄联网，组织了一场视频直播活动——来自 3 个村庄的村民们，通过网络平台分享他们的日常生活：佩迪恩村民的缝纫兴趣小组展示了他们的拼布手艺，另一个村的历史兴趣小组则分享他们如何通过线上和线下资料的收集，制作完成一本关于当地历史故事的书。在这场直播活动中，所有参与的村民都可以通过大屏幕看到彼此并实时交谈。在这样的活动中，村民通过分享共同兴趣、经验和地方知识，找到了一种亲密的归属感，强化了社区认同。目前，在线，已经成为村民参与社区的一种主要方式。村民们通过 Facebook 等社交网站发布社区活动、发表见解与评论，与其他村民互动，拓展了已有的社会连接，增强了超越地理区域之外的社区意识。

高速互联网将佩迪恩这个偏远的、宁静的小村庄带入了信息社会。曾经被排斥在数字时代之外、不知互联网为何物的村民，在社区中心学习了新技术，并将新技术运用于日常生活。“高速康沃尔项目”通过佩迪恩这个村庄接入互联网的案例，积累经验，并将经验扩展至康沃尔其他村庄和乡镇，将更多的村庄纳入国家“数字包容计划”之中。

（二）圣布雷沃德村的“信息之旅”

在苏格兰西南部的博德明市，有一个偏远的小村庄叫圣布雷沃德村，是“高速康尔沃”项目的“数字包容计划”援助的村庄之一。在圣布雷沃德村，由慈善机构援建的社区大厅，是村民开展公共活动的场所，村里的艺术团体、历史兴趣团体、园艺团体，以及社区电影院都在社区大厅开展活动。

2013 年秋季，“高速康尔沃”项目为圣布雷沃德村送去了超高速宽带，社区大厅和社区俱乐部由此拥有了最新的信息传播基础设施，并可以开展更为广泛和多样化的社区活动。“高速康尔沃”项目以社区大厅为场所，还为圣布雷沃德村村民提供数字技能培训，通过开设计算机相关课程，向村民传授互联网知识，教会村民掌握互联网应用技能，以及如何充分利用互联网带来的机遇（见图 8-6）。自 2013 年秋季至 2019 年 5 月，培训课程开设了 123 节，每节课持续两个半小时，834 名村民参加。课程内容多围绕村民日常生活和兴趣爱好而开设，包括 iPad 和平板电脑使用、摄影摄像技能、防范网络诈骗，以及与政府部门和服务机构打交道的日常事务。

对于圣布雷沃德村的村民来说，通过参加项目提供的学习培训活动，不仅提高了计算机技能，亦提高了生活质量，扩大了视野和眼界。有了高速互联网之后，村里的艺术小组可以在网上开启艺术画廊的"虚拟之旅"，园艺小组可以欣赏到有关园艺技术的 Youtube 视频，历史小组可以在网上开展研究和探索，社区电影院也可以播放网络电影。

对于圣布雷沃德村的社区管理者来说，高速互联网改变了社区管理方式，提高了社区管理的效率，降低了管理成本和政府开支。村民掌握了互联网技能之后，政府部门开始尝试推行电子政务，村民可以通过网络提交申请，并随时上网查看处理进度。

图 8-6 圣布雷沃德村民在学习互联网技能

（三）帮扶弱势个体：信息时代一个都不掉队

"高速康沃尔"项目还致力于对信息弱势者的援助，让每个个体都能跟上高速发展的信息时代。弗兰克·布伦（Frank Bullen）就是通过"高速康沃尔项目"获益的一名汽车维修工。

弗兰克·布伦在英国特鲁罗附近经营汽车维修业务多年（见图 8-7），专门为老牌汽车路虎（Land Rovers）提供维修和保养。早在 20 世纪 90 年代初，弗兰克就体验到不懂电脑和网络带来的不便——他尝试对汽车修理业务进行信息化管理、推出电子账单业务时，发现自己对互联网一无所知。“高速康沃尔”项目开始惠及英国广大乡村之后，弗兰克决定将互联网引入汽车维修业务。因为他发现，汽车贸易保险登记必须在网上完成，如果不好好利用互联网，他的汽车维修生意就会受到严重影响。

在与项目的工作人员接触之前，弗兰克并不知道宽带是什么，但他融入信息社会的意愿非常强烈，打算从头学起。他通过已经学会上网的村民了解到，特鲁罗的社区图书馆提供免费的计算机课程供村民学习。刚刚接受培训的弗兰克，开始时还有些紧张和压力——毕竟多年没有坐下来学习新知识了。但他很快发现，这里的志愿者和图书馆工作人员非常有耐心，课程内容也非常实用，他可以按照自己的节奏和需要，有选择性地学习一些实用的计算机和网络知识。很快，弗兰克就可以自如地操作互联网了——他使用搜索引擎，检索到一款装甲车的相关知识——检索结果令他大为吃惊：如此丰富的信息，他平生第一次看到！

短期课程的学习结束后，弗兰克觉得一下子进入了另一个世界——信息世界的大门已经向他打开。他逐渐掌握了更多的互联网应用技能，学会通过互联网获取更多汽车维修的专业知识和信息，将曾经疏离于信息世界之外的汽车维修店变成互联网络上一个不可或缺的节点。

图 8-7　弗兰克·布伦老人与他的汽车维修店

二　波兰

波兰，全称波兰共和国，是一个位于中欧的国家。波兰有 16 个行政省，面积 312696 平方公里，截至 2022 年 6 月的人口数据为 3792.2 万人，是世界第五人口大国，也是欧盟成员国。2017 年，波兰农场和农庄占用了约 164000 平方公里的土地，占波兰总面积的一半以上。波兰是中东欧农业大国，农业在国民经济中占据重要地位，农业生产主要由分散的中小规模农户经营，加工食品出口位居欧盟前列，历史上曾被称为“欧洲的果园”。

（一）宽带基础设施建设

2006 年，波兰成立了电子通信办公室（Office of Electronic Communications）作为政府机构的一部分。2007 年，波兰获得 3 亿欧元的欧盟捐赠，用以缩小东部地区内部的数字鸿沟。2008 年波兰行政和数字化部发布了《波兰到 2013 年信息社会发展战略》（A Strategy for the Development of the Information Society in Poland to 2013），并于 2010 年通过了《支持电信服务和网络发展法》（The Act on Supporting the Development of Telecommunication Services and Networks），制定了宽带和新技术的发展目标，鼓励社会力量对电信基础设施的投资，旨在 ICTs 市场上实现更高水平的竞争。2013 年 2 月，波兰部长会议通过了《国家长期发展战略》(Long-term National Development Strategy)，其中包括建立“数字波兰”以及建立全球连接的宽带网络计划，该战略旨在发展年轻人、教师和老年人的数字能力。根据欧盟《欧洲数字议程》（Digital Agenda for Europe）的构想，波兰还制定法规以鼓励光纤入户，解决当前有线和无线技术的容量限制①。

截至 2020 年底，波兰的互联网用户为 2975.7 万人，互联网普及率为 78.2%，略低于欧洲互联网普及率 87.7%②。

（二）波兰数字业务计划

2014—2020 年波兰数字业务计划（Operational Programme Digital Poland，OPDP）是继 2007—2013 年创新经济计划之后的项目。该计划由波兰政府于 2014 年 1 月 8 日实施，并于 2014 年 12 月 5 日获得欧盟委员会的批准。OPDP 的主要目标包括：提供快速宽带 Internet 访问（超过 30Mb/s）的网络建设、开发和现代化；开发有效且用户友好的公共电子

---

① ITU Regulatory Snapshot：Poland. GSR13，WARSAW POLAND，No. 7，2013，pp. 3-5.

② Internet World Stats，“Internet in Europe Stats”，https：//www. internetworldstats. com/stats4. htm#europe.

服务；开放公共资源；提高受数字排斥威胁的人们的数字能力水平①。波兰数字业务计划的主要内容见表 8-2。

OPDP 的一部分实施项目主要针对政府行政部门及其所监管的下属部门、科研部门，以及国家支持的文化组织、非政府组织和公司，总支出约为 20 亿欧元，其中 8.8 亿欧元用于宽带互联网网络和电子政务的开发。OPDP 与欧盟层面的战略文件相辅相成，例如《欧洲数字议程》（Europe 2020, European Digital Agenda），与之相关的波兰文件有《2020 年国家发展战略》和《2020 年有效国家战略》。波兰主要通过《国家综合信息化计划》和《国家宽带计划》来推进 OPDP 的实施②。

表 8-2 波兰数字业务计划的内容③

优先级	序号	内容
Ⅰ	1.1	消除访问高速和超高速宽带互联网的地域差异
Ⅱ	2.1	提升公共电子服务的可用性和质量
	2.2	实现政府管理中的后台流程数字化
	2.3	增强数字可用性和公共部门信息的有用性
	2.4	使用公共电子服务和公共部门信息创建服务和应用程序
Ⅲ	3.1	开发数字能力的培训活动
	3.2	推广数字激活的创新解决方案
	3.3	e-Pionier——支持高水平程序工程师解决具体的社会或经济问题
	3.4	教育和宣传运动，传播、普及数字技术的惠益

（三）农业现代化建设

波兰政府为鼓励发展农业生产，制定了一系列有效的扶持政策和措施，还多渠道保护和鼓励农民的生产积极性，如价格干预、轻征税费、基础设施建设、提供技术服务和教育等。波兰作为东欧国家中的农业大国，农业现代化程度相对较高，这与自然资源禀赋和补贴投入有关，也得益于农业科技和人才的强力支撑。波兰农业科研系统较为完善，为农业发展提

① Wioleta Tomczyńska, "Digital Exclusion: Definitions, Causes, Countermeasures" (2017), https://www.ceeol.com/search/article-detail?id=593271.

② Wioleta Tomczyńska, "Digital Exclusion: Definitions, Causes, Countermeasures" (2017), https://www.ceeol.com/search/article-detail?id=593271.

③ European Commission, "Operational Programme: Digital Poland for 2014—2020", 2014.

供了重要支持。

（1）农业科研和推广体系

分散的农业科研体系。波兰的农业科研归口分散，主要由三大系统的科研机构来承担。一是农业和乡村发展部下属的16个研究所、6个中央实验室和1个研究和发展中心；二是国民教育部下属的9所农业大学；三是波兰科学院的8个农业科学研究机构。另外，还有卫生和社会福利部、环保部、自然资源和林业部以及工业与合作部下属的一些机构。

三级免费农业推广体系。波兰农业推广服务由国家预算拨款，免费提供给各个乡村。国家级，由农业及乡村发展部与农业科教司和波兹南农业科学和教育推广中心负责；省级，由全国49个省级农业推广中心负责；区县级，由区农业推广服务中心负责，每个中心设立若干顾问小组，每个小组负责200—1000个农场的咨询工作。除了这三级推广体系外，各农研所和农业院校也承担了一定的咨询工作①。

（2）农业发展支持政策

波兰于2004年5月1日加入欧盟，入盟给波兰农业带来巨大收益。据欧盟统计，700万波兰农民入盟后的收入增加了35%；除了农民从欧盟获得直接补贴外，波兰还从欧盟获得农村落后地区发展基金，2004—2006年该基金总额达18亿欧元。同时，波兰农业部也提出了2004—2006年农业发展目标：一是增加对农业的投资，提高农业经济效益和调整生产结构；二是帮助农民提高生产现代化程度，逐步达到欧盟标准和要求；三是对从事农业的人员进行专业技术培训，更好地利用欧盟的援助资金和技术进步成果；四是整合土地资源，以利于农庄合理分布和农业景观保护；五是进行农业水资源管理和调节；六是采取各种措施给农民增加创收渠道，减少失业人员②。

2019年10月15日，波兰政府（The Government of Poland，GOP）批准了“2030年农村发展、农业和渔业可持续发展战略”（Strategy for Sustainablc Rural Dcvclopment，Agriculture and Fishery 2030，SRDAF 2030）。SRDAF 2030概述了波兰的农业和农村发展政策重点，确立了2030年长期

① 中国农业信息网：《波兰农业概况》，http：//www.agri.cn/V20/ZX/sjny/201312/t20131225_3723993.htm，2013年12月25日。

② 中国农业信息网：《波兰农业概况》，http：//www.agri.cn/V20/ZX/sjny/201312/t20131225_3723993.htm，2013年12月25日。

目标：坚持家庭农场是波兰农业基础的原则；支持小型、中型和大型农场的可持续发展；通过最新的生产技术、数字化解决方案的应用，创造条件开发创新产品、新技能以及提高农业从业人员的能力和农业和食品部门的潜力；提高波兰粮食和农业的全球竞争力，使农业和粮食产品适应不断变化的消费趋势；根据环境保护原则发展农业和渔业，使农业和粮食部门适应气候变化；与城市合作发展农村地区，以平衡经济增长，确保村民有体面的工作、城市居民有机会获得健康的波兰食品；创造条件改善农村人口的职业流动性，并创造机会使他们适应新的经济部门①。

第四节　非洲的数字乡村探索

一　肯尼亚

撒哈拉以南的非洲国家中，肯尼亚是经济基础较好的国家之一。截至 2022 年 6 月，肯尼亚的总人口约有 5575.2 万人，农业和旅游业是国家经济发展的支柱。近年来，互联网在肯尼亚经历了较快速度的增长，2022 年互联网普及率达 85.2%②。

（一）数字乡村计划实施概况③

近年来，肯尼亚政府已经充分认识到信息传播技术对经济发展的巨大推动作用，开始着手一系列的 ICTs 应用推广计划，其中就包括数字乡村计划（Digital Villages Project，DVP）。数字乡村计划于 2008 年开始启动，由肯尼亚信息通信委员会负责实施，采取公私合营的方式运作，无论是政府、公共部门，还是私营企业，都可参与到数字乡村的建设中——参与者需提供 10 万肯尼亚先令（约合 1492 美元）的资金支持。该计划旨在推

---

① Global Agricultural Information Network，"Poland Presents New Agricultural Policy Strategy through 2030"，https：//apps. fas. usda. gov/newgainapi/api/Report/DownloadReportByFileName?fileName = Poland% 20Presents% 20New% 20Agricultural% 20Policy% 20Strategy% 20through% 202030_Warsaw_Poland_11-17-2019.

② Internet World Statas，"Internet Users Statistics for Africa"，https：// www.internetworldstats.com/stats1.htm.

③ Clare Obora，Akoth，M. Daniel，Wanyoike，Samuel Obino Mokaya，"Effect of Implementation Strategy on Success of Digital Villages in Kenya"，*European Scientific Journal*，Vol. 10，No. 5，2014，pp. 514-522.

动 ICTs 在偏远乡村的普及和应用，以及缩减 ICTs 在城市普及后带来的城乡信息鸿沟和信息不平等。

肯尼亚数字乡村建设的主要目标是：（1）加强信息流通和传播，推动农村社会经济发展，为农村人口创造就业机会；（2）加强农村和弱势社区信息通信技术的互联互通，为农村社区提供与生产和生活密切相关的新闻和信息，并为村民提供在线学习平台等服务；（3）发展电子政务，改进政府公共服务。通过政府电子政务信息中心，向农村居民及时、公开发布政府服务信息，包括社会保障、驾照申请、社会治安等公共服务。

2009 年，肯尼亚第一批数字乡村建设获得世界银行的资金支持。第一个数字乡村试点选在了一个名叫卡甘杜（Kagundo）的村庄，肯尼亚通信委员会在村庄建立了信息技术中心。随后，马林迪（Malindi）、南伊曼蒂（South Imanti）、加里萨（Garissa）、西亚（Siaya）和穆库鲁（Mukuru）5 个村庄的信息技术中心相继建成。这 6 个村庄的信息技术中心，作为数字乡村的示范在肯尼亚全国推广。

（二）数字乡村的信息利用[①]

为了解数字乡村信息服务的开展情况，肯尼亚国家档案馆于 2017 年在上述试点村庄卡甘杜和穆库鲁开展了一项调查，从两个村庄共抽取 40 名村民作为样本（每个村庄 20 名），调查村民的信息需求、数字乡村在满足村民信息需求中扮演的角色，以及哪些因素影响村民的信息获取和使用行为。研究者发现，村民对医疗健康类信息和知识类信息最为需要；获取信息的最常用来源是广播，其次是信息技术中心提供的电视、报纸和杂志、传单和海报、互联网和图书馆信息服务；村民较少通过政府部门的官员获知信息。村民最需要的信息服务中，互联网服务排在第一位，其次是影印、印刷及打字、打电话等业务。

接下来的问题是，村民主要通过互联网从事哪些信息活动呢？调查发现，村民主要通过互联网从事社交活动（排在第一位），最常访问的社交网站是 Facebook、Twitter 与 Instagram，这些社交网站帮助村民与老朋友保持着联络，同时建立新的朋友关系。村民还使用邮件与朋友和不在身边的家庭成员联系，为个人问题寻求支持，或者维系更为牢固的家庭关系。

① Silas Baron, "Access to and Use of Information in Mukuru and Kangundo Digital Villages Kenya", *Journal of Applied Information Science*, Vol. 5, No. 2, 2017, pp. 1-19.

除了通过互联网平台开展社交活动外，村民还热衷于搜寻健康保健信息和教育信息，一些村民通过互联网申请高等院校的课程，或者申请助学贷款等。还有的村民通过互联网搜寻就业信息，并学会在线制作电子简历，在网上提交工作岗位申请等。

调查还揭示了影响村民利用互联网获取和使用信息的不利因素，包括以下 3 个方面。

（1）经济支出。肯尼亚数字乡村采用公私合营的方式运作，意味着投资商需通过对数字乡村的投资来获得盈利。尽管有肯尼亚政府的财政支持，这 6 个试点村庄的信息技术中心为维持日常运行，尚需向接入互联网的村民收取使用费，用以支付水电、场地租金、人员工资、互联网运营商的渠道使用费等。由于需要缴纳互联网使用费，且使用费超出一些贫困家庭的支付预期，所以有部分村民选择性地使用互联网服务。这成为限制村民充分利用互联网的一个主要原因。

（2）技术挑战。新技术扩散中遇到的障碍之一，来自用户对新技术产生的畏惧、焦虑甚至恐惧心理。技术恐惧与用户的人口统计学特征密切相关，受教育程度较低的年长者常常成为技术恐惧者。接近四成的受访者认为，来自技术上的压力和挑战，会影响村民对互联网的接纳，如：信息搜索技能有限，甚至突然的停电、断网都会加剧村民对操作互联网的不自信，累积技术恐惧情绪。

（3）社会因素。一些社会因素，如：整个村庄的教育水平和识字率偏低、村民信息意识匮乏，影响了信息技术在村庄的推广和普及。村民现有的文化和教育水平有限，成为他们采纳和使用互联网的较大障碍。还有一些村民意识不到信息技术对农业生产的作用和价值，缺乏主动学习新技术的动力和决心。

（三）数字乡村下一步信息服务方案①

通过调查，国家档案馆建议：地方政府应重新评估数字乡村现有的信息传播基础设施，保证传输速度与可靠性；重新审视与 ISP 和网络提供商的协议，为村民提供可负担得起的互联网服务；将 ICTs 培训纳入小学教育课程，培养适应信息技术挑战的公民；改进互联网内容服务，为当地村

① Silas Baron, "Access to and Use of Information in Mukuru and Kangundo Digital Villages, Kenya", *Journal of Applied Information Science*, Vol. 5, No. 2, 2017, pp. 1-19.

民提供与生产生活需求密切相关的信息服务；重视最底层村民的互联网接入，确保人人可以使用互联网。

国家档案馆通过调查，梳理了影响村民使用互联网和获取信息的影响因素后，并提出了改进数字乡村信息服务的方案。

（1）部门合作：学术研究机构、农业部门、政府部门通力合作，为数字乡村提供丰富的信息，打通村庄内部信息不畅的死角。

（2）内容提供：信息技术中心应加强与当地农业部门和政府部门的合作，为数字乡村提供反映当地社区的价值观和生活方式、具有地方特色的信息，满足村民日常信息需求，提升信息与村民需求的契合度。

（3）宣传推广：通过宣传，让社区和村民了解信息技术中心提供的信息服务类别、信息内容及特征等；通过开办培训班，培养村民的信息意识和信息利用能力。

（4）品牌建设：数字乡村应该提供社区内其他 ICTs 中心所没有的服务，如开展独有的电子政务和农业信息服务。通过提供优质、有针对性、村民能负担得起的信息服务，形成自身品牌。

二　南非共和国

南非共和国位于非洲南端，国土面积约 122 万平方公里，人口约 5939 万人，国土面积与人口均居世界第 24 位。南非是非洲经济规模最大、最发达的国家之一，为世界第 33 大经济体，并拥有全非洲最高发展水准和最为现代化的信息传播基础设施。近几年，南非在 ICTs 服务供应和用户体验方面有较大提升，智能手机普及率和移动宽带用户数指标均较高。在 2020 年的全球联接指数（Global Connectivity Index，GCI）排名中，南非名列第 56 位[①]。目前，南非在 ICTs 基础设施及安全方面持续投入，以支持和推动 ICTs 技术的发展，力争达到领跑者国家水平。

（一）创建“中央信息访问”设施

“中央信息访问”设施由南非政府创建于南非东部沿海的夸祖鲁—纳塔尔省（KwaZulu-Nata）的一个农村社区——Bayview。Bayview 创建“中央信息访问”设施的目的是帮助农村居民获取电子信息，减弱城乡数字

① GCI（Global Connectivity Index），2020，https：//www.huawei.com/minisite/gci/cn/country-profile-za.html.

鸿沟。其举措包括：确定社区成员的日常信息需求；向村民提供快速查阅电子信息的途径和方法；将网络成本控制在村民可负担的范围内；定期向村民开展相关技能培训等。“中央信息访问”设施有利于降低市场信息交易成本，优化当地的教育、卫生等社区服务；盘活当地的商业环境；加强村民之间的文化联系，促进城乡交流，并对社区经济的可持续发展，以及减贫工作的有效推进具有重要意义。

（二）迈向智慧社区：SEIDET 数字村①

南非政府致力于在农村地区推广 ICTs 项目，但各项目之间的资源共享有限，面临资源浪费、资源管理不善等问题，阻碍了项目的顺利推进。针对这些问题，南非一些研究者提出在农村社区建设 SEIDET 数字村（也被称为“SEIDET 智慧社区中心”）的规划②。SEIDET 的全称是 Siyabuswa Educational Improvement and Development Trust，即“教育改进和发展信托基金”，这是一个非营利组织，由位于南非姆普马兰加省的 Siyabuswa 社区于 1990 年 5 月发起，致力于 ICTs 创业，主要研究如何将智能社区中心运用于数字村庄建设。目前，SEIDET 数字村项目由两个 ICTs 实验室组成，能够使村民共享稀缺的 ICTs 资源，并通过培训、政策干预、推动本地创新，以及共享资源和服务等方式为乡村发展提供支持，为社区提供数字服务，帮助社区成员掌握基本的 ICTs 技能。

在 SEIDET 数字村，来自姆普马兰加省的村民第一次接触了电脑；百余名村民和数千名教师了解了基本的 ICTs 知识，并学习了如何使用 ICTs 完成教学任务。SEIDET 数字村帮助大多数村民战胜了在日常生活中所面临的数字化挑战，尤其是因为政府治理不善和网络资源分散所导致的技能、知识、服务、资源的利用不足问题。

目前，SEIDET 数字村正在与南非政府、姆普马兰加省市政当局、公共和私营部门以及如比勒陀利亚大学和科学与工业研究委员会（Council for Scientific and Industrial Research，CSIR）之类的学术研究机构合作，开展多项 ICTs 计划，包括“电子商务创业培训和电子技能培训”“网络安全意识培训”以及“全民 CSIR 宽带（BB4All）和乡村经营者计划”等。

---

① J. Phahlamohlaka，Z. Dlamini，T. Mnisi，T. Mashiane，L. Malinga，“Towards a Smart Community Centre：SEIDET Digital Village”，*ICTs and Society*，Vol. 431，2014，pp. 107-121.

② J. Phahlamohlaka，Z. Dlamini，T. Mnisi，T. Mashiane，L. Malinga，“Towards a Smart Community Centre：SEIDET Digital Village”，*ICTs and Society*，Vol. 431，2014，pp. 107-121.

（1）电子商务创业培训和电子技能培训

“电子商务创业培训”计划是 SEIDET 数字村开展 ICTs 计划的重要内容，其重点是使整个社区居民都能够参与到社会建设和经济发展之中。2011 年，比勒陀利亚大学经济系对 SEIDET 数字村的 16 名成员开展了首次电子商务创业培训；2013 年，他们又对更多的社区成员开展了“电子技能培训”。此外，比勒陀利亚大学还推广了“电子企业家培养”计划，主要向社区居民讲授成功企业家的经商理念。相关培训激发了村民参与社区活动的积极性。

（2）网络安全意识培训

为了防止无辜的互联网用户成为网络攻击的受害者，CSIR 启动了一项“网络安全意识培训”计划，该计划致力于将网络安全知识传达给互联网新用户。“网络安全意识培训”可以有效促进村民对网络技术的安全使用，保护村民在现实生活中的生命及财产安全。网络安全意识培训课程涵盖的主题有：企业网络安全、物理计算机安全、移动数据安全、密码保护、防止恶意软件攻击、网上冲浪、电子邮件安全、文件共享和版权保护、网上银行、社交网络，避免网络钓鱼攻击、身份盗窃和网络欺凌等。此外，若村民想要在互联网平台上开展市场营销或销售活动，可以参加互联网交易行为在线培训，确保他们的互联网交易安全。

（3）全民宽带和乡村经营者计划

“全民宽带计划”（Broadband for All，BB4All）由 CSIR 与梅拉卡研究所（Meraka Institute）共同实施，致力于弥合数字鸿沟，并将宽带连接所带来的社会和经济利益带给 Siyabuswa 等南非农村社区。该项目通过使用 Mesh Networking 原理和设备来扩展覆盖范围，以实现低成本构建和共享网络连接。“全民宽带计划”的目标是以居民可负担、发展可持续的方式向农村社区提供宽带接入。为了确保该计划的可持续性，CSIR 与梅拉卡研究所共同对从事商业经营的居民进行了互联网技能培训，由通过培训的人员负责“全民宽带计划”的推广。

此外，SEIDET 数字村的项目工作人员也积极通过学校招揽有意经商的“乡村经营者”，其中，许多农村社区的年轻人正在以积极的心态报名成为“乡村经营者”。通过“全民宽带计划”和“乡村经营者”计划，从事商业经营的村民得到了网络基础设施维护、运营和支持等方面的业务指导，信息技能大幅提升。同时，“乡村经营者”计划也极大地激发了乡村发展的活力。

（三）接受国际资助：提高农村互联网普及率

南非农村及偏远地区的人口共有2000多万人，这些地区的互联网普及率较低。2019年，为帮助南非改善农村地区的互联网接入状况，美国贸易和发展署资助南非一笔资金。该资助项目由无线技术公司Adaptrum负责，资金将资助在南非的多个电视信号空白区部署网络，并试图建立可以在全国范围内复制的模式。此外，项目团队与无线接入服务供应商协会开展合作，共同部署电视信号空白区的网络架构，并制定科学的商业计划，通过解决农村贫困人口拥有网络基础设施的成本等问题，为南非以及非洲东部带来连通性投资①。

第五节　大洋洲的数字乡村探索

一　澳大利亚

澳大利亚位于南太平洋和印度洋之间，国土覆盖整个大陆，是南半球经济最发达的国家和全球第14大经济体，人均国民生产总值居世界第10位。近年来，澳大利亚的数字乡村建设主要体现在“智慧农业”方面，主要通过开展自动化农业试验、实施无人农业工程，推动农业农村数字化发展②。

（一）发展农业物联网及创建“智慧农场”

长期以来，澳大利亚以农业和粮食科技而闻名。为大力推进农业生产智慧化、数字化进程，澳大利亚最大的科研机构——澳大利亚联邦科学与工业研究组织（Commonwealth Scientific and Industrial Research Organisation，CSIRO）③和新英格兰大学的科研人员通力合作，共同推动澳大利亚“精

---

① 中华人民共和国驻南非共和国大使馆经济商务处：《美国贸易署为改善南非农村地区互联网接入项目提供资金》，http://za.mofcom.gov.cn/article/jmxw/201908/20190802890706.shtml，2019年8月14日。

② 新浪财经：《2017沈阳中国智慧城市（国际）创新大会》，http://finance.sina.com.cn/focus/zgzhcsndlt_2017/，2017年9月22—24日。

③ 澳大利亚联邦科学与工业研究组织（Commonwealth Scientific and Industrial Research Organisation，CSIRO）是澳大利亚最大的国家级科研机构，前身是于1926年成立的科学与工业顾问委员会（Advisory Council of Science and Industry）。

细农业”“智慧农场”的建设。

澳大利亚的“精细农业”起始于20世纪90年代，有3个方面的技术支撑，包括农业种植所需的卫星定位技术；观测土壤和农作物生长情况的卫星图像技术；了解水分、温度等更为详细的信息所需的地面传感系统。

目前，物联网在澳大利亚农业领域的应用主要在播种和灌溉方面。农场的棉花种植者依靠物联网智能灌溉技术，相较于之前的全方位灌溉，获得了更高的棉花产量，还达到了节约水资源的效果。但是，澳大利亚农业物联网的应用存在不均衡、不全面、费用高、投资较少等问题，阻碍了现代农业的发展。澳大利亚联邦政府为改善这一状况，于2011年实施国家基础设施建设计划，斥资建设“国家宽带网”，网速提升近5倍，有效改善了澳大利亚农村地区的上网条件，并从根本上推动了农业物联网的发展。

为验证数字服务和宽带接入给澳大利亚农村地区带来的影响，澳大利亚联邦科学与工业研究组织和新英格兰大学在新南威尔士州的阿米达尔联合开展智慧农场示范项目。阿米达尔市的Kirby智慧农场是其中的一个重要试点。研究人员在Kirby智慧农场部署了大量传感装置，并利用卫星定位技术和卫星图像技术，实时监测土壤水分、土壤温度和电导性、空气温度、牲畜移动，以及农场安全等数据。相关数据综合在一起形成了一个数据信息流，并传送至“智慧农场信息平台”。平台每5分钟会形成一个实时的、类似于航拍的数字地图，为农场经营者提供决策帮助和支持，极大地便利了农民的生产经营活动。具体运作过程为：无线局域网络允许固定和移动传感器将收集来的数据流连续发送至一个基于网络计算和分析服务的云端；农场工作人员依据实时生成的数字地图进行远程操作，以实现资源的合理调配。同时，农场工作人员还能针对各类问题进行实时咨询，确保生产顺利进行。

此外，为方便农场工作人员及时察觉机械故障和监视农场安全，Kirby智慧农场装配了多个智能摄像头，并专门搭建了一间集远程视频会议系统、教育培训系统、娱乐社交系统为一体的“智慧农舍”，不同领域、不同年龄的人们以及各社区团体都能够在“智慧农舍”学习知识，参与到虚拟农作之中。同时，澳大利亚开发的“智慧农场学习中心”，将农作技术和教育资源相结合，培养了高中生和大学生的农业技术和创新技能[①]。

通过发展农业物联网，澳大利亚的智慧农场已经取得巨大成效，特别是在土壤肥力、饲料分配、畜牧生产、牲畜健康监测等方面[②]。此外，宽带技术、传感系统，以及伴随的新型信息服务，不仅改变了澳大利亚的农业操作模式，在未来还将带动上游服务、食品加工、物流和零售行业之间的重构。

（二）推进偏远农村数字化进程

20 世纪 80 年代中期，澳大利亚卫星 Australian Satellite（AUSSAT）第一次将电视和广播信号带到澳大利亚的偏远农村。在农村原住民聚居区，人们担心未经协商就突然强加给他们的大众媒体技术，会对他们的文化和语言造成永久性破坏。但多年来的发展证明，原住民社区里的瓦尔皮里人（Warlpiri）已经习惯于大规模地采用现代通信技术，包括广播、电视以及相关的在线服务。其中，一些研究者试图研究瓦尔皮里人起初排斥而现在又广泛采用现代通信技术的原因，以及新兴技术是否给他们带来了社会变革等问题。菲·金斯堡（Faye Ginsburg）认为，土著居民的生活场域通常被认为是处于主流文化之外，他们面临着一种浮士德式交易[③]的两难境地，一方面要通过新技术表达自己，另一方面又担心自己的文化和传统会受到新技术的威胁[④]。瓦尔皮里人对大众媒体的接纳过程包括以下 3 个阶段。

第一阶段：20 世纪 80 年代初期的兴趣萌芽

当地政府于 1946 年将瓦尔皮里人的居住地定为惠恩德姆（Yuendemu）。之后，鲍德温·斯宾塞（Baldwin Spencer）等人类学家来到惠恩德姆，瓦尔皮里居民也就成为田野拍摄和记录的对象。后来，越来越多的视频制作者来到惠恩德姆，他们与当地居民一起生活，一起创作视

---

① M. Trotter, A. Crosby, T. Trotter, “SMARTFARM Learning Hub: Next Generation Precision Agriculture Technologies for Agricultural Education”, Proceedings of the Australian Conference on Science and Mathematics Education, 2016, pp. 129-130.

② 赵小娜：《澳大利亚：现代农业发展下的“智能农场”》，《农村·农业·农民（A 版）》2014 年第 8 期。

③ 浮士德式交易是一种心理障碍，是指当一个人对一种看似最有价值的物质盲目崇拜时，便失去了理解人生中其他有价值东西或精神的理由和机会。

④ Freda Glynn, “Indigenous Media: Faustian Contract or Global Village”, in G. Marcus (ed.), *Rereading Cultural Anthropology*, Duke University Press, 1993, pp. 357-375.

频。视频技术逐渐走入瓦尔皮里人的生活，当地人们也逐渐培养起对技术的兴趣。

第二阶段：BRACS，CAAMA 和 Imparja 的成立

“偏远地区原住民社区广播服务”（The Broadcasting in Remote Aboriginal Communities Service，BRACS）为原住民提供了属于自己的广播服务系统。他们可将制作的视频嵌入卫星广播中的本地广播或视频栏目中，以增加曝光机会。1987 年，BRACS 系统开始推行，80 多个偏远的原住民乡村可接收到相关广播和视频信息。BRACS 系统的配套设备包括家用摄像机、视频播放机以及盒式录音机，由政府帮助村民安装、学习使用这些设备。随后，在本地其他广播媒体的影响下，“瓦尔皮里媒体协会”成立。

“澳大利亚中部土著媒体协会”（The Central Australian Aboriginal Media Association，CAAMA）成立于 1980 年，旨在保护土著社区在广播传播中的文化利益。CAAMA 于 1985 年建立了第一个由土著居民运营的广播电台——“8KIN”，该电台通过卫星播出节目，其中 60%的节目使用澳大利亚中部土著语言播放，因此受到土著居民的欢迎。继“8KIN”成功后，CAAMA 又成立了自己的公司，并于 1985 年成功竞标中部地区的远程商业电视牌照，命名为“Imparja”。Imparja 于 1988 年获得商业许可，自正式经营时就规划用 10%的节目播出时长播放原住民社区的相关视频，成为偏远澳大利亚中部地区成功的商业电视服务商。

第三阶段：未来发展——拥抱数字广播和在线服务

瓦尔皮里人积极利用最新的数字和在线技术，已成为原住民地区媒介使用的先行者。在组建了自己的媒体协会后，他们又建立了在线服务“坦娜米网络”（Tanami Network）来连接偏远社区，以增强居民之间的数字连接。“瓦尔皮里媒体协会”为社区提供的服务包括：升级供村民使用的数字广播和电视设备；向村民提供技术咨询；定期开展网络培训等。绝大部分社区居民对数字广播和在线服务的发展持积极态度。随着高清晰度电视和数字广播等新技术的引入，偏远的原住民社区开始接触网络、使用网络，逐渐迈入数字化生活。

（三）实施“宽带乡村”项目

2009 年 2 月，时任澳大利亚总理陆克文（Kevin Rudd）发起“国家宽带网络战略”。随后，联邦政府、州政府和地方政府联合发布了加快宽带网络部署的政策框架，旨在协调各方意见，促进澳大利亚农村和边远地区的宽带网络部署与升级，并鼓励开放标准的宽带接入网络服务，增进宽带网络行业竞争。

2009 年 4 月，澳大利亚联邦政府宣布启动“光纤进家庭计划”（Fiber To The Premises，FTTP），截至 2017 年底，共投资 434 亿澳元在全国范围内建设新的宽带网络，大约三分之二的资金来自澳大利亚基金及澳大利亚基础设施债券的融资。为推动计划顺利实施，联邦政府与私人公司合作，共同促进“宽带乡村”的部署。

澳大利亚建设宽带网络的路径是“建设—运营—移交”，即澳大利亚联邦政府带头组建合资企业，负责部署宽带网络。联邦政府在合资企业中持有不低于 51%的股份，私营企业持有不超过 49%的股份。并且，澳大利亚政府将在宽带网络部署完成后的 5 年内分阶段地将自己所持股份转让给私营企业，宽带网络业务的实际经营权也将转移给具有运营资质的公司。澳大利亚“宽带乡村”项目的建设可使 90%以上的家庭和工作单位拥有 90 Mbps 的宽带，农村和偏远地区的居民宽带接入也可达 12 Mbps 以上①。

二 新西兰

新西兰位于太平洋西南部，是世界上唯一通过农业现代化实现国家现代化的发达国家，其第一产业、第二产业和第三产业高度融合，城乡发展高度一体化。新西兰农业农村现代化发展程度较高，拥有高效的农业技术服务体系，其农业合作社经济、农业生态环境治理、美丽乡村建设、城镇化及特色小镇的演变和发展等相关经验，均对国际数字乡村建设具有借鉴意义。

（一）实施“高速宽带网络战略”

21 世纪之前，新西兰的经济主要以农业为主，在数字化、信息化发展方面，新西兰的宽带网络普及率相对较低，宽带访问速度较慢，尤其是在一些人口稀少且经济不够活跃的偏远农村地区，由于宽带网络部署难以给电信运营商带来丰厚的投资回报，宽带网络的接入更为匮乏。

---

① 岳雪峰、王运圣：《“宽带乡村”建设模式：国际经验及其启示》，《江苏农业科学》2019 年第 11 期。

2009 年 3 月，新西兰政府启动“高速宽带网络战略”，目的是通过政府参与激发电信运营商宽带投资的积极性，目标是使新西兰大部分人口能实现宽带网络的高速访问。为推进“高速宽带网络战略”的顺利实施，新西兰政府和相关私营企业各出资 7.5 亿新西兰元，用于宽带网络的建设和升级。为防止政府部门过度干预宽带网络的实际运营，新西兰政府已在项目实施前明确规定，在高速宽带网络部署完成后，会将其所有业务出售给具备运营资质的私营公司①。

（二）发展“智慧农业”

虽然新西兰已转型为工业化市场经济国家，但农业对新西兰的经济发展至关重要。其中，畜牧业是国家的经济基础，羊肉、奶制品和粗羊毛的出口值均居世界第一。此外，新西兰农业已实现高度机械化，“牲畜身体状况检测”系统（Body Condition Scoring，BCS）被广泛运用②，并推行精准放牧管理。2015 年，新西兰一研发公司发布了自动 BCS 设备，该设备可帮助奶牛场主评估牲畜健康及其饲料需求等重要指标，尤其在奶牛的哺乳期、产犊前和交配前，BCS 发挥着重要作用。农场主可每日收集 BCS 数据，以改进生产，有效提高农牧场管理效率。同时，随着精准放牧管理系统的投放和使用，以及农村互联网的完善、智慧农业技术的发展，农民将使用更多的产品和服务以提高农牧场的生产效率。

（三）关注乡村退休老人：养老机器人

在新西兰的部分农村，村民在退休后可以使用机器人来帮助自己更好地生活。例如，医疗机器人可以检测老人是否跌倒、所处位置、生命特征等，并可及时提供信息提醒，对特殊人群还可提供痴呆症护理；家务机器人可以帮助老人搬运重物、打扫卫生、接水送饭、打开或关闭电子设备，以及帮助老人移动等；社交机器人还可以在家庭、疗养院、医院等地方为老人提供陪伴服务。总体而言，将机器人引进家庭，既可以满足老人不想去养老院的需求，也可以实现对老人的看护。多数老年人对养老机器人持有积极态度，但他们也担心机器人的安全性和可靠性，不愿将这些机器人

---

① 岳雪峰、王运圣：《“宽带乡村”建设模式：国际经验及其启示》，《江苏农业科学》2019 年第 11 期。

② M. Trotter，A. Crosby，T. Trotter，“SMARTFARM Learning Hub：Next Generation Precision Agriculture Technologies for Agricultural Education”，Proceedings of the Australian Conference on Science and Mathematics Education，2016，pp. 129-130.

用于高度私密化的个人活动，如洗澡①。

第六节　北美洲的数字乡村探索

北美（Northern America）通常指美国、加拿大和格陵兰岛等地区，是世界上经济最发达的地区。北美最主要的两个国家——美国和加拿大，均为发达国家。北美的乡村建设具有引领意义，美国和加拿大是我们分析北美数字乡村建设的典型。

一　美国

美国，是由华盛顿哥伦比亚特区、50 个州和关岛等众多海外领土组成的联邦共和立宪制国家，其主体部分位于北美洲中部；国土总面积 937.3 万平方公里，人口 3.3 亿人，是位居世界第三的人口大国。截至 2019 年底，美国有 82.46%的人口居住于城市地区，城市化率较高，但城乡信息发展不平衡依然严峻。据美国联邦通信委员会（Federal Communications Commission，FCC）统计，在城市地区，97%的美国人能够获得高速互联网固定服务；在农村地区，这一比例下降到 65%；在部落地区，只有 60%的人能够接入高速互联网。总之，近 3000 万美国人无法从数字时代中获益②。美国政府按照普遍服务的原则，致力于推进国家宽带计划，以弥合数字鸿沟，为所有美国人提供宽带服务。在数字乡村的建设上，南加州的“数字部落村”以及数字农业的发展，均对国际数字乡村建设具有借鉴意义。

（一）普遍服务原则与国家宽带计划

1996 年，美国出台《电信法》，确立了普遍服务的原则，扩大了普遍服务的传统目标，目的是以公平、合理和负担得起的价格，增加所有消费者获得电信和先进服务的机会，包括低收入地区、农村地区、偏远地区和

① Elizabeth Broadbent, Rie Tamagawa, Anna Patience, Brett Knock, Ngaire Kerse, Karen Day, Bruce A MacDonald, “Attitudes towards Health - care Robots in a Retirement Village”, *Australasian Journal on Ageing*, Vol. 31, No. 2, 2012, pp. 115-120.

② Federal Communications Commission, “Homework Gap and Connectivity Divide”, https://www.fcc.gov/about-fcc/fcc-initiatives/bridging-digital-divide-all-americans.

高成本地区，且费率应与城市地区相当[1]。FCC 制定了 4 个方案，以执行该章程。这 4 个方案是：（1）高成本支持，现称为“连接美国基金”。目标是确保高成本地区的居民能够以与城市地区合理可比的价格获得合理可比的服务。（2）低收入支持，也称为生命线计划，帮助低收入客户支付每月的电话费，或使电话服务更实惠等。（3）学校和图书馆支持，也称为“E-Rate”，向符合条件的学校和图书馆提供电信服务、互联网接入和内部连接。（4）农村卫生保健。允许农村卫生保健提供者支付与城市同行相接近的电信服务费率，使远程保健服务负担得起，并补贴互联网接入费用[2]。

2009 年初，国会指示 FCC 制订国家宽带计划，以确保每个美国人都有“宽带能力”。2010 年 3 月，FCC 发布《国家宽带计划》，旨在市场激励、资源保障、电信普遍服务等领域获得长足发展。“弥合数字鸿沟，为所有美国人提供负担得起的高速宽带”是委员会的首要任务。但农村地区部署宽带成本高，且农民往往缺乏技能或知识，无法认识到数字信息和通信设施的重要性，大多电信公司以占有更多城市市场为目标，极少选择向农村社区提供先进的电信服务。此外，农村宽带管制也限制了农村电信服务的发展，如部分农村社区虽有市政公用事业单位的宽带接入，但有几个州禁止或限制市政公用事业与电信服务有关；大多联邦和州政府机构的数据网络可以延伸到农村社区，但只供政府使用。这些限制严重损害了农村地区的健康发展，虽然有些州正在解除农村宽带管制，但大型电信公司仍以城市市场为目标，同时，市政公用事业、政府机构也很难从电信提供商手中夺取农村地区的 POP 或宽带服务[3]。

在 FCC 主席阿吉特·派（Ajit Pai）的领导下，FCC 积极行动，在全国推进宽带建设，重要举措包括：（1）2019 年 8 月 1 日，FCC 启动 204 亿农村数字机会基金，为至少 400 万农村家庭和小型企业提供现代宽带服务。其中，派主席强调，要优先在农村部落地区部署宽带网络。（2）数字机会数据收集。这是一个收集固定宽带数据的新方法，以改善地图绘制，更好地识别全国宽带覆盖方面的差距。FCC 将整合来自公众以及州、

---

① Edward J. Malecki, “Going Digital in Rural America”, *IDEAS/RePEc Search*, 2001.

② Federal Communications Commission, “Universal Service”, https://www.fcc.gov/general/universal-service.

③ Edward J. Malecki, “Going Digital in Rural America”, *IDEAS/RePEc search*, 2001.

地方和部落政府的反馈，描绘出清晰的全国宽带分布图景。（3）为小型农村运营商提供49.1亿美元的资金支持，为36.3万户农村家庭和企业（其中3.7万户为部落地区的家庭和企业）提供宽带服务。（4）在未来十年（2019—2029），通过A-CAM（替代连接美国成本模型）方案，投资49亿美元来维护、改进和扩展农村宽带。（5）2019年9月，FCC批准9.5亿美元，用于改善、扩大和加固波多黎各和美属维尔京群岛的通信网络。两年前，飓风“厄玛”（Irma）和“玛利亚”（Maria）摧毁了岛上的通信基础设施。FCC采取了一系列措施，以协助恢复该地区的通信网络，其中包括创建波多黎各基金Uniendo和Connect USVI基金。（6）2018年，联邦通信委员会率先进行“连接美国基金”的第2期反向拍卖（是一种多个供应商报价，价格逐次降低，由最后一位报价者即最低出价的报价者获胜的交易方式），拨款14.88亿美元，以在未来十年将宽带扩展到45个州的70多万个农村地区。（7）设立美国农村5G基金。2020年10月，联邦通信委员会通过了设立美国农村5G基金的报告和命令，将为运营商提供高达90亿美元的通用服务基金支持，以在美国农村部署先进的5G移动无线服务（其中6.8亿美元用于部署在部落土地上），计划在6年内将5G网络覆盖99%的美国人。该基金还将专门拨出至少10亿美元用于促进精准农业需求的部署。（8）农村医疗和远程医疗。2019年，FCC将农村卫生保健项目资金从2017年的4亿美元增加了43%，并实施自动预算调整①。

此外，全国农村电信合作组织（National Rural Telecommunications Cooperative，NRTC）由电力合作社、全国农村电力合作社（National Rural Electric Cooperative Association，NRECA）和全国农村公用事业合作金融公司（Cooperative Finance Corporation，CFC）于1986年成立，为48个州的1500多个农村公用事业和附属公司服务②。同时，它与卫星提供商（DirecPC和StarBand）合作，为农村社区提供无线宽带③。迄今为止，NRTC宽带服务成员超过55万个农村家庭和企业，并借助强大的移动语音和数

① Federal Communications Commission，“Homework Gap and Connectivity Divide”，https：//www.fcc.gov/about-fcc/fcc-initiatives/bridging-digital-divide-all-americans.

② NRTC，“Distinguished Legacy in the Cooperative Spirit”，https：//www.nrtc.coop/about/history.

③ Edward J. Malecki，“Going Digital in Rural America”，*IDEAS/RePEc search*，2001.

据产品，帮助农村社区可以在全国 4G LTE 蜂窝网络上使用智能手机和平板电脑，包括部署无线基础设施成本高昂的地区①。

（二）南加州“数字部落村”建设

美国部落地区是宽带服务最薄弱的地区。南加州部落主席协会（Southern California Tribal Chairmen's Association，SCTCA）负责解决其部落社区缺乏互联网接入的问题，目标是建设“部落数字村”（Tribal Digital Village，TDV）。SCTCA 是一家非营利性公司，由南加州 20 个联邦承认的印第安部落组成的财团成立。SCTCA 的主要使命是服务于圣地亚哥地区部落成员和后裔的健康、福利、安全、教育、文化、经济和就业需求，董事会由每个成员部落的部落主席组成②。圣地亚哥有 17 个部落保留地，其中 15 个保留地没有地面宽带服务，另 2 个保留地位于成本较高的宽带服务旁边，因此圣地亚哥约 2700 个部落住房位于宽带服务没有覆盖的农村社区。在邻近的非部落社区，另有 2500 多人未接入宽带互联网③。原因在于，保留地通常位于偏远山区，且人口密度低，挖掘和铺设光纤的过程艰苦、耗时且成本高昂，获得投资回报的可能性小。此外，部落条例也带来了一系列的挑战。部落地区要求电信运营商满足一定的标准，以保护土地和文化，而大多数国家运营商对遵守他们所处的常规官僚机构之外的附加规则感到厌烦。亚利桑那州立大学美国印第安人政策研究所所长特拉西·莫里斯（Traci Morris）指出：“如果一家公司想投入（光纤），他们必须做环境保护、历史保护研究，还必须经过负责监管整个部落土地的印第安事务局的同意。”④

“部落数字村”是一个长期目标，部落地区需要获得互联网资源来创造就业、职业培训、高等教育和自我赋权。SCTCA 早在 2001 年就创建了 TDV 网络（TDV Net），将互联网服务引入关键社区建筑和项目。自 2001 年以来，TDV 的工作人员和成员一直在建设宽带无线网络，并被认为是社区宽带开发、部署、设计和管理宽带无线网络领域的专家。TDV Net 使

① NRTC，“Distinguished Legacy in the Cooperative Spirit”，https：//www.nrtc.coop/about/history.

② Tribal Digital village in Southern California，“About SCTCA”，https：//sctca.net/about/.

③ Tribal Digital village in Southern California，“About TDV”，https：//sctdv.net/about-tdv/.

④ ARS Technica，“On American Indian Reservations，Challenges Perpetuate the Digital Divide”，2016，https：//arstechnica.com/information-technology/2016/01/on-american-indian-reservations-challenges-perpetuate-the-digital-divide/.

用2.4Ghz、5.3Ghz、5.8Ghz和FCC许可的频谱固定宽带无线点对点（point-to-point）和点对多点（point-to-multi-point）连接，服务于圣地亚哥县13个社区。SCTCA认为，未经许可的频谱非常适合部署到部落家庭，并欢迎将来引入空白频谱，同时计划支持每数百个家庭中间建设电塔。目前，SCTCA创建了超过650英里的点对点（point-to-point）和点对多点（point-to-multi-point）连接，支持105座部落建筑，即部落行政大楼、EPA部门、消防局、执法部门、公用事业部门以及图书馆、学校和领先项目等①。此外，在17个有人居住的保留地中，有4个地区约10%的家庭接入互联网；650个家庭已使用宽带服务。SCTCA正在继续扩大宽带部署，为学校、图书馆、医疗保健提供商及其他社区支持组织提供宽带教育、宣传、培训、互联网接入和支持②。

（三）发展数字农业

自1984年起，美国持续利用计算机技术革新农业生产，已开发近500个农业基础及应用性数据库，这些数据库已成为大数据时代农业发展的重要信息资源。如农业部所属的AGRICOIA数据库直接连通联合国粮农组织中的农业系统库，为美国农业生产提供了很多及时的加工、贸易及市场信息③。同时，政府每年还会拨付10亿美元左右的经费维持数字系统的政策运转，从数字资源采集到其发布的整个过程均有立法约束，另配备专门人员负责科学管理数字农业资源，加强监督力度，保证数字资源的真实性与有效性④。

“数字农业”由美国科学院、工程院两院士于1997年正式提出，非常适合美国农场规模化和大田生产。美国的数字化农业体系自上而下分为联邦、区域和州三级数字网络，政府主导农业数字化的发展进程，农业统计局、农业市场服务局、农业展望委员会以及外国农业局等机构均纳入数字资源采集系统之中。美国的农业部与多个州的农业部门建立合作机制，共同收集并及时发布各地数字化农业的发展信息，以及各地农产品的供需

---

① SCTCA，“Tribal Digital Village in Southern California”，https：//sctca.net/southern-california-tribal-digital-village/.

② Tribal Digital Village in Southern California，“About TDV”，https：//sctdv.net/about-tdv/.

③ 何迪：《美国、日本、德国农业信息化发展比较与经验借鉴》，《世界农业》2017年第3期。

④ 江洪：《美国发展数字化农业的经验和启示》，《农村经济与科技》2020年第8期。

情况，借助卫星系统及时发布，指导各州农业数字化的具体建设①。

2000 年 9 月，国会农业委员会专门拨款 14 亿美元给农业部，由农业部、商务部、海洋局牵头研发农业信息网络，至 2016 年已开发了近 2000 个农业信息网络系统②。FCC 则启动精准农业任务小组，与美国农业部密切合作，积极探索通过宽带技术提高美国农牧场生产力和效率的方法，并从 90 亿美元的农村 5G 基金中，至少拨出 10 亿美元用于促进精准农业需求的部署③。2019 年，FCC 设立 5G 专项基金 90 亿美元，用来支持通信运营商在农村地区部署最先进的 5G 网络服务。2020 年，FCC 计划投资 204 亿美元，用 10 年时间在所有偏远农村普及高速宽带网络的全覆盖。

目前美国农业数字化程度较高，一些大中型农场的农产品销售通过电商平台全部实现了数字化交易，电子商务在农业领域得到广泛应用。部分规模较大的电商平台如表 8-3 所示。

表 8-3　　美国部分农业电商平台

电商平台	主营	简介
Local Harvest	农产品	生鲜农产品配送、为消费者提供与农场互动的平台
Farmigo	农产品	在线订单管理、配送管理以及后续的回款服务
Frambid	农场交易竞价	注册用户近 10 万，10% 是美国以外的用户
The Seam	农产品、棉花交易	在线磋商及交易，市场分国内和国际两大板块
Dairy	农产品、食品、奶类、运输	日交易额超 200 万美元
iTrade Network	农产品、易腐烂类	服务包括价格信息、合同管理、运输
Farm Machinery Locator	农业机械	农业机械的销售
Used Horse Trailers	农业机械	农场设备的销售
Agriculture Products	农产品和材料	农产品和相关建材、围栏等的销售
Advanced Nutrients	肥料	土壤营养素、肥料的销售

① 江洪：《美国发展数字化农业的经验和启示》，《农村经济与科技》2020 年第 8 期。

② 何迪：《美国、日本、德国农业信息化发展比较与经验借鉴》，《世界农业》2017 年第 3 期。

③ Federal Communications Commission, "FCC Accomplishments Under Chairman Ajit Pai", https: //www. fcc. gov/document/fcc-accomplishments-under-chairman-ajit-pai-through-september-2020.

二 加拿大

加拿大地广人稀，国土面积998万平方公里，位居世界第二。截至2018年底，加拿大人口为3705.7765万人；2019年底，加拿大有81.48%的人口居住于城市地区①，城市化率高，但农村、偏远地区与城市之间存在“数字鸿沟”。“连接加拿大人”计划是加拿大政府为完善农村和偏远地区互联网服务的重要举措。此外，农业和农业食品业的数字化发展，是加拿大数字乡村建设的重点。

（一）“连接加拿大人”计划

2014年，加拿大政府承诺在五年内（2014—2019）提供3.05亿美元，以完善农村和边远地区的互联网服务②。同年，加拿大政府制订了“数字加拿大150”（Digital Canada 150，DC 150）计划，这是一项综合数字政策，其目标是在2017年建国150周年时，将加拿大建设成为数字强国。具体内容包括：“连接加拿大人”；“保护加拿大人”（数字隐私法、新的网络欺凌法、反垃圾邮件法等）；把握数字世界经济机遇以及建设数字政府等。其中，“连接加拿大人”（Connecting Canadians）是“数字加拿大150”计划的关键承诺，于2014年7月22日启动。“连接加拿大人”的目标是帮助农村和偏远地区的家庭获得高速互联网服务以及参与数字经济。主要措施包括扩展和增强宽带服务，提高宽带速度。加拿大政府深刻认识到，获得更好、更可靠的宽带将使加拿大人能够参与数字经济，并在远程医疗、电子学习和远程政府服务方面取得进步。加拿大中央政府与各省、地区政府，以及互联网服务提供商（ISP）合作，并鼓励私营部门在无高速互联网服务的地区投资无线和有线互联网建设，以实现全国28万户家庭的互联网接入（5Mbps）。其中，加拿大农村和北部家庭，将首次拥有高速互联网接入。在北部社区，加拿大政府耗资5000万美元，扩展和增加了北部的卫星容量，为魁北克努纳武特和努纳韦克地区约12000户

---

① 世界银行：《城镇人口（占总人口比例）》，https：//data.worldbank.org.cn/indicator/SP.URB.TOTL.IN.ZS?view=chart&locations=CA.

② Communications Monitoring Report 2015，“Canada's Communications System：An Overview for Citizens，Consumers，and Creators”，https：//crtc.gc.ca/eng/publications/reports/policymonitoring/2015/cmr2.htm?_ga=2.87425114.350211172.1607320391-46254394.1607320391.

家庭带来了至少 3Mbps 的宽带服务①。此外，加拿大政府建设基础设施基金，使数字项目首次有资格获得资金支持；限制加拿大网络国内漫游费，以增强加拿大消费者的竞争和降低网络价格；为基站创建新规则，以确保社区对这些基座的建造地点和建造方式有发言权。同时，加拿大的无线政策正在以更低的价格和更好的服务为加拿大消费者提供更多选择②。

2016 年，加拿大政府宣布在 5 年内投资 5.85 亿美元，用于新项目“连接创新”（Connect to Innovate），为加拿大 975 个农村和偏远社区（包括 190 个土著社区）提供高速互联网服务。这些地区地势复杂，人口稀少，建设、经营和维护基础设施困难重重，这一投资项目将有效改善这些地区的教育、医疗保健、生产力和当地人的生活质量。“连接创新”项目重点支持学校、医院和第一民族（一般指印第安人）办公室等公共机构连接的新骨干基础设施项目，部分资金也可用于骨干基础设施升级和“最后一英里”项目——这些项目连接该地区互联网服务不足的家庭和缺乏互联网服务的企业，速度为 5Mbps③。目前，已实施新项目“连接创新”的有：艾伯塔省、不列颠哥伦比亚省、马尼托巴省、新不伦瑞克省、努纳武特地区等④。2019 年，加拿大政府另增加了 8500 万美元预算，作为加拿大互联战略下一系列投资的一部分。

（二）农业数字化建设

农业和农业食品业是加拿大经济的重要组成部分。2019 年，加拿大农业食品自动化和情报网络（Canadian Agri－Food Automation and Intelligence Network，CAAIN）从联邦政府获得高达 4950 万美元的投资后，由艾伯塔省创新部和维兰研究与创新中心牵头，建立一个智能农场平台。这一平台的创建使加拿大在人工智能（AI）和精密农业方面的优势得以利用和合并，其目的是实现农业任务自动化，降低加拿大农民的财务风险，并开发出可扩展、可出口的农业解决方案。目前的成果主要有：

① Government of Canada, “Connecting Canadians”, http://fednor.gc.ca/eic/site/028.nsf/eng/home.

② Government of Canada, “Digital Canada 150 Launch”, https://www.canada.ca/en/news/archive/2014/06/digital-canada-150-launch.html.

③ Government of Canada, “Connect to Innovate”, http://fednor.gc.ca/eic/site/119.nsf/eng/h_00000.html.

④ Government of Canada, “Announced Connect to Innovate Projects”, http://fednor.gc.ca/eic/site/119.nsf/eng/00009.html.

(1) 建立创新生态系统。该项目建立了一个生态系统，使技术提供者、研究机构、农业部门之间能够强有力地协作，以加快加拿大农业部门的自动化和数字化。该网络将帮助连接加拿大各地的合作伙伴，推动农业部门的新增长，提高加拿大农民的竞争力。(2) 加大创新投资。该项目活动与加拿大农业—食品经济战略保持一致，通过加大对农业自动化和数字化的创新投资，以提高竞争力。此外，工业界与学术界合作开发自动化技术、流程、模块和机器，以推进自动化和机器人在农业和食品领域的应用。(3) 集成数据流。该项目将计算机视觉、物联网等最先进的传感器数据与传统农业数据（如土壤采样数据）合并，形成综合数据流进行分析。通过这种集成的数据流，AI 可深度学习以应用于识别模式、优化决策、识别问题并提出问题解决方案。同时，建立数据储存库，以帮助研究人员和技术伙伴开发出有利于加强加拿大农业和农业食品部门的工具①。

加拿大也非常重视农业研究，且成果丰富。如：开发出显示气候、土壤信息的农业地图和交互式农业应用软件；发布保护加拿大各地土壤、水、气候的农业生产，以及温室气体、气候变化、天气对农业影响的专题报告等②。

第七节　拉丁美洲的数字乡村探索

广义上的拉丁美洲包括美国以南的全部美洲国家和地区，共有 33 个国家及若干未独立地区，均为发展中国家。与世界平均水平相比，拉美地区具有较高的城市化率，但互联网基础设施相对落后，且发展不平衡，主要体现在国家、城乡和贫富家庭之间 3 个方面③。拉丁美洲和加勒比信息社会第七届部长级虚拟会议于 2020 年 11 月 23—26 日举办，会议通过了《拉丁美洲和加勒比数字议程》(eLAC2022)④。议程提出，在偏远地区、

① Government of Canada, "Automation and Digital Technologies in the Agriculture and Agri-food Sector", http://www.ic.gc.ca/eic/site/125.nsf/eng/00032.html.

② Government of Canada, "Agricultural Research Results", https://www.agr.gc.ca/eng/scientific-collaboration-and-research-in-agriculture/agricultural-research-results/?id=1196363731573.

③ 张勇：《拉丁美洲信息经济发展研究》，《西南科技大学学报》(哲学社会科学版) 2017 年第 3 期。

④ UN Economic Commission for Latin America and the Caribbean, "Countries of Latin America and the Caribbean Approved the eLAC2022 Digital Agenda", https://www.cepal.org/en/pressreleases/countries-latin-america-and-caribbean-approved-elac2022-digital-agenda.

农村和半城市（城乡接壤）地区，要促进负担得起、质量足够好的宽带接入和连接，通过可替代和可持续的投资模式，促进社区网络、农村运营商和低成本技术等的发展①。拉美地区的信息建设以加强信息基础设施为重点，政府发挥监管、支持和协调的作用，通过国家战略作出顶层设计②。其中，巴西和阿根廷的数字乡村建设可圈可点，是我们分析拉丁美洲数字乡村建设的典型。

一　巴西

巴西联邦共和国，简称巴西，是拉美地区面积最大、经济实力最雄厚和人口最多的国家，国土总面积 851.49 万平方公里，位居世界第五；总人口 2.14 亿人，有 86.82%的人口居住于城市地区，城市化率较高。截至 2021 年 3 月，巴西的互联网普及率 74.8%③，而农村互联网普及率为 53%④。巴西的电信建设、国家宽带计划以及智慧农业的发展，对国际数字乡村建设具有借鉴意义。

（一）国家宽带计划

巴西实施的国家宽带计划在全球具有重要影响。2002 年初，巴西政府推出了电子政府计划的公民支助服务，该服务由巴西通信部协调，目的是在巴西全境促进数字包容性建设，优先事项是为处于社会脆弱状态的社区提供服务。通过使用卫星和 WiMAX 无线网络等无线技术，向网络服务较差的地区推广宽带上网。截至 2020 年 10 月，该计划连接了 12587 个点，其中 80%以上在农村地区⑤。

2010 年 5 月，巴西总统颁布了国家宽带计划的法令（2010 年 5 月 12 日 7175 号法令）。为了建立广泛共识，确定该国的宽带需求以及制定具体的目标和任务，巴西就该宽带计划广泛征求意见，并在公众论坛和指导委

① UN Economic Commission for Latin America and the Caribbean, "Digital Agenda eLAC2022", https://conferenciaelac.cepal.org/7/en/documents/digital-agenda-elac2022.

② 张勇：《拉丁美洲信息经济发展研究》，《西南科技大学学报》（哲学社会科学版）2017 年第 3 期。

③ Internet World Stats, "Internet Usage and Population in South America", https://www.internetworldstats.com/stats15.htm#south.

④ BN Americas, "Brazil Reaches Internet Milestone for Rural Areas", https://www.bnamericas.com/en/news/brazil-reaches-internet-milestone-for-rural-areas.

⑤ 巴西通信部，https://www.gov.br/mcom/pt-br/assuntos/telecomunicacoes.

员会会议上进行了磋商。国家宽带计划旨在促进信息通信技术产品、服务的提供和使用，提高宽带互联网连接业务的接入水平，到2015年上网人数增长3倍，将宽带接入提高至4000万人口。具体目标包括：大规模接入宽带互联网连接服务，加快经济和社会发展；促进数字包容性建设；减少社会和区域不平等；创造就业和促进创收；扩大电子政府服务，方便公民使用国家服务；对使用信息技术的人口进行培训；提高巴西的技术自主性和竞争力①。根据这项计划，2010—2015年，巴西将投资128亿雷亚尔(约合72.3亿美元)，以扩大宽带网络的覆盖率，同时将月租费降至15—35雷亚尔。巴西总统办公室主任Erenice Guerra称，“国家宽带计划”还包括向前国有电信寡头Telebras注资近32亿雷亚尔，由Telebras负责经营一条全长2.3万公里的光纤骨干网。但Guerra表示，不会用Telebras来替代或者限制私营运营商，而是利用现有的国有基础设施来鼓励私人在该领域创业②。Telebras负责实施联邦公共部门的专用通信网，另负责为私营公司提供电信业务，以及为州、联邦区、市和非营利机构提供支撑性的网络设施③。

2016年，巴西全国只有不到一半的家庭接入了宽带。为了改变这一现状，巴西政府斥资近50亿美元，用于开发和提升宽带项目，其中80%的资金被用于网络基础建设，其余资金用于资助相关设备和光纤传输网络的设备厂商。同年，巴西通信部发布了一项名为“智慧巴西”的国家宽带发展计划，提出到2022年将巴西拥有光纤网络的城镇数量提高至85%，并实现宽带网络覆盖95%人口的目标④。2016年11月，巴西政府从联邦预算中拨款150亿雷亚尔（约合324亿元人民币）用于建设和改善宽带项目，其中包括对1167个项目的税收减免，这些项目为刺激巴西宽带网络部署和扩大网络覆盖而设立⑤。

---

① 巴西通信部，http：//www4.planalto.gov.br/legislacao/portal-legis/legislacao-1/decretos1/2010-decretos-1.

② 新浪科技：《巴西：为全国宽带投73亿美元巨资》，http：//tech.sina.com.cn/t/2010-06-01/16104256419.shtml.

③ ITU NEWS，“Broadband in Brazil”，https：//itunews.itu.int/zh/NotePrint.aspx？Note=2805.

④ 科技日报：《巴西电信产业发展迎来新机遇》，http：//digitalpaper.stdaily.com/http_www.kjrb.com/kjrb/html/2020-10/28/content_455984.htm？div=-1.

⑤ 中国无线电管理：《巴西新国家宽带计划聚焦4G》，http：//www.srrc.org.cn/wap/content.aspx？id=17080.

2017 年，在巴西政府发布的第一季度国家宽带计划中，大幅提高全国 4G 覆盖成为重中之重。巴西科学、技术、创新和通信部称，巴西幅员辽阔，同时有着很大面积的低人口密度区域，这就使得电缆网络铺设成本高昂，因此推动 4G 发展至关重要。4G 在巴西被认为是推动数字包容性建设最有效的技术之一，这是由于政府将出台有利于改善 4G 服务的利好政策，包括以前用于模拟电视的 700MHz 频带的释放以及允许服务提供商进行基础设施共享。2018 年，巴西继续推动国家宽带计划，出台相关优惠政策，4G 网络渗透率迅速提升，移动互联网的推进也取得一定进展①。同时，巴西一直在努力组建“5G 巴西”项目，旨在促进本国 5G 生态的发展②。

（二）农村互联网连接工程

名为 Voz no Campo 的农村电信计划始于 2003 年。该计划由 Espírito Santo 省政府、农业、供应、水产和渔业国务秘书倡导，旨在与市政府、老牌公司和本地农民协会建立合作关系，向农民提供现代电信网络，实现语音和数据的传输并加强生产者对市场信息的了解③。

2019 年 8 月，巴西教育部与科技部、创新和通信部合作实施了互联教育创新计划，目标是到年底将宽带互联网连接至 8000 多所农村学校，使 300 多万学生获益④。2019 年 9 月，巴西参议院批准了新的电信法案，该法案核心是为电信企业松绑，提升企业竞争力，从而达到提升宽带用户接入速率和普及水平、降低相应资费的目的。此外，巴西政府有关部门正在积极推广 5G 技术，以提高巴西经济社会发展水平，推进国家数字经济发展。据巴西电信管理局预测，到 2023 年，巴西的光缆市场需求年均增长率将高达 9%，巴西国内电信服务市场收益规模将超

---

① 光电通信网：《巴西电信市场展望：纤缆企业进军拉美市场的最佳抢滩地》，http：//www. ofec. com. cn/ ? q= node/19273.

② GCI（全球互联网链接指数）2019，https：//www. huawei. com/minisite/gci/cn/country-profile-br. html.

③ 国际电信联盟：《第 10-2/2 号课题：农村地区和边远地区的通信》，国际电联 2010 年版。

④ 巴西通信部：《MCTIC 从 mec 获得 6000 万美元用于 8000 多农村学校的宽带建设》，https：//www. gov. br /pt-br/noticias/educacao-e-pesquisa/2019/08/mctic-recebe-r-60-milhoes-do-mec-para-banda-larga-em-8-mil-escolas-rurais.

过500亿美元①。

2020年7月，国家电信局（Anatel）和Tim S. A. 之间达成《行为调整协议》，该协议计划为少于3万人的350个城镇提供4G互联网，这些城镇位于巴西北部、东北部、中西部和米纳斯吉拉斯州等更多信息贫困地区，这将使300万人受益。《行为调整协议》规定，在两年内，将安装80%的基础设施，其余部分将于次年完成②。如，马拉杰岛内陆的六个地点将受益于使用4G技术实施的移动宽带覆盖。马拉杰岛内陆大部分是农村地区，互联网接入不稳定。这六个地点分别是：梅纳德、塞马拉多马拉吉、雷蒂奥格兰德、皮里埃、圣米格尔多普拉库巴和乔安妮斯区，共有7000多人将从中受益③。

（三）发展智慧农业

巴西农业土地高度集中，全国良田的80%掌握在占农场总数15%的大庄园主手里，农业机械化程度较高。近十年，巴西农牧业生产能力增长约70%，主要依靠科技进步，其中，巴西政府年均投入6000万美元用于农业科研研究经费，并出台法令明确规定，国家每年将当年税收总额的17.5%用于农牧科技项目。同时，巴西全国拥有3000多个农业技术推广站，2.3万个农业技术推广人员，推广内容包括农民培训、接待咨询、开展各类生产技术分析等，对中小农户一般不收取推广及培训费用，对大农庄主则收取少量培训成本费用，颇受广大农民欢迎④。

此外，巴西实行“家庭农业支持计划”补贴，包括完善农村基础设施建设，如道路、电信、仓库的建设等；向小规模农户提供低利率的农业信贷；免费对农民开展技术培训，提供各种病虫害防治技术资料等，以加强对小农户的扶持。同时，巴西非常重视农村合作社的发展，1988年国

① 科技日报：《巴西电信产业发展迎来新机遇》，http：// digitalpaper. stdaily. com/ http_www. kjrb. com/kjrb/html/2020-10/28/content_455984. htm? div=-1.

② 巴西通信部：《协议将为居民少于30000人的350个城市提供宽带互联网》，https：// www. gov. br/pt-br /noticias/transito-e-transportes/2020/07/acordo-levara-internet-de-banda-larga-a-350-municipios-com-menos-de-30-mil-habitantes.

③ 巴西通信部：《政府宣布在马拉杰岛广场覆盖4G移动宽带和Wi-Fi计划》，https：// www. gov. br/pt-br/ noticias/assistencia-social/2020/10/governo-anuncia-cobertura-banda-larga-movel-4g-e-programa-wifi-na-praca-na-ilha-do-marajo-pa.

④ 中国农村综合改革研究中心：《21世纪的世界粮仓——巴西现代农业发展启示》，http：// znzg. xynu. edu. cn/ info/1010/3740. htm.

家宪法已对合作社的合法性和自主性予以认可。《合作社法》规定，国家实行鼓励合作化的政策，但主要通过提供技术支持、金融优惠和特殊信贷帮助合作社的建立、发展和联合。目前全国约有 4000 个合作社，其中农牧业合作社有 2000 个①。

数字技术是巴西农业转型的重要支撑。基于数字内容、点对点技术以及数字时代特征的集成性智能农场成为巴西农业生产者日常生活的一部分。巴西农业研究公司（Embrapa）与巴西大学、研究机构、私营部门的研究内容主要集中在数字农业方面，包括人工智能、自动化、区块链等，允许信息在数字平台、云处理以及可视计算机之间进行传输②。Farmers Edge，全球数字农业的领军企业，同领先的植保公司 Nufarm Brasil 签署了为期三年的合作协议，到 2023 年，实现巴西至少 300 万英亩农田的数字化。两家公司将为种植户提供改进的植保和现代工具，帮助农户做出信息更为全面的农艺决策，实现效益最大化。其中，Farmers Edge 为农场提供独有的数字化基建，通过无线网络或蜂窝网络从各种环境中收集数据，打造新型一体化解决方案，远程监控作物，主动管理风险，让巴西的种植户以引领者的姿态进入农业发展新阶段③。

二 阿根廷

阿根廷共和国，简称阿根廷，是由 23 个省和联邦首都（布宜诺斯艾利斯）组成的总统制联邦共和制国家。截至 2022 年 6 月，阿根廷总人口约有 4587.3 万人，互联网普及率 91.1%④，宽带接入率在拉丁美洲名列前茅。阿根廷城市化率高达 91.99%⑤，信息服务等公共事业较为发达。

---

① 中国农村综合改革研究中心：《21 世纪的世界粮仓——巴西现代农业发展启示》，http：// znzg. xynu. edu. cn/ info/1010/3740. htm.

② 南美侨报网：《技术先行 巴西农业领域研究数字化转型》，http：//www. br-cn. com/news/ br_news/ 20200424/146925. html.

③ New AG International：《FARMERS EDGE 与 NUFARM BRASIL 建立伙伴关系 实现巴西 300 万英亩农田数字化》，https：//www. newaginternational. com/index. php/cn/news - cn/news - from-the-market-cn/2086-farmers-edge-nufarm-brasil.

④ Internet World Stats，"Internet Usage and Population in South America"，https：// www. internetworldstats. com /stats15. htm#south.

⑤ 世界银行：《城镇人口（占总人口比例）》，Argentina，https：// data. worldbank. org. cn/ indicator/ SP. URB. TOTL. IN. ZS？ view = chart&locations = AR.

（一）国家数字议程

在过去10年间，阿根廷陆续推出多项互联网普及规划。2009年，时任总统克里斯蒂娜·费尔南德斯·基什内尔（Cristina Fernandez de Kirchner）以N0512/09号法令的形式发布了首份《国家数字议程》。该议程是由政府推动的联邦规划，旨在增加ICTs的战略应用，并加强社会融合①。2018年11月5日，阿根廷政府提出了新的《2030年数字议程》（Agenda Digital 2030），重点是利用数字技术促进经济发展、推进连接所有阿根廷人民的数字包容性计划，以及建设以公民为中心的高效政府。该议程是国家一级数字战略的指导方针，目标是促进电信基础设施的发展以及互联网的普遍接入，提升公民数字素养，并推动数字技术成为建设高效政府的引擎，深化国家数字化转型。在连接方面，将平均宽带速度从4.5Mbps提升到14Mbps；4G部署从覆盖人口的10%上升到58%；ARSAT的光纤网络从6500公里的运行，连接17个地点扩展到30000公里和550个地点，50多万阿根廷人将受惠于该议程②。

（二）"连接阿根廷计划"

时任阿根廷总统的克里斯蒂娜于2010年10月提出Argentina Conectada（"连接阿根廷计划"）。"连接阿根廷计划"是多个政府机构，以及与私营部门、学术界和其他民间团体组织之间进行广泛协商的成果。该计划的核心内容是对通信基础设施、设备及服务建设的公共投资，旨在实现地面广播数字化、通信连接向偏远地区延伸，以及为公立学校学生提供信息和通信技术（ICTs）设备和培训，并建立公共ICTs接入中心的项目。"连接阿根廷计划"的战略目标是：实现数字包容；优化无线电频谱的使用；推进普遍服务；推动电信部门的国内生产力和创造就业机会；加强电信技术的培训和研究；推动基础设施建设和普遍连接，以及加强公民能力建设。该计划投资10多亿美元，以扩大面向全国的宽带互联网接入和免费收看的数字地面电视。为落实该计划，政府宣布委托一家国有企业——阿根廷卫星解决方案公司（AR-SAT）来建设、实施和运营联邦光

---

① 张勇：《拉丁美洲信息经济发展研究》，《西南科技大学学报》（哲学社会科学版）2017年第3期。

② Argentina. Gob. Ar, "The Government Has Introduced a New Digital Agenda 2030", https://www.argentina.gob.ar/noticias/el-gobierno-presento-la-nueva-agenda-digital-2030.

纤网络这一涉及公共利益的项目。根据该项目内容，AR-SAT 公司需满足公共部门的接入需求，并在一个开放网络的原则下运营批发数据传输市场。克里斯蒂娜非常自豪地表示，“连接阿根廷计划”意味着我们国家社会各界在信息通信技术接入方面的民主化。该计划建立的前提是宽带发展——不仅需要接入基本的数据传输设施、价格可承受的连接服务，而且需要合适的应用与内容，大范围的终端设备安装基础，以及向大众普及信息通信技术技能①。

2010 年，阿根廷政府通过 459 号法令批准了《平等连接计划》（Equal Connection Plan）。2015 年，阿根廷成立了新的电信监管机构（AFTIC），接替通信部（SeCom）和国家通信委员会（CNC）等多个部门的权力，并具体负责“连接阿根廷计划”的实施。2016 年 5 月，阿根廷总统毛里西奥·马克里（Mauricio Macri）宣布启动“联邦互联网计划”，旨在为 1200 个偏远村镇居民提供互联网光纤接入，两年内使阿根廷宽带用户超过 2900 万人②。2018 年 10 月初，阿根廷政府启动“国家电信和连通性计划”，该方案与《2030 年数字议程》的目标相伴随，以确保所有公民都获得新的信息和通信技术③。2019 年全球互联网指数显示，阿根廷政府发起的“国家电信和连接计划”促进了固定宽带网络和 4G 技术的发展。AR-SAT 销售的互联网服务统一费率从每兆 14 美元降至 10 美元，这将使 550 多个参与联邦互联网计划的地方受益。与此同时，新的 4G 部署显示，2019 年底，90%的阿根廷人连接至 4G 网络④。

（三）农业现代化建设

阿根廷大陆面积约 280 万平方公里，农作物种植面积约 3750 万公顷，主要作物有：大豆、小麦、玉米、向日葵、高粱和大麦，是世界闻名的农业和农产品生产大国。阿根廷农业机械化程度居拉美国家前列，大庄园式农场在耕地、播种、施肥、加工、运输、贮存等农业生产过程中全部实行

① ITU News，“Connecting Argentina”，https：//itunews. itu. int/zh/NotePrint. aspx? Note = 1776.

② 张勇：《拉丁美洲信息经济发展研究》，《西南科技大学学报》（哲学社会科学版）2017 年第 3 期。

③ Argentina. Gob. Ar，“The Government has Introduced a New Digital Agenda 2030”，https：//www. argentina. gob. ar/noticias/el-gobierno-presento-la-nueva-agenda-digital-2030.

④ GCI（全球互联网链接指数）2019，https：//www. huawei. com/minisite/gci/cn/country-profile-ar. html.

机械化①。同时，阿根廷重视农业科技推广，于1956年成立农牧业技术研究所，目前已形成了普及全国的科研网络体系，可及时为农牧民提供各类农牧业信息及技术指导，并积极运用新技术促进农业发展，重视作物种子的选取，育种技术先进，目前所生产的粮食作物大多是转基因作物，是世界上种植转基因的农作物大国②。此外，阿根廷农业发展已进入完全数字化、传感和自动化阶段，如自主拖拉机、人工视觉传感器选择性喷洒系统、收获机自动调节系统（根据作物特性）等。显然，在以原材料为基础的工业化进程中，农业数字化发展越来越具有战略意义。农业、农业工业和农业食品领域的发展高度依赖诸如机器人学、自动化、数据管理平台、特定算法、人工智能、区块链等新技术，精密农业的发展已帮助阿根廷的主要农作物实现了年均产量增加10%—15%③。

然而，现代化大农业的发展并没有从根本上改变阿根廷乡村的贫困。阿根廷的贫困人口多集中在农村地区，小型农户和家庭农户生活困难，主要原因是阿根廷农业基础设施投入不足，导致小型农户抗灾能力不强。2018年，阿根廷农作物因干旱歉收，损失达50亿美元。缺少市场、贷款不足、缺少技术支持以及基础设施落后等，均是造成阿根廷农村贫困的原因。因此，2018年阿根廷在农村脱贫战略中总投入1.58亿美元，使4.3万个家庭直接受益，并推出《农村发展国家战略》，以支持农户发展为中心内容。具体做法包括：推动建立农业合作机构；改变传统低收益生产，向可持续和高回报农业过渡；鼓励农村青年投入生产活动；改善土著社区的食品安全；向社区组织提供企业支持服务；等等④。

第八节　国外数字乡村建设实践的启示

通过对联合国教科文组织以及亚洲、欧洲、非洲、大洋洲、北美洲、拉丁美洲的12个国家开展数字乡村建设的实践进行梳理，可以从中管窥

① 徐艳文：《阿根廷农业发展特点》，《中国畜牧业》2014年第11期。

② 许昭：《阿根廷农业发展的启示》，《中国农村科技》2016年第8期。

③ 阿根廷国家农业技术研究院：《INTA在精密农业和畜牧业方面为该国的贡献为6.5亿美元》，https://inta.gob.ar/documentos/los-aportes-del-inta-en-agricultura-y-ganaderia-de-precision-tienen-un-retorno-de-650-millones-de-us-para-el-pais.

④ 人民网：《阿根廷努力振兴乡村经济》，http://world.people.com.cn/n1/2018/0607/c1002-30041690.html.

世界各国的数字乡村建设理念、积累的经验及教训，为我国开展国家数字乡村试点提供前车之鉴和经验启示。上述国家/机构建设数字乡村案的经验、教训和启示，可总结为如下 4 个方面。

一　政府主导与社会力量参与

数字乡村建设是一项惠及民生、关涉国家数字化的工程，需要在国家层面纳入公共决策，并由政府相关部门负责实施。数字乡村建设中，政府的作用在于制定规范和政策引领，并加强对政策实施过程的监管，确保政策有效落地。

2010 年，巴西曾制订过宽带普及国家计划，但接下来的几年间计划推进缓慢，互联网普及率仍不理想。原因是，巴西国家电信管理局 ANATEL 虽然负责监管巴西所有的电信业务、网络技术问题及频谱使用，但 ANATEL 执行通信部制定的政策，不对宽带实施技术的选择施加影响；而来自官方的监管政策对各种网络技术应用采取中立态度，监管体系薄弱，且缺乏系统考核。2016 年，巴西政府在目标、期限和预算上都作出了调整①。新西兰实施的"地理信息系统数字化管理"，始终将规划与监管摆在首位，按照实用管用的要求，对数字乡村项目进行建设评估与信息公开，还聘请专家顾问，利用大数据、人工智能等现代信息技术开展科学规划，保证了项目实施的规范和实效。

政府作为数字乡村的规划者和设计者，应充分吸纳社会力量参与。信息传播基础设施的铺设及后续的信息传输，需要互联网公司、通信公司、投资公司等多元力量协作，以合适的投资方式参与数字乡村项目。如英国通过"高速康沃尔"项目建设数字乡村，英国政府和欧洲区域发展基金共同提供基金资助，由康沃尔发展公司负责实施。肯尼亚第一批数字乡村建设试点项目，则获得世界银行的资金支持，同时采取公私合营的方式吸纳私营企业加入。数字乡村投入使用后，网络使用费可能会影响到村民接入和使用互联网的选择。充分考量当地居民的经济收入水平，确定一个与当地经济发展水平相匹配、村民可以承受得起的费用标准，是推动数字乡村可持续发展的一个重要因素。

2019 年中共中央、国务院发布的《数字乡村发展战略纲要》中，明

① 人民网：《宽带普及计划打造"智慧巴西"》，http：//world. people. com. cn/n1/2016/0517/c1002-28355 225. html.

确提出了坚持城乡融合、创新城乡信息化融合发展体制的基本原则，以及统筹发展数字乡村与智慧城市、强化城乡一体化设计的重点任务。我国《2020 年数字乡村发展工作要点》中提出要“整合运用已有设施资源，探索形成可持续发展机制”[①]，以加强数字乡村发展的统筹协调。下一步的国家数字乡村试点工作，应以政策激励三大国有通信企业“中国移动”“中国联通”“中国电信”投资信息传播技术设施的铺设，同时吸纳信息技术公司参与乡村信息服务数字化项目的开发和运营，形成政府、国有企业、民营资本协同共建数字乡村的模式。

二　通过试点建设积累经验

数字乡村建设项目工程浩大，投入较高，需要先找准典型，确定试点，通过试点建设总结不足，积累经验，以推广试点经验的方式逐步开展全国范围内的数字乡村建设。正如澳大利亚先从智慧农业入手，通过发展智慧农业，以点带面带动村民生活的数字化、智慧化。日本的农业数字化建设先从经济较为发达的地区开始着手，再逐步推广到欠发达地区，通过形式多样的方式推广数字化农业的相关技术，使各地农业从业者均能积极响应农业数字化的号召，参与农业数字化建设[②]。英国的“高速康沃尔”项目，首选了康沃尔地区的佩迪恩、圣布雷沃德等村庄，通过这些村庄的信息化建设积累经验，待经验成熟后逐步向全国其他地区推广。肯尼亚的数字村庄第一批试点建设，选择了 6 个村庄：卡甘杜、马林迪、南伊曼蒂、加里萨、西亚和穆库鲁。联合国教科文组织的数字村庄建设实践，则经历了一波三折：在洪都拉斯创建的第一个试点村庄遭飓风破坏后，项目组将数字村庄的建设工作转移到突尼斯，在突尼斯的 Borji Ettouilat 村庄创建了第二个试点，所探索的远程医疗、在线学习和社区互联网接入工作取得成功。取得初步成功之后，项目组又尝试在黎巴嫩南部的 Meissal-Jabal 村庄建设信息化教室，为难民聚居的社区提供儿童教育和培训，重燃他们对新生活的希望。英国、肯尼亚、联合国教科文组织通过建设先行试点村庄积累经验，探索适合地方情境和当地村民需求的信息化建设方案，值得其他国家学习和借鉴。

① 中央网信办、农业农村部、国家发展改革委、工业和信息化部：《2020 年数字乡村发展工作要点》，2020 年 5 月 9 日。

② 江洪：《日本数字化农业发展对我国的启示》，《南方农业》2018 年第 29 期。

中国作为发展中大国，中西部和城乡之间的经济和社会发展差异明显，数字乡村和信息化建设应充分考虑中西部差异和城乡差异，以及我国农业具有独特的现实条件和不同于其他国家的特殊性。除 2020 年 9 月公布的国家数字乡村试点地区，按照国家有关部委的要求有序推进数字乡村建设之外，笔者建议各省、自治区和直辖市先选择 3—5 个村庄作为试点，或者从智慧城市的郊区入手，以智慧城市为中心，以同心圆的形式向外扩散，由城市普及农村。政府相关部门牵头，组织相关专家论证数字乡村整体规划设计，协调电信部门为试点村庄铺设信息传播基础设施，接通光纤宽带、移动互联网、数字电视网，推进 5G、人工智能、物联网等新型基础设施建设和应用，为村民提供普惠的互联网接入政策，让每个村民均可接入互联网、均能享受互联网带来的改变。

三　夯实乡村信息基础设施

信息传播基础设施是建设数字乡村的前提，为乡村的信息接入和信息应用提供必要的物质条件。为加强乡村信息基础设施建设，日本政府将计算机等电子设备纳入农业生产机具的购买补贴之列，以激发日本农民购买高科技设备的欲望。日本政府还积极在农村地区普及互联网的覆盖，无偿向农民提供国立农业科研机构数字化农业的研发成果，允许农民免费访问农业数字化数据库，以夯实农业数字化的设备基础，提高农业资源的利用效率，加快数字化农业的建设速度①。

巴西幅员辽阔，同时有很大面积的低人口密度区域。在人口稀少的偏远地区，信息传播基础设施不完善，电缆网络铺设成本高昂，网络接入困难。4G 在巴西被认为是推动数字包容性最有效的技术之一。巴西为推动 4G 的普及，动员私营企业和国有电信运营商协同发力，利用现有的国有基础设施来鼓励私人在该领域创业。如，巴西国有电信寡头 Telebrás 曾负责实施联邦公共部门的专用通信网，还负责为私营公司提供电信业务以及州、联邦区、市和非营利机构提供支撑性的网络设施②。另外，巴西还采取措施鼓励互联网提供商投资建设互联网服务基础设施，并通过税收减免

① 江洪：《日本数字化农业发展对我国的启示》，《南方农业》2018 年第 29 期。

② ITU News：《巴西的宽带》，https：//itunews. itu. int/zh/NotePrint. aspx？Note＝2805.

等方式激励私营企业和国有电信运营商共同完成偏远地区的网络接入[①]。巴西还承诺提供更多的政府投资，以在公共和私营部门之间打造“协同效应”，为全国提供更好的互联网接入服务。

无论是美国政府巨额拨款对公共场所信息基础建设和对个人网络接入提供补贴，抑或是日本对高速宽带全国覆盖的规划要求，都表明数字基础设施作为数字经济的基本保障，已经得到各国政府重视。在我国广大农村，近几年行政村通光纤比例、4G网络覆盖率均有较大的提升，但在一些偏远的、交通不便的连片特困区，尚未实现信息网络的全覆盖，或者因接入能力受限而无法与信息社会保持实时连通。这是数字乡村推进过程中应留意的信息“死角”，是信息传播技术在乡村推广普惠均等服务时应着力解决的问题。

在已经脱贫、迎来小康的农村地区，随着5G网络、大数据、物联网、人工智能等新一代信息传播技术的普及应用，乡村信息化、数字化进程将被加速，农村数字经济将迎来高速发展期。在这样的大背景下，地方政府应深入实施“宽带中国”战略，加速农村地区宽带网络的优化升级与提速降费，在生产补贴的同时也强调消费补贴，对网络运营商的政策落实严加监管，并提升基础设施的使用效率。在数据供给方面，地方政府应先行示范，逐步开放非涉密数据，并引导企业信息公开，为乡村数字经济输送更丰富的“能源”，为乡村社会提供更多应用和创新的机遇[②]，为发展新型数字农业提供信息技术支持。

四　注重乡村信息能力建设

为乡村送去互联网，为家家户户连上宽带和Wi-Fi，并不等于村庄的信息化工作已经完成。数字村庄的信息传播基础设施建设，可以通过政府投资和企事业单位的帮扶来完成，但要实现可持续发展，则需要激发村庄的内生动力，提升村民的信息能力。联合国教科文组织每筹建一个试点村庄，都派技术专家为村民开展技术培训；特别是在难民社区，技术专家还培训儿童的互联网使用技能，为失学儿童送去希望。英国的

① 光电通信网：《巴西电信市场展望：纤缆企业进军拉美市场的最佳抢滩地》，http：//www. ofec. com. cn /? q=node/19273.

② Yang Yan.，“Exploration on Development Strategy of China’s Digital Economy from Perspective of International Comparison”，*Science and Technology Management Research*，No. 19，2019，p. 38.

“高速康沃尔”项目中，为每个试点村庄的信息中心都配备了志愿者，为村民提供计算机培训课程，并指导村民使用网络，开展各种技术应用的体验活动等。肯尼亚国家档案馆通过相关调查，发现来自技术上的挑战，成为影响村民采纳互联网的重要因素，并提出开展村民技术培训的数字乡村建设方案。印度政府已经意识到只有技术和信息还不足以使村庄成为真正的数字村庄，还需要通过教育和技能培训来提升乡村的信息能力。

乡村信息能力，包括村民对信息技术的采纳意愿和采纳能力，与个体的经济状况、受教育水平、认知水平等人口特性有关，而经济状况较差者、文化程度较低者、年长者往往是技术采纳的“落伍者”。这些“落伍者”，是信息社会的弱势群体，我们称之为信息弱势者。为信息弱势者提供技术帮扶，是数字乡村建设必须面临的工作。正如阿根廷前总统克里斯蒂娜所言，“连接阿根廷计划”，不仅需要接入基本的数据传输设施、价格可承受的连接服务，而且需要向大众普及信息通信技术技能①。南非建设 SEIDET 数字村的过程中，高校等科研机构参与其中，为面向农民的信息技术培训提供了策略支持和教育扶持。

英国的“高速康奈尔”项目中，成立家庭俱乐部，向经济状况较差、无法为儿童提供互联网接入的家庭提供帮扶；计算机培训班还将 55 岁以上的老龄村民纳入培训计划，教老人们学习上网的基础操作，熟悉当地政府提供的电子政务服务。肯尼亚国家档案馆在试点村庄的调查亦发现，人数众多的信息弱势群体，是导致信息技术在乡村扩散缓慢的因素之一。推出有针对性的、面向信息弱势者的帮扶政策，如：提供设备接入和技术培训、减免互联网信息使用费、供给紧密结合生产生活需求的信息等，应成为推进数字乡村建设、保证信息社会“一个都不掉队”的措施之一。

我国农村地区的宽带网络建设，以三大国有通信企业“中国移动”“中国联通”“中国电信”为主力，但部分农民信息能力不足，信息素养低下，消解了信息项目的应有效果。提升农民信息素养应是我国下一阶段农村数字化建设的重点。我国广大乡村地区一直有互助合作的机制和传统，相关部门应通过宣传动员、组织培训等途径营造数字化发展的氛围，

---

① ITU News，“Connecting Argentina”，https：//itunews，itu. int/zh/NotePrint. aspx？Note = 1776.

培育本地居民自主使用数字化技术的能力，使农民能够参与到乡村数字化的规划和实践过程中。这不仅有助于各参与主体掌握当地资源和构建社会网络，也有望通过居民人际互动激发包括数字化在内的发展需求，进而形成乡村地区数字化发展“自下而上”的内生动力。

附录 1

调查问卷

问卷编号________ 受访者姓名________ 联系电话________

农村居民信息使用行为调查问卷

农民朋友好：

我们是郑州大学的一个研究团队，正在进行一项关于农村居民信息使用行为的调查。恳请您填写以下问卷，为我们的研究提供支持。问题无对错之分，请按真实情况填写。我们保证所有数据仅供学术研究使用，不作任何商业用途。

祝您生活愉快！

郑州大学农村居民信息使用行为研究小组

2018 年 11 月

说明：请在每题的答案中按要求打"√"，或在____________处填上适当的内容。

第一部分：受访者人口统计学信息

1. 你的性别：（1）男；（2）女	8. 家庭经济收入主要来源：
2. 你的年龄：________岁	（1）种粮食；（2）外出务工；（3）畜牧养殖； （4）经济作物或林、果树种植； （5）私营（如：做生意）；（6）政府救济； （7）其他（请填写）____________
3. 家里共有________口人；子女________个。	
4. 你在学校接受正规教育________年	
5. 家庭经济收入________元/年	9. 你现在的居住状态是？

续表

6. 你的宗教信仰是：__________	（1）独居；（2）与父母合住；（3）仅与配偶同住；（4）与配偶及已婚/未婚子女同住；（5）丧偶但与子女同住；（6）其他
7. 你的民族是：__________	

第二部分：受访者的信息接入

1. 以下陈述与你的实际情况是否相符？

陈述	是	否	陈述	是	否
村里有板报/宣传栏			家中收音机		
加入农村专业合作社			我使用手机		
村里组织过技术培训			家中有电脑		
参加农民夜校			连接互联网（手机/电脑）		
家中有电视机			阅读报纸杂志等		

2. 你使用的手机类型？

（1）普通手机；（2）智能手机（可联网）

3. 以下表述与你的实际情况是否相符？

陈述	是	否	陈述	是	否
我的手机开通了网络服务			我家中电脑是联网状态		
我愿意继续使用手机			我愿意继续使用电脑		
我愿意继续使用互联网					

4. 你平均每月的网络花费是：手机上网_____元；电脑上网_____元。

第三部分：受访者的信息获取

1. 你平均每天使用以下媒介的时间：

（1）听广播：__________小时

（2）看电视：__________小时

（3）阅读书籍、报纸、杂志：__________小时

（4）用手机打电话、发短信：__________小时

（5）使用互联网（手机或电脑上网）：__________小时

2. 你与以下人物交谈的时间：

（1）与亲戚、朋友交谈：平均每天＿＿＿＿＿＿次

（2）与邻居、同村人交谈：平均每天＿＿＿＿＿＿次

（3）与村里“能人”交谈：平均每周＿＿＿＿＿＿次

（4）与村干部交谈：平均每周＿＿＿＿＿＿次

（5）与网上结识的朋友交谈：平均每周＿＿＿＿＿＿次

3. 你参与以下活动的频率：

（1）参加技术培训：平均每月＿＿＿＿＿＿次

（2）去图书阅览室：平均每月＿＿＿＿＿＿次

（3）阅读板报、宣传栏：平均每月＿＿＿＿＿＿次

（4）参与宗教活动：平均每月＿＿＿＿＿＿次

4. 你平时通过什么渠道获取信息？

信息获取渠道	没有使用	很少使用	不确定	经常使用	总是使用
广播	1	2	3	4	5
电视	1	2	3	4	5
报纸杂志	1	2	3	4	5
手机	1	2	3	4	5
互联网（手机或电脑上网）	1	2	3	4	5
亲戚、朋友	1	2	3	4	5
邻居或同村人	1	2	3	4	5
村里“能人”	1	2	3	4	5
村干部传达	1	2	3	4	5
网上结识的朋友	1	2	3	4	5
板报、宣传栏	1	2	3	4	5
技术培训	1	2	3	4	5
图书阅览室	1	2	3	4	5
农民夜校	1	2	3	4	5

5. 对于你的生产生活而言，以下获取信息渠道的重要程度如何？

信息获取渠道	极其不重要	不重要	不确定	重要	非常重要
广播	1	2	3	4	5
电视	1	2	3	4	5
报纸杂志	1	2	3	4	5

续表

信息获取渠道	极其不重要	不重要	不确定	重要	非常重要
手机	1	2	3	4	5
互联网（手机或电脑上网）	1	2	3	4	5
亲戚、朋友	1	2	3	4	5
邻居或同村人	1	2	3	4	5
村里“能人”	1	2	3	4	5
村干部传达	1	2	3	4	5
网上结识的朋友	1	2	3	4	5
板报、宣传栏	1	2	3	4	5
技术培训	1	2	3	4	5
图书阅览室	1	2	3	4	5
农民夜校	1	2	3	4	5

6. 你对下列信息的需要程度如何？

信息类别	子类	完全不需要	不需要	不确定	需要	非常需要
生产性信息	中央及地方政策信息	1	2	3	4	5
	扶贫及脱贫信息	1	2	3	4	5
	农资供应信息	1	2	3	4	5
	农产品市场信息	1	2	3	4	5
	农业科技信息	1	2	3	4	5
	农技培训信息	1	2	3	4	5
	气象与灾害预报防治信息	1	2	3	4	5
	致富信息	1	2	3	4	5
生活性信息	日常生活信息	1	2	3	4	5
	娱乐（含网络游戏、网上聊天、阅读网络小说等）信息	1	2	3	4	5
	新闻时政信息	1	2	3	4	5
	医疗保健信息	1	2	3	4	5
	农村金融信息	1	2	3	4	5
	文化教育信息	1	2	3	4	5
非农职业发展信息	劳务就业信息	1	2	3	4	5
	职业技术培训信息	1	2	3	4	5

续表

信息类别	子类	完全不需要	不需要	不确定	需要	非常需要
其他	异地家人近况	1	2	3	4	5
	家长里短、日常琐事	1	2	3	4	5

7. 在生产和生活中，你对以下信息的满足程度如何？

信息类别	完全不能满足	不能满足	不满足	满足	非常满足
生产性信息	1	2	3	4	5
生活性信息	1	2	3	4	5
非农职业发展信息	1	2	3	4	5

第四部分：受访者的信息素养

1. 下列说法，你的同意程度如何（信息意识）？

陈述	完全不同意	不同意	不确定	同意	非常同意
农业政策类信息对我的生产生活很重要	1	2	3	4	5
农业科技类信息对我的生产生活很重要	1	2	3	4	5
天气气象类信息对我的生产生活很重要	1	2	3	4	5

2. 下列说法，你的同意程度如何（信息能力）？

陈述	完全不同意	不同意	不确定	同意	非常同意
我能独立完成开、关电脑的操作	1	2	3	4	5
我会下载和安装软件	1	2	3	4	5
我会运用搜索引擎查找农业信息	1	2	3	4	5
我会使用智能手机获取自己需要的农业信息	1	2	3	4	5
我会保存、下载和利用农业信息	1	2	3	4	5

续表

陈述	完全不同意	不同意	不确定	同意	非常同意
我关注了农业科技类的公众号（或网站）并经常查看	1	2	3	4	5

3. 下列说法，你的同意程度如何？

陈述	完全不同意	不同意	不确定	同意	非常同意
我常将自己认为有用的信息通过微信/QQ/邮箱等传播给老乡、朋友等	1	2	3	4	5
在微信群或论坛中，我积极参与讨论，表达观点	1	2	3	4	5
农业生产中遇到疑问，我会在网上发帖求助	1	2	3	4	5
我有过在网上跟帖或解答别人提问的经历	1	2	3	4	5
我有过主动发帖，发起话题讨论的经历	1	2	3	4	5

第五部分：其他

1. 您是否遇到过以下问题？

	没有遇到	很少遇到	不确定	经常遇到	总是遇到
不知道去哪里寻找有用的信息	1	2	3	4	5
找不到自己想要的信息	1	2	3	4	5
政府提供的信息无法为自己的生产和生活带来帮助	1	2	3	4	5
因无法及时获得生产或生活上的信息（如种植/养殖知识、市场行情、气象灾害预报等）而遭到损失	1	2	3	4	5

2. 以下说法与您的实际情况符合程度如何？

	完全不符合	不符合	不确定	符合	完全符合
我愿意为扶贫工作的开展提供自己的意见和建议	1	2	3	4	5
我认为扶贫办法的制定需要询问我的意见	1	2	3	4	5
我愿意配合政府或社会组织等开展的关于扶贫的调查工作	1	2	3	4	5

3. 您从家庭成员中获得支持和照顾的情况：

家庭成员	无	极少	一般	全力支持
夫妻（恋人）	1	2	3	4
父母	1	2	3	4
儿女	1	2	3	4
兄弟姐妹	1	2	3	4
其他成员（如嫂子等）	1	2	3	4

4. 您有多少关系密切、可获得支持和帮助的朋友？

（1）1个也没有；（2）1—2个；（3）3—5个；（4）6个或6个以上

5. 您和邻居的关系？

（1）相互之间从不关心，只是点头之交；（2）遇到困难可能稍微关心；（3）有些邻居很关心我们；（4）大多数邻居都互相关心

6. 您是否愿意将自己的困难告诉别人以获得帮助？

（1）非常愿意，我总是会向他人寻求帮助；（2）有时愿意；（3）总是在别人问我时才说出我的困难；（4）不愿意，别人问我时也不想说；（5）不但不愿意，有时还会编瞎话来掩盖实际情况

附录 2

深度访谈提纲

一　访谈地点

河南省民权县王桥乡五里河村（2020 年更名为麻花庄村）

河南省濮阳县海通乡史家村

河南省孟州市槐树乡杨洼村

四川省乐山市峨边彝族自治县竹沟镇古井村

河北省承德市宽城满族自治县化皮溜子镇

二　访谈对象

贫困户、脱贫户、种植/养殖户/个体经营户、村委会成员、驻村干部。

三　访谈问题

（一）针对贫困户的问题

1. 看电视时喜欢哪类节目？请列出节目名称。使用的手机类型（老年机/智能机）？家里是否接入无线网络？若无，为什么？是否有电脑？若无，为什么？

2. 上网时喜欢浏览哪类信息？请列出网站名称（或栏目名称）。

3. 你所处的交往圈子，为你提供了各种各样的信息，如亲戚邻居情况的变动、农业信息、健康信息等。交往圈子是否满足了你的信息需求？（若回答不满足，则追问通过何种渠道去主动寻找所需要的信息）

4. 是否去过城市（县级及以上城市）？请谈谈“进城”感受。

5. 是否有走出村庄、到外面的世界去看看的想法？

6. 有外面的人（比如从城里来的人）来村里，向大家了解村里的情况、居民的生活情况等，你是否愿意讲给他听？（1）和盘托出；（2）有所保留，有些信息属于村里内部的情况，不想让外人知道；（3）不告诉他真实的情况（编个谎言搪塞过去）。做出这样选择的理由是什么？

（二）针对脱贫户的问题

1. 使用的手机类型（老年机/智能机）？家里是否接入无线网络？若无，为什么？是否有电脑？若无，为什么？

2. 脱贫，给您和全家带来哪些改变？包括生活上的和精神上的。

3. 这半年来是否有政府工作人员来回访？（若有）通常聊哪些问题？

3. 您和全家这几年的脱贫经历，会讲给其他亲戚吗？讲给外地务工的亲人吗？是否有必要讲给下一代的孩子们（让孩子们也知道长辈们吃过的苦）？

4. 逢年过节村里搞活动时，您认为是否有必要借助节假日活动，来纪念一下“脱贫攻坚”？你认为群众最喜欢什么样的形式？

5. 您想对下面三类群体分别说些什么？

（1）驻村第一书记；

（2）村干部；

（3）贫困户。

（三）针对种植/养殖户/个体经营户的问题

1. 你使用电脑上网多久了？能够熟练使用电脑吗？经常使用电脑的哪些功能（搜索、办公、娱乐等）？

2. 你会使用手机/平板上网功能多久了？您经常使用的软件是？请逐一列出（不超过10个），并回忆自己每天在这些软件上分别大约花费多长时间，经常使用这些软件的哪些功能（聊天、搜索、看公众号推文/新闻、办公、娱乐、网络购物、移动支付等）或倾向于看什么内容。（需针对经常使用的软件，详细询问）

3. 你对使用智能手机/互联网的态度是？您认为互联网能够帮助你改善经济条件，提升个人能力，使生活过得越来越好吗？

4. 你认为信息重要吗？哪些信息重要？信息能为你的生活带来价值吗？

5. 你能利用信息设备（手机、电脑等）熟练的获取自己想要的信息吗？你能在生产或生活中使用到自己获得的信息吗？

6. 你经常在互联网（微信群/QQ群、朋友圈、微博、论坛、贴吧等）上发言吗？您会在互联网上分享关于生产或生活方面的经验帖吗？

7. 你使用互联网的目的是？请排序：①满足沟通需要；②增长知识；③提升经济收入；④提高社会参与度；⑤满足娱乐需求

6. 你有参加网络在线培训或网络课程（如直播带货课程等）吗？是否付费购买？

（四）针对村委会成员的问题

1. 近两年村里上马的扶贫项目有哪些？推进过程中遇到哪些问题？

2. 动员贫困户参与扶贫项目，难度在哪里？这些扶贫项目最终的效果如何？

3. 请根据平时的工作经验，比较一下贫困人口与非贫困人口、贫困人口与脱贫人口在媒介使用（手机、广播、电视、电脑、互联网等）、信息接触（休闲娱乐类、生产生活类、新闻资讯类、社交互动类等）上的异同。

4. 村委会的网络室，村民经常来吗？来上网的村民，具有什么样的特征？主要查找哪些信息？

5. 村委会的农家书屋，村民经常来吗？来读书的村民，具有什么样的特征？主要阅读哪些书籍？

6. 政策类信息自上而下传播至乡村的过程中，会遇到哪些阻力或障碍？从乡村社会环境和接收信息的个体两个方面回答。

7. 2020年脱贫验收前，你们做了哪些准备工作？你对脱贫验收指标有什么意见或建议？

8. 你认为什么才是贫困人口的“真正脱贫”？如何理解“脱贫效果可持续性”？

9. 2020年脱贫工作完成后，是否联系过媒体来报道？哪些媒体？报道哪些方面？

（五）针对驻村干部的问题

1. 扶贫经费主要用在哪些方面？［请选择（可多选）：经济发展、文化教育、医疗卫生、信息设施］请阐述理由。

2. 请根据工作经验描述：你所在村的贫困群体有什么样的特征？他

们对待外界的“信息”持什么样的态度？

3. 通过哪些方式与贫困群体交流信息？（微信、电话、面对面、大喇叭、村干部传达……）请评价每种信息交流方式的效果。

4. 驻村扶贫期间，采取了哪些措施来宣传扶贫脱贫成果？

5. 为应对扶贫检查，村委会做了哪些准备工作？

6. 驻村扶贫期间，做得最满意的一件工作是什么？

7. 请回忆：驻村扶贫期间与贫困人口打交道的过程中，最难忘的事情？请讲出 3 件。

8. 2020 年脱贫攻坚完成后，你认为应如何巩固脱贫成果？请从国家、地方政府、脱贫群体三个层面谈。

附录 3

田野工作足迹

河南省民权县王桥镇五里河村
（2020 年底更名为麻花庄村）

问卷调查（代填法）现场

访员向贫困人口讲解问卷内容

田间地头的访谈

脱贫后的第一个“劳动节”——文艺演出

陕西省宁强县巴山镇

大山深处寻访贫困户

在石坝子村委会查看脱贫政策文件

田间地头的访谈

贫困户家中的访谈

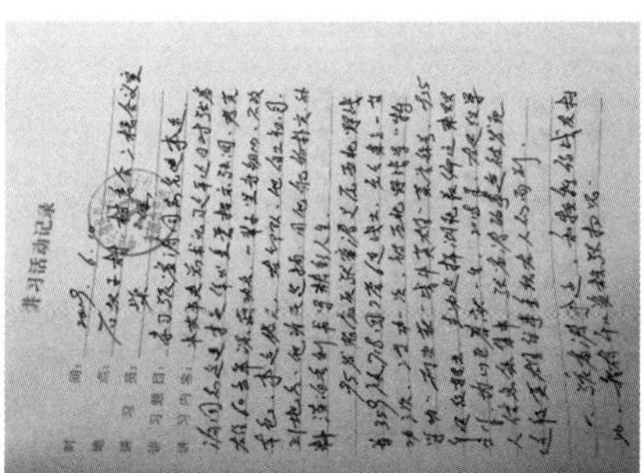

扶贫工作“步步留痕”（1）

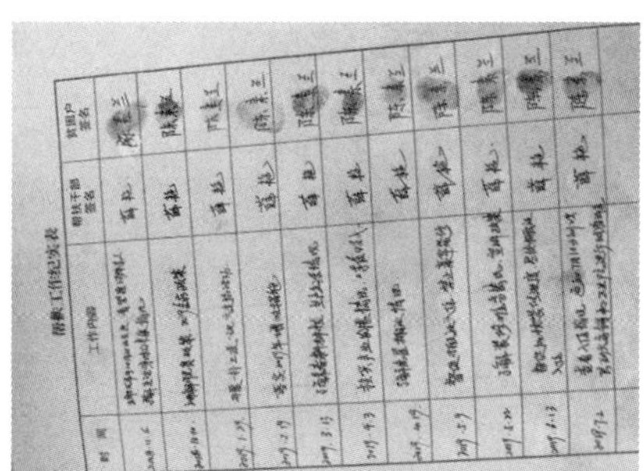

扶贫工作“步步留痕”（2）

河北省宽城满族自治县化皮溜子镇

在化皮溜子镇扶贫办公室查看贫困户信息

在马架沟村村委会访谈驻村书记

工作在公益岗位的农户

（图片来源：化皮溜子镇政府）

贫困户的“养鸡场”

改造前的房屋

（图片来源：化皮溜子镇政府）

改造后的房屋

（图片来源：化皮溜子镇政府）

四川省峨边彝族自治县古井村

古井村旧居（1）

古井村旧居（2）

古井村新居

古井村旧居遗址，现为爱国主义教育基地

访谈古井村前书记阿洛古依

古井村某村民家

主要参考文献

中文著作

樊振佳：《新生代农民工信息获取与信息分化研究》，中国社会科学出版社 2020 年版。

黄仁宇：《资本主义与二十一世纪》，生活·读书·新知三联书店 1997 年版。

李小云、唐丽侠、陆继霞等：《新发展的示范：中国援非农业技术示范中心的微观叙事》，社会科学文献出版社 2017 年版。

刘小珉：《贫困的复杂图景与反贫困的多元路径》，中国社会科学出版社 2017 年版。

邱林川：《信息时代的世界工厂：新工人阶级的网络社会》，广西师范大学出版社 2013 年版。

王小林：《贫困测量：理论与方法（第二版）》，社会科学文献出版社 2017 年版。

吴海涛、丁士军：《贫困动态性：理论与实证》，武汉大学出版社 2013 年版。

闫慧：《中国数字化社会阶层研究》，国家图书馆出版社 2013 年版。

游俊、冷志明、丁建军主编：《连片特困区蓝皮书：中国连片特困区发展报告（2013）》，社会科学文献出版社 2013 年版。

庄天慧等：《四省藏区多维贫困及其治理对策研究》，科学出版社 2018 年版。

［印度］阿马蒂亚·森：《贫困与饥荒——论权利与剥夺》，王宇、王文玉译，商务印书馆 2001 年版。

[美] 奥斯卡·刘易斯:《五个家庭:墨西哥贫穷文化案例研究》，丘延亮译，世界图书出版公司 2004 年版。

[法] 布鲁诺·拉图尔:《科学在行动:怎样在社会中跟随科学家和工程师》，刘文旋、郑开译，东方出版社 2005 年版。

[英] 丹尼斯·麦奎尔、[瑞典] 斯文·温德尔:《大众传播模式论》，祝建华、武伟译，译文出版社 1987 年版。

[英] 齐格蒙特·鲍曼:《工作、消费、新穷人》，仇子明、李兰译，吉林出版集团有限责任公司 2010 年版。

[英] 齐格蒙特·鲍曼:《来自液态世界的 44 封信》，鲍磊译，漓江出版社 2013 年版。

[英] 齐格蒙特·鲍曼:《全球化——人类的后果》，郭国良、徐建华译，商务印书馆 2001 年版。

中文期刊论文

白永秀、宁启:《巩固拓展脱贫攻坚成果同乡村振兴有效衔接的提出、研究进展及深化研究的重点》，《西北大学学报》(哲学社会科学版) 2019 年第 5 期。

陈前恒、方航:《打破"文化贫困陷阱"的路径——基于贫困地区农村公共文化建设的调研》,《图书馆论坛》2017 年第 6 期。

陈全功、程蹊:《空间贫困及其政策含义》，《贵州社会科学》2010 年第 8 期。

陈烨烽、王艳慧、赵文吉等:《中国贫困村致贫因素分析及贫困类型划分》,《地理学报》2017 年第 10 期。

程璆、郑逸芳、许佳贤、陈念东:《参与式扶贫治理中的精英俘获困境及对策研究》,《农村经济》2017 年第 9 期。

戴祥玉、杜春林:《行动者网络视域下农村公共服务的多元合作供给》,《西北农林科技大学学报》(社会科学版) 2017 年第 5 期。

丁建军、赵奇钊:《农村信息贫困的成因与减贫对策——以武陵山片区为例》,《图书情报工作》2014 年第 2 期。

董春岩、刘佳佳、王小兵:《日本农业数据协作平台建设运营的做法与启示》,《中国农业资源与区划》2019 年第 1 期。

杜广彦、叶秀奎、付忠仿:《以家庭为单位的项目教学法在"送教下乡”教学中的应用》，《现代企业教育》2021 年第 14 期。

樊王妮、刘博：《甘肃省“精准扶贫”过程中农民主体参与性研究》，《时代金融》2018 年第 2 期。

冯贺霞、高睿、韦轲：《贫困地区儿童多维贫困分析——以内蒙古、新疆、甘肃、广西、四川五省区为例》，《山西农业大学学报》（社会科学版）2017 年第 6 期。

冯怡琳、邸建亮：《对中国多维贫困状况的初步测算——基于全球多维贫困指数方法》，《调研世界》2017 年第 12 期。

高芙蓉：《从行动者网络理论看我国农村信息化工程建设》，《沈阳农业大学学报》（社会科学版）2013 年第 3 期。

郭俊立：《巴黎学派的行动者网络理论及其哲学意蕴评析》，《自然辩证法研究》2007 年第 2 期。

何迪：《美国、日本、德国农业信息化发展比较与经验借鉴》，《世界农业》2017 年第 3 期。

贺修铭：《信息消费概念的确立及其理论基础——兼论信息消费学的建设》，《图书情报工作》1996 年第 4 期。

胡鞍钢、李春波：《新世纪的新贫困：知识贫困》，《中国社会科学》2001 年第 3 期。

胡鞍钢、童旭光、诸丹丹：《四类贫困的测量：以青海省减贫为例（1978—2007）》，《湖南社会科学》2009 年第 5 期。

胡军、王继新：《有效需求视角下的农民“信息贫困”问题》，《甘肃社会科学》2014 年第 5 期。

胡胜男、乔姗姗：《武陵山贫困片区农村居民信息消费现状及其能力提升策略》，《图书馆论坛》2017 年第 9 期。

江洪：《美国发展数字化农业的经验和启示》，《农村经济与科技》2020 年第 8 期。

江洪：《日本数字化农业发展对我国的启示》，《南方农业》2018 年第 29 期。

姜安印、冯英杰：《六盘山集中连片特困地区县域贫困状况评价——基于人类发展指数的改进》，《石家庄经济学院学报》2015 年第 4 期。

金爱秀：《论秦汉“劝课农桑”的形式》，《南都学坛》2013 年第 6 期。

井西晓、曾瑞峰：《少数民族地区农牧民信息能力的外部影响因素分析》，《民族论坛》2018 年第 1 期。

赖浩锋：《农村传播生态失衡研究——“江西省农民致富与传播状况”调查后的思考》，《当代传播》2005 年第 1 期。

李东、由亚男、马长发、关靖云、张文秀、程越：《干旱区绿洲城镇空间贫困分异特征及其影响因素分析——以新疆南疆三地州为例》，《世界地理研究》2018 年第 3 期。

李红艳、牛畅、汪璐蒙：《网络时代农民的信息获取与信息实践——基于对北京市郊区农民培训的调研》，《新闻与传播研究》2019 年第 4 期。

李红艳：《信息的需求与反需求：农民信息诉求行为研究——基于北京市郊区农民观念提升工程的观察与思考》，《现代传播》2018 年第 1 期。

李静、王建军：《新型农村社区建设中农民信息素养现状及对策研究》，《农业图书情报学刊》2015 年第 3 期。

李路路：《论社会分层研究》，《社会学研究》1999 年第 1 期。

李明德、李天龙、黄安：《西北四省农村居民信息意识现状分析》，《西北农林科技大学学报》（社会科学版）2016 年第 1 期。

李婷：《“熟人社会”中的农村阶层关系》，《华南农业大学学报》（社会科学版）2016 年第 2 期。

梁飞：《农民信息能力现状调查及对策分析——以济南日照六村为例》，《山东省农业管理干部学院学报》2010 年第 5 期。

廖洁：《偏远农村地区精神贫困问题及其治理对策》，《管理观察》2018 年第 29 期。

刘博：《农民信息贫困的“脆弱性”研究——黑龙江农村地区信息需求与消费状态调查》，《图书馆理论与实践》2017 年第 2 期。

刘冬辉、孟令杰、陈立梅：《江苏省农村信息消费的空间格局及其动态演变》，《中国农业资源与区划》2019 年第 12 期。

刘和发、王俊丽：《农民个人信息世界的分化及其影响因素》，《图书馆论坛》2017 年第 10 期。

刘丽：《土地流转后农民信息需求结构变动及聚类研究》，《图书馆论坛》2020 年第 1 期。

刘若熙、齐丹：《基于灰色关联理想解法的农民信息素养评价模型》，《情报探索》2016 年第 10 期。

刘魏、张应良、王燕：《数字普惠金融发展缓解了相对贫困吗?》《经济管理》2021 年第 7 期。

刘小鹏、李永红、王亚娟、郭占军、郑芳：《县域空间贫困的地理识别研究——以宁夏泾源县为例》，《地理学报》2017 年第 3 期。

刘小鹏、苏胜亮、王亚娟、黄越、赵莹：《集中连片特殊困难地区村域空间贫困测度指标体系研究》，《地理科学》2014 年第 4 期。

刘晓倩、韩青：《中国农村居民信息消费影响因素的空间计量研究》，《中国经济问题探索》2018 年第 4 期。

刘行：《四川电信联合社会各界启动“信息下乡”暨大学生暑期实践活动》，《通信与信息技术》2011 年第 4 期。

刘艳华、徐勇：《中国农村多维贫困地理识别及类型划分》，《地理学报》2015 年第 6 期。

卢秀茹、王健、高贺梅：《提高我国农民信息素质教育水平的对策研究》，《高等农业教育》2004 年第 12 期。

罗阳富、崔庆鹤：《农村信息贫困成因及对策研究》，《人民论坛》2013 年第 32 期。

曲玮、涂勤、牛叔文：《贫困与地理环境关系的相关研究述评》，《甘肃社会科学》2010 年第 1 期。

沈艳：《信息分化与社会分层的互构与转化——基于 2018 网民社会意识调查和 2017 CGSS 的实证研究》，《科学与社会》2022 年第 2 期。

孙贵珍、王栓军、李亚青：《基于农村信息贫困的农民信息购买力研究》，《中国农学通报》2010 年第 6 期。

陶建杰、林晶珂、尹子伊：《信息穷人还是信息富人：可行能力视角下农村居民信息分化及政府支持的效应研究》，《国际新闻界》2022 年第 2 期。

万广华、刘飞、章元：《资产视角下的贫困脆弱性分解：基于中国农户面板数据的经验分析》，《中国农村经济》2014 年第 4 期。

万能、原新：《1978 年以来中国农民的阶层分化：回顾与反思》，《中国农村观察》2009 年第 4 期。

王胜、丁忠兵、吕指臣：《我国集中连片特困地区信息贫困的机理与路径》，《开发研究》2017 年第 6 期。

王小林、Alkire：《中国多维贫困测量：估计和政策含义》，《中国农村经济》2009 年第 12 期。

王雨磊：《数字下乡：农村精准扶贫中的技术治理》，《社会学研究》2016 年第 6 期。

王增鹏：《巴黎学派的行动者网络理论解析》，《科学与社会》2012 年第 4 期。

温靖、郭黎：《20 多万个益农信息社让数亿农民受益》，《农业工程技术》2018 年第 33 期。

吴凤君：《新生代农民信息素养现状及提升策略研究——以吉林省为例》，《农业图书情报学刊》2016 年第 2 期。

吴玲、张福磊：《精准扶贫背景下农村数字化贫困及其治理》，《当代世界社会主义问题》2018 年第 2 期。

谢俊贵：《城乡信息分化的新态势及其因应策略——基于 CNNIC 互联网普及率统计数据》，《学海》2018 年第 1 期。

谢俊贵：《社会信息化发展中的信息分化》，《湖南城市学院学报》2006 年第 3 期。

邢成举、李小云：《精英俘获与财政扶贫项目目标偏离的研究》，《中国行政管理》2013 年第 9 期。

邢成举：《结构性贫困与精英俘获》，《团结》2016 年第 4 期。

徐丹丹、鞠英杰：《“互联网+”环境下信息关系对知识形态的影响研究》，《图书馆理论与实践》2020 年第 3 期。

徐艳文：《阿根廷农业发展特点》，《中国畜牧业》2014 年第 11 期。

许汉泽、李小云：《精准扶贫背景下驻村机制的实践困境及其后果——以豫中 J 县驻村“第一书记”扶贫为例》，《江西财经大学学报》2017 年第 3 期。

许昭：《阿根廷农业发展的启示》，《中国农村科技》2016 年第 8 期。

闫慧：《数字贫困社群实现信息社会流动的影响因素研究——一项京津晋沪粤五地调研的实证分析》，《情报资料工作》2013 年第 4 期。

杨峰、赵珊：《西南民族村落信息贫困：一个小世界生活情境的分析框架》，《图书馆论坛》2018 年第 8 期。

杨鹤林：《英国高校信息素养标准的改进与启示——信息素养七要素新标准解读》，《图书情报工作》2013 年第 2 期。

杨靖峰：《如何提高“益农信息社”应用效果》，《中国信息界》

2021 年第 7 期。

杨巧云、梁诗露、杨丹:《数字包容:发达国家的实践探索与经验借鉴》,《情报理论与实践》2022 年第 3 期。

杨秀平:《农村公共信息服务与农民信息素养培育问题研究——以西北农村调查为例》,《农业图书情报学刊》2016 年第 9 期。

杨艺:《浅谈日本农业信息化的发展及启示》,《现代日本经济》2005 年第 6 期。

杨雨琪:《信息化建设环境下农村居民信息素养现状及建议——以武陵山片区为例》,《农业图书情报学报》2020 年第 4 期。

于良芝、于斌斌:《保障中国农村社区 ICT 接入的自上而下路径——社群信息学的机遇》,《中国图书馆学报》2013 年第 3 期。

于良芝、周文杰:《信息穷人与信息富人:个人层次的信息不平等测度述评》,《图书与情报》2015 年第 1 期。

于良芝:《"个人信息世界"——一个信息不平等概念的发现及阐释》,《中国图书馆学报》2013 年第 1 期。

于良芝:《Community Informatics 的"西学东渐"——期待与思考》,《中国图书馆学报》2013 年第 3 期。

余姣萍、许阳奎、段尧清:《我国中部地区农民信息素质调查分析及对策研究——基于湖北省部分地区调查数据的分析》,《图书情报知识》2007 年第 5 期。

岳雪峰、王运圣:《"宽带乡村"建设模式:国际经验及其启示》,《江苏农业科学》2019 年第 11 期。

詹晖、吕康银:《网络环境下吉林省农民信息素养提升研究》,《现代情报》2015 年第 5 期。

张大伟、谢兴政:《代际反哺:农村中老年人信息寻求行为形成机制探索——基于突发公共卫生事件时期的实证研究》,《图书情报工作》2022 年第 15 期。

张立冬:《中国农村贫困代际传递实证研究》,《中国人口·资源与环境》2013 年第 6 期。

张思坚:《信息文化下乡对农村全面脱贫作用的几点思考》,《山东新政学院学报》2016 年第 5 期。

张小倩、张月琴、杨峰:《国内外信息贫困研究进展:内涵阐释、研究设计及内容综述》,《图书馆论坛》2018 年第 8 期。

张晓旭、冯宗宪:《中国人均 GDP 的空间相关与地区收敛:1978—2003》,《经济学季刊》2008 年第 2 期。

张晓颖、冯贺霞、王小林:《流动妇女多维贫困分析——基于北京市 451 名家政服务从业人员的调查》,《经济评论》2016 年第 3 期。

张学波、马相彬、张利利、郭琴:《嵌入与行动者网络:精准扶贫语境下扶贫信息传播再思考》,《新闻与传播研究》2018 年第 9 期。

张勇:《拉丁美洲信息经济发展研究》,《西南科技大学学报》(哲学社会科学版)2017 年第 3 期。

张月琴、张小倩、杨峰:《民族村落信息贫困形成机理研究——以四川凉山州彝族村落为例》,《图书馆论坛》2018 年第 8 期。

张志华:《"新地球村"的想像——赵月枝谈传播研究新实践》,《国际新闻界》2016 年第 10 期。

赵万里、谢榕:《数字不平等与社会分层:信息沟通技术的社会不平等效应探析》,《科学与社会》2020 年第 1 期。

赵媛、淳姣、王远均:《我国农民/农民工信息意识现状及提升对策》,《四川大学学报》(哲学社会科学版)2014 年第 6 期。

郑素侠、张天娇:《"小世界"中的信息贫困与信息扶贫策略》,《当代传播》2019 年第 4 期。

郑英隆:《中国农民工弱信息能力初探》,《经济学家》2005 年第 5 期。

朱秀凌:《手机技术反哺、亲子沟通与父母教养方式——基于技术接受与使用整合模型的分析》,《新闻大学》2018 年第 4 期。

中文学位论文

丁越峰:《民间组织参与农村贫困治理的理论与实践研究——以仪陇县乡村发展协会为例》,博士学位论文,华中师范大学,2014 年。

郭明哲:《行动者网络理论(ANT)——布鲁诺·拉图尔科学哲学研究》,博士学位论文,复旦大学,2008 年。

何欣:《基于行动者网络理论的我国电信基础设施共建共享策略研究》,硕士学位论文,北京邮电大学,2012 年。

江宇:《家庭社会化视角下媒介素养影响因素研究——以南宁市中学

生及其父（母）媒介素养调查为个案》，博士学位论文，中国传媒大学，2008年。

李江冬：《城乡公共信息资源分配不均的原因及对策研究——扶青社区和梓龙乡的案例分析》，硕士学位论文，成都理工大学，2016年。

刘和发：《我国农民信息分化影响因素研究——基于个人信息世界的考察》，硕士学位论文，南开大学，2014年。

谢元：《基于行动者网络理论视角下的村支书乡村治理研究》，博士学位论文，南京大学，2018年。

许小委：《论鲍曼之“流动的现代性”》，博士学位论文，复旦大学，2014年。

詹晓凤：《农民信息素养的培育研究》，硕士学位论文，山西大学，2014年。

张彩吉：《产业扶贫中信息贫困的消除研究》，硕士学位论文，西南科技大学，2020年。

张译：《基于供需视角的农村信息贫困现状与对策研究——以广元市为例》，硕士学位论文，四川农业大学，2014年。

文件通知

工业和信息化部：《2010年村村通电话工程及信息下乡活动实施意见》，2010年3月。

工业和信息化部：《关于2009年度实施“村村通电话”工程推进“信息下乡”活动的意见》，2009年4月。

工业和信息化部：《关于实施“宽带中国”2015专项行动的意见》，2015年5月8日。

工业和信息化部：《关于推进网络扶贫的实施方案（2018—2020年）》，2018年5月3日。

国务院：《关于印发“十三五”国家信息化规划的通知》，2016年12月27日。

国务院办公厅：《关于促进农村电子商务加快发展的指导意见》，2015年11月9日。

河南省人民政府办公厅：《关于推进政务新媒体健康有序发展的通知》，2019年9月26日。

农业部：《“十三五”全国农业农村信息化发展规划》，2016 年 8 月 29 日。

农业部：《农业部关于全面推进信息进村入户工程的实施意见》，2016 年 11 月。

农业部市场与经济信息司：《“十三五”全国农业农村信息化发展规划》，2016 年 8 月 29 日。

云南省发展和改革委员会：《“数字云南”三年行动计划（2019—2021 年）（征求意见稿）》，2019 年 5 月 31 日。

云南省人民政府：《云南省人民政府工作报告（2019 年）》（云南省第十三届人民代表大会第二次会议审议通过），2019 年 1 月。

中共中央、国务院：《关于加大统筹城乡发展力度　进一步夯实农业农村发展基础的若干意见（中发〔2010〕1 号）》，2010 年 1 月。

中共中央、国务院：《中国农村扶贫开发纲要（2011—2020）》，2011 年 11 月 2 日。

中共中央、国务院：《关于抓好“三农”领域重点工作确保如期实现全面小康的意见》，2020 年 2 月 5 日。

中共中央办公厅国务院办公厅：《数字乡村发展战略纲要》，2019 年 5 月 16 日。

中央网信办、农业农村部、国家发展改革委、工业和信息化部：《2020 年数字乡村发展工作要点》，2020 年 5 月 9 日。

中文报纸

本刊评论员：《打好扶贫攻坚战关键在狠抓落实》，《农村工作通讯》1996 年第 10 期。

耿卫民、苗慧芳：《河北送教下乡催生“持证下田”新农民》，《农民日报》2011 年 3 月 23 日。

国务院扶贫开发领导小组办公室：《中国扶贫开发的伟大历史进程》，《人民日报》2000 年 10 月 16 日。

《全国电话村通工程“十五”目标提前实现 黄菊与全国村通工程现场会通话并提出要求》，《人民日报》2005 年 11 月 28 日。

王淑娟：《数字农业推动高原特色农业再跨越》，《云南日报》2019 年 12 月 13 日。

奚国华：《“村通工程”，一场助力脱贫的攻坚战》，《人民邮电报》2018 年 12 月 4 日。

杨志杰：《从信息下乡到物联网下乡　农业信息化向前冲》，《通信产业报》2010 年 11 月 29 日。

张守营：《扶贫攻坚要警惕信息贫困》，《中国经济导报》2013 年 4 月 18 日。

英文文献

Adhikarya, R., “Improving Farmers Education and Training: Challenges for Development Communications”, *The Journal of Development Communication*, 1997.

Agarwal, R., A. Animesh, and K. Prasad, “Research Note: Social Interactions and the ‘Digital Divide’ ”, *Information Systems Research*, Vol. 20, No. 2, 2009.

Apulu, I., and A.Latham, “Information and Communication Technology Adoption: Challenges for Pakistan SMEs”, *TMC Academic Journal*, Vol. 4, No. 2, 2009.

Baron, S. Silas, “Access to and Use of Information in Mukuru and Kangundo Digital Villages, Kenya”, *Journal of Applied Information Science*, Vol. 5, No. 2, 2017.

Bertot, J. C., “The Multiple Dimensions of The Digital Divide: More Than the Technology ‘Haves’ and ‘Have Nots’ ”, *Government Information Quarterly*, Vol. 20, No. 20, 2003.

Burnett G., M. Besant, E. A.Chatman, “Small Worlds: Normative Behavior in Virtual Communities and Feminist Bookselling”, *Journal of the American Society for Information Science and Technology*, Vol. 52, No. 7, 2001.

Chatman, E. A., *The Information World of Retired Women*, New York: Greenwood Press, 1992.

Chatman, E. A., “A Theory of Life in the Round”, *Journal of the American Society for Information Science*, Vol. 50, No. 3, 1999.

Chatman, E. A., “Alienation Theory: Application of a Conceptual Framework to a Study of Information Among Janitors”, *RQ*, Vol. 29, No.

3, 1990.

Chatman, E. A., "Knowledge Gap, Information-seeking and the Poor", *Reference Librarian*, No. 49/50, 1995.

Chatman, E. A., "Life in a Small World: Applicability of Gratification Theory to Information-Seeking Behavior", *Journal of the American Society for Information Science* (1986-1998), No. 6, 1991.

Chatman, E. A., "Opinion Leadership, Poverty and Information Sharing", *RQ*, Vol. 26, No. 3, 1987.

Chatman, E. A., "The Information World of Low-skilled Workers", *Library and Information Science Research*, Vol. 9, No. 4, 1987.

Childers, Thomas, A. Post, Joyce, *The Information-poor in America*, Metuchen, NJ: Scarecrow, 1975.

Edward Malecki J., "Going Digital in Rural America", *IDEAS/RePEc Search*, 2001.

Elizabeth Broadbent, Rie Tamagawa, Anna Patience, eds., *Attitudes towards Health-care Robots in a Retirement Village*, Australasian Journal on Ageing, Vol. 31, No. 2, 2012 .

European Commission, "Operational Programme: Digital Poland for 2014-2020", 2014.

Freda Glynn in Faye Ginsburg, "Indigenous Media: Faustian Contract or Global Village", in G. Marcus (ed.), *Rereading Cultural Anthropology*, Duke University Press, 1993.

Gurstein, M., *Community Informatics Enabling Communities with Information and Communications Technologies*. New York: Hershey Idea Group Publishing, 2000.

Hill, M. S., "Some Dynamic Aspects of Poverty". *University of Michigan*, *Institute for Social Research*, No. 9, 1981.

ITU Regulatory Snapshot, "Poland", *GSR*13, *WARSAW POLAND*, No. 7, 2013.

Katz, IR., "Testing Information Literacy in Digital Environments: ETS's iSkills Assessment". *Information Technology & Libraries*, No. 26, 2007.

Katzman, Natan, "The Impact of Communication Technology: Some theoretical Premises and Their Implications", *Ekistics*, 1974.

Martin, C. A., "There's More Than One Way to Skin a Cat (The Issue of Heredity and Anti - egalitarian Research) ", *Journal of Negro Education*, Vol. 42, No. 4, 1973.

Martin, Steven P., John P. Robinson, "The Income Digital Divide: an International Perspective", *IT&SOCIETY*, Vol. 1, No. 7, 2004.

Mohanty, S. K., "Multimensional Poverty and Child Survival in India", *PloS ONE*, Vol. 6, No. 10, 2011.

Morán, Richardo, Richardo Morán eds., *Early childhood Investment and the Intergenerational Transmission of Poverty*. Escaping the Poverty Trap: Investing in Children in Latin America. Baltimore and London: The Johns Hopkins University Press, 2003.

Muralidhar, P., V. Srihari, "Strategic Approaches for Smart Village Implementation in India", *Research J. Engineering and Tech*, Vol. 6, No. 3, 2015.

Nel, E., T. Binns, "Place Marketing, Tourism Promotion and Community-based Local Economic Development in Post-apartheid South Africa", *Urban Affairs Review*, No. 38, 2002.

Norris, Pippa, *Digital Divide: Civic Engagement, Information Poverty and the Internet Worldwide*. New York: Cambridge University Press, 2001.

Obora, Clare, Akoth, M. Daniel., Wanyoike, Samuel Obino Mokaya, "Effect of Implementation Strategy on Success of Digital Villages in Kenya", *European Scientific Journal*, Vol. 10, No. 5, 2014.

Parker, Edwin B., "Information Utilities and Mass Communication. In Information Utility and Social Choice", Papers Prepared For a Conference Sponsored Jointly by the University of Chicago, Encyclopedia Britannica and the A-merican Federation of Information Processing Societies, ed. H. Sackman and N. Nie, Montvale, NJ: AFIPS, 1970.

Phahlamohlaka, J. , Z. Dlamini, T. Mnisi, T. Mashiane, L. Malinga, "Towards a Smart Community Centre: SEIDET Digital Village", *ICTs and Society*, 2014.

Ravallion, Martin and Quentin Wodon, "Poor Areas, or Only Poor People?", *Journal of Regional Science*, Vol. 39, No. 4, 1999.

Rowntree, B. S., *Poverty and Progress: A Second Social Survey of York*. London: Longmans, Green and Co. Ltd, 1941.

Sen, A., "Capabilities, Lists, and Public Reason: Continuing the Conversation", *Feminist Economics*, Vol. 10, No. 3, 2004.

Shailaja, Fennella, Prabhjot Kaurb, Ashok Jhunjhunwala, et al., "Examining Linkages between Smart Villages and Smart Cities: Learning from Rural Youth Accessing the Internet in India", *Telecommunications Policy*, No. 42, 2018.

Silas, Baron, "Access to and Use of Information in Mukuru and Kangundo Digital Villages, Kenya", *Journal of Applied Information Science*, Vol. 5, No. 2, 2017.

Spink, A. and C. Cole, "Information and Poverty: Information Seeking Channels Used by Low Income African American Households", *Library and Information Science Research*, Vol. 23, No. 1, 2001.

Suppes, Patrick, "A Survey of Cognition in Handicapped Children", *Review of Educational Research*, Vol. 44, No. 2, 1974.

Thompson, Kim M., "Furthering Understanding of Information Literacy through the Social Study of Information Poverty", *The Canadian Journal of Information and Library Scienece*, Vol. 31, No. 1, 2007.

Tichenor, P. Donohue, G. and Olien, C., "Mass Media Flow and Differential Growth in Knowledge", *Public Opinion Quarterly*, Vol. 34, No. 2, 1970.

Trotter, M., A. Crosby, T. Trotter, "SMARTFARM Learning Hub: Next Generation Precision Agriculture Technologies for Agricultural Education", *Proceedings of The Australian Conference on Science and Mathematics Education*, 2016.

Van Deursen, A. J. A. M. & J. A. G. M. Van Dijk, "Measuring Internet skills", *International Journal of Human - Computer Interaction*, Vol. 26, No. 10, 2010.

Walsham, G., and S. Sahay, "Special Issues on Information Systems in Developing Countries", *MIS Quarterly* (31: 2), 2007.

Yang Yan, "Exploration on Development Strategy of China's Digital Economy from Perspective of International Comparison", *Science and Technology Management Research*, No.19, 2019.

Zurkowski, Paul G., "The Information Service Environment Relationships and Priorities", *Washington D. C. National Commission on Libraries and Information Sciences*, 1974.

后　记

自 2017 年开始，我国脱贫攻坚进入“啃硬骨头”的阶段，减贫绩效的边际效应开始递减，贫困形态的愈加复杂，促使我开始关注信息贫困的话题，并在河南的几个村庄以走访的方式“寻找贫困”。这种并未带有明确研究问题、探索式的调研，让我在触摸到基层火热的扶贫运动之时，也发现了一些值得深思的问题：在一些贫困地区，为何扶贫资源一直增加，但减贫速度明显放缓？扶贫项目推进过程中，为何是有文化的“乡村精英”率先受益，而作为扶贫主体的贫困人口的低效甚至是无效参与，致使扶贫资源遭遇“精英俘获”？仅仅消减收入贫困，能够从根本上解决贫困问题吗？等等。事实上，贫困有着多种复杂的形态和样貌。比如，伴随信息传播技术在全球的扩散和应用，不同群体因信息资源占有、信息利用和信息消费能力的差异，而分化出“信息穷人”“信息富人”。其中，“信息穷人”就是陷入信息贫困的群体。信息贫困与收入贫困会产生叠加效应，加剧落后文化、习俗和语境对贫困的影响，由此带来贫困的恶性循环。因此，反贫困不是简单的资金和技术的投入，而是关涉到信息传播、知识普及和民众启蒙。只有唤醒贫困人口的自我改变意识，提升贫困人口的信息利用能力，贫困人口成长为信息社会的新型农民，脱贫攻坚的伟大目标才能真正实现。

2018 年上半年，国家社科基金项目中报书的论证思路得到了评审专家的认可，并获批立项。笔者也成组织博士、硕士成立课题组。当年我国尚有 21 个省份（直辖市/自治区）的 564 个国家级贫困县未能脱贫，这为课题组开展田野调查留下了广阔的空间。但 2020 年初全球暴发、至今仍未完全消匿的新冠疫情，打乱了之前设想的在全国范围内多阶段抽样调查的计划。不得已，课题组只能以便利抽样的方式，选取若干典型地区的典型贫困村，开展田野调查工作。到贫困县、贫困村走马观花式“考察”，不是难事；难的是真正进入田野——无障碍地接触到研究对象并顺利开展相关调查和访谈工作。在脱贫攻坚胜利“收官”之前，“脱贫”成为基层政府的最大政治，“贫困”成为敏感话题。在这种情况下，课题组的调研请求被一些乡镇基层部门拒绝，顺利进村入户成为一件难事。调研工作得以顺利推进，得到了如下单位和工作人员的支持与帮助（不分先后）：

河南省司法厅派驻河南省民权县王桥镇麻花庄村“第一书记”杨永锋

河南省民权县王桥镇麻花庄村党支部书记 张永涛

河南省博物院派驻河南省民权县野岗镇杨堂村“第一书记” 蔺永新

河南省濮阳县疾控中心派驻濮阳县海通乡史家村“第一书记”于子京

河南省濮阳县海通乡史家村村委会成员罗金玲

河南省孟州市委宣传部副部长 杨文娟

《陕西日报》全媒体指挥中心副主任 张鑫

陕西省汉中市宁强县委宣传部 王豪

河北省承德市宽城满族自治县化皮溜子镇马架沟村党支部书记 陈淑云

河北省承德市宽城满族自治县化皮溜子镇马架沟村妇女主任 辛立凤

峨眉山风景名胜区管理委员会派驻峨边县黑竹沟镇古井村“第一书记”刘仕明

感谢这些基层干部对科研工作的充分理解与支持。在他们的沟通与协调下，课题组完成了问卷调查工作，深度访谈到80余名贫困户及其家庭成员。

进入田野、告别田野、与贫困户打交道的经历，也成为我科研生涯中难以忘怀的记忆。他们热情、坦诚与爽直，配合我完成问卷调查和深度访谈，表达了来自脱贫一线的最真实的想法，吐露了中国农民最朴素的心声。为了回报他们，我为他们协调农产品的推销，帮他们联系去郑州市的医院看病。但，唯愿他们的命运有彻底的改变，从此迎来美好生活。

博士生马玉莹、李古淞、李雪丽、韩树丽，硕士生胡煜千参与了田野调查工作，并认真撰写了相关贫困村的调研报告，为本书的写作提供了翔实的一手资料。

我的导师，华中科技大学吴廷俊先生，欣然应邀，为本书作序。自2005年投至先生门下，先生的指导一直伴随我的科研人生。

本书的顺利面世，离不开中国社会科学出版社慈明亮老师倾注的心血。我与慈明亮老师素未谋面，仅仅通过微信、邮件交流出版事宜。在书稿编校的过程中，我深深感受到慈老师作为出版人的严谨、认真和精益求精。

需要说明的是，本书的最后一章，“他山之石：全球数字乡村建设的实践与启示”，文中内容主要来自一些英文网站、中英文论文或政府报告，由我的博士生马玉莹、牛斌花，硕士生陈曦、刘露、李涵林翻译、摘编、整理完成。这一章的内容不具有学术研究性质，而更多的是资料汇编。增加这一章的目的，是向读者介绍世界上数字乡村建设走在前列的国家的经验与教训，为我国开展国家数字乡村试点工作提供启发。

脱贫攻坚的伟大历史任务已经完成，中国广大乡村面临巩固脱贫攻坚成果与乡村振兴有效衔接的新征程。本书的出版，是一名科研工作者对脱贫攻坚伟大事业的记录与纪念，也是送给乡村振兴和数字乡村建设的新期待。书中若有纰漏和不足，恳请同人批评指正。

郑素侠

2022年12月